바둑 천재들의
베이스캠프

바둑 천재들의 베이스캠프

펴낸날 2021년 1월 29일
지은이 정경수
펴낸이 김은정
펴낸곳 봄이아트북스
출판등록 제406-251002019000142호
주소 경기도 파주시 재두루미길 70 페레그린빌딩 308호
전화 070-8800-0156
팩스 031-935-0156
ISBN 979-11-6615-244-3 (13690)

바둑 천재들의
베이스캠프

정경수 지음

청출어람(靑出於藍)에
박수를 보내며

'푸른색은 쪽에서 나오지만 쪽보다 푸르고, 얼음은 물이 얼어 된 것이나 물보다 차다. 나무는 먹줄을 받아 곧아지고, 쇠는 숫돌에 갈면 날이 선다.'

『순자(荀子)』의 「권학(勸學)」에서 나온 말입니다. 이 말은 훗날 제자가 스승보다 더 낫다는 뜻으로 쓰이지요. 무릇 제자는 '청출어람'하지 못하면 스승에 대한 예(禮)를 다하지 못한 겁니다. 저도 평생을 바둑 승부에 던져 스승에 대한 예를 다하고자 노력했습니다. 제가 키운 제자 이창호도 나를 넘어서며 도리를 다했습니다. 좋은 스승과 좋은 제자를 만났으니 사람 복(福)은 넘치게 받았습니다.

바둑의 세계는 홀로 들어서기에 너무나도 광활합니다. 그렇기에 좋은 스승을 만나 바르고 빠른 길을 찾아간다면 목적지에 가까이 이르겠지요. A.I

시대가 열리면서 바둑의 패러다임도 바뀌고 공부법도 달라졌습니다. 이제 우리의 미래 세대는 어떻게 바둑을 배워야 할까요? 효과적인 바둑 보급 시스템을 고민해봐야 할 시점입니다. 프리미어 리그에서 놀라운 실력을 발휘해 월드 클래스로 발돋움한 손흥민 선수는 정규교육을 받지 않고 아버지로부터 직접 일대일 훈련을 받았습니다. 성적 위주의 학원 스포츠에 매몰되는 것을 원치 않았기 때문입니다. 우리의 바둑도 스포츠 교육환경과 크게 다르지 않습니다. 방과 후 수업이나 바둑 교실, 바둑 도장에 이르는 코스가 과연 합리적인지 생각해봅니다.

최근에 한국 바둑을 짊어지고 달리는 신진서 9단을 항상 지켜보고 있습니다. 감각과 수읽기, 기세 등 모든 부분이 뛰어나지만 바둑을 즐기면서도 한눈팔지 않고 정진하는 자세가 보기 좋습니다. 이런 신진서의 총기(聰氣)와 예기(銳氣)를 숫돌에 갈아준 사부가 누구일까요? 알아봤더니 아마추어 바둑인 정경수 사범이었습니다. 정 사범은 세계 랭킹 1위 신진서와 한때 세계 바둑 여왕으로 군림했던 박지은, 일본 최고의 바둑 도장을 운영하는 홍맑은샘을 제자로 키웠더군요.

알고 보면 놀라운 성취가 아닐 수 없습니다. 그 세 명의 제자를 키우고 나니 어느새 청춘이 다 흘러갔다고 합니다. 목숨 걸고 가르쳤다고 하네요. 제자들 모두 넉넉하지 않은 환경이었던지라 큰 수입이 생기는 것도 아닐진대 일생을 던져 청출어람을 세 번씩이나 완성했으니 대단한 기록입니다. 정경수 사범이 땀땀이 적어 내려간『바둑 천재들의 베이스캠프』를 읽어보면 어려움 속에서도 꿈을 잃지 않고 함께 걸어온 사제들의 아름다운 발자국을 확인할 수 있습니다.

우리 바둑의 미래는 밝습니다.

프로 기사 **조훈현** 9단

세 명의 바둑 천재를
만난 행운

● ○

바둑 미치광이.

내 이름 뒤에 꼬리표처럼 따라붙어 다니는 별명이다.

프로, 사범, 9단, 지도자 등등 듣기 부드러운 호칭도 허다하거늘 바둑 동네의 지인들은 그렇게들 부르는 모양이다.

뭐 크게 틀린 말도 아니므로 빙그레 웃어넘긴다.

고교 시절 바둑을 알게 된 후부터 지금까지 나는 그냥 바둑에 빠졌고 바둑에 미쳐 한평생을 살았다.

그렇다고 바둑으로 위대한 성취를 이루지는 못했다. 그놈의 바둑 때문에 가정에도 소홀했으며 사회생활도 매끄럽게 영위하지 못했으니 바둑 폐인인 셈이다. 그러나 '미쳐야 미친다'라는 말처럼 나는 바둑 영재들을 가르치는 일에 미쳐서 청춘을 올인했다.

부천에서 10년 정도 바둑 교실을 운영한 적은 있었지만 오로지 딱 세 명의 바둑 천재에게 내가 가진 모든 열정과 노하우를 전했다.

현재 세계 랭킹 1위 신진서.

국내 여류 최초의 9단으로 세계 타이틀을 다수 차지했던 박지은.

일본으로 건너가 최고의 명문 바둑 도장을 일군 홍맑은샘.

이 삼총사야말로 내 인생의 결정체라고 할 수 있다.

제자들과 함께했던 고난의 시절을 돌이켜보면 가슴이 뭉클하다.

그 시절의 풍경과 기보를 책으로 옮기면서 전국의 많은 바둑 지망생들에게 바둑 혼을 전해주고 싶었다.

수많은 아이들이 프로 기사를 꿈꾸며 바둑 공부에 학창시절을 다 바치고도 실패하곤 한다. 관문은 턱없이 좁고 바둑의 세계는 너무나 광활하기 때문이다.

나 역시 평생 수만 판의 바둑을 두었지만 프로의 경지에 다다르진 못했다.

그러나 누군가의 바둑을 보고 분석하면서 그 바둑에 필요한 요소가 무엇인지 보는 눈은 떴던 것 같다.

신진서나 홍맑은샘이 나를 찾아왔을 때 이미 그들의 기력은 나보다 강했다.

그럼에도 불구하고 그 아이들은 자신의 바둑에 결핍된 영양소를 찾아 달라고 나에게 걸어왔다.

바둑 천재들의 부모가 나를 믿고 바둑 사춘기의 아이들을 맡긴 것이다.

나는 그들과 함께 바둑을 공부했으며 말 그대로 목숨 걸고 가르쳤다.

아이들은 순수하고 재능이 넘쳐 가르치는 대로 잘 따라왔다.

1993년 초등학교 4학년이었던 바둑 초보 박지은 양, 2001년 당시 아마추어 바둑 랭킹 1위 홍맑은샘 군, 2011년 초등학교 5학년으로 어린이 바둑왕에 등극한 신진서 군을 만나 동고동락하면서 바둑의 바다를 유영했던 나날은 내 인생의 축복이라고 해도 좋은 시간이었다. 먹고사는 문제는 헤아릴 틈도 없었다. 오로지 천재들을 한 걸음 진보시키는 데 모든 걸 쏟아부었다.

그날들의 코칭 일지를 책으로 묶어 바둑 지망생들에게 전하고자 한다.

기왕에 바둑을 배워 초일류가 되고 싶다면 천재들의 진화 과정과 비법을 눈여겨볼 필요가 있으리라.

바둑을 전혀 모르면서도 바둑에 미친 남편을 너그럽게 지켜봐주고 뒷바라지해준 아내에게 고마움을 전한다.

내 모든 바둑 자료를 20년 넘게 보관해주고 늘 격려해주신 A7 홍시범 감독님, 충암바둑동회 홍창일 회장님, 오규호 변호사님께 감사의 인사를 올린다.

2021년 봄 문턱 응암동에서 정경수

CONTENTS

추천사 청출어람(靑出於藍)에 박수를 보내며 / 7

서문 세 명의 바둑 천재를 만난 행운 / 11

나의 바둑 이야기 19로의 방랑자 / 16

01 STORY — 세계 바둑 여왕 박지은

나를 시험하다 / 34

승부 근성이 아주 강한 소녀 / 38

바둑 황제 조훈현 9단을 만나다 / 43

초일류로 만드는 방법 / 47

박지은, 처음으로 바둑대회에 나서다 / 52

박지은, 첫 여자 대회에 출전하다 / 58

강펀치를 지닌 소녀 박지은 / 61

제자 남매, 성적을 내다 / 63

박지은 맞춤 공부법 / 65

여류입단대회 출전 / 68

복기의 목적 / 70

꿈의 리그, 정맥회에 들어가다 / 73

혹독한 겨울방학 / 75

사활 공부 방법 / 76

제22기 여류국수전 출전 / 79

어린이 대회 최강부에 처음으로 초청받다 / 81

여류입단대회 본선에 진출하다 / 84

입단대회 최종 성적은 3승 4패 / 87

분위기를 타는 소녀 / 90

세상은 넓고 강자는 많다 / 92

충격적인 국가대표 탈락 사건 / 96

박지은의 12번째 생일 / 105

일반인 입단대회의 높은 벽을 실감하다 / 109

한국기원 연구생이 되다 / 114

제16회 여류 롯데배 참가, 부산으로 / 117

고마운 은인들 / 121

STORY 02 — 일본 최고의 바둑 지도자, 홍맑은샘

불운한 천재의 아버지를 만나다 / 132

너의 바둑은 몇 점일까? / 140

홍맑은샘, 아마국수전 우승으로 국가대표가 되다 / 146

홍맑은샘, 아마 바둑대회를 초토화하다 / 150

일본행을 결심하다 / 152

일본에서 두각을 나타내다 / 156

일본 명인 시바노 토라마루 / 161

일본 천원, 기성 이치리키 료 / 163

나의 인생 이야기 막노동을 하다 / 166

남도의 유망주들과 함께 / 171

STORY 03 — AI를 닮은 천재 '신공지능' 신진서 9단

진정한 천재, 신진서 / 178

신진서는 무엇이 강한가? / 181

홍시범 감독과 신진서 / 184

신진서가 내게로 오다 / 193

입단대회 2차 예선 / 198

신진서, 한국기원 연구생 랭킹 1위에 오르다 / 210

신진서의 프로 데뷔전 / 216

에필로그 죽어도 여한이 없다 / 219

부록 1 정경수 바둑 베이스캠프 공부 방법

- 초일류가 되는 바둑 공부 방법 / 224

- 사활 공부 방법 / 226

- 사활 문제 공부 방법 / 227

- 패 문제 공부 방법 / 229

- 살리기·패·잡기 문제 풀이와 설명 / 231

부록 2 정경수 바둑 베이스캠프 기보 모음

- 박지은 / 276

- 윤광선 / 355

- 홍맑은샘 / 370

- 신진서 / 389

19로의 방랑자

동양 정신문화를 상징하는 바둑은 생각할수록 오묘하고 신비롭다.

1년을 압축한 361칸의 구성도 놀랍고 흑과 백이 어울려 천변만화의 스토리텔링을 만들어내는 과정 또한 놀라울 따름이다.

그 바둑은 어떻게 내 가슴속에 들어왔을까?

어찌하여 나는 바둑을 운명으로 만나 비틀거리며 19로를 걸어왔을까?

이 책을 쓰기 시작하면서 삶을 되돌아보았다.

나는 서울 은평구 응암동에서 태어났다.

그곳에서 태어나고 자랐기에 바둑을 접하게 된 것이다.

생가 바로 위에 바둑 명문 충암고등학교가 자리하고 있었기 때문이다.

유년기와 소년기의 기억은 암울하기만 했다.

아버지의 성품이 거칠었던지 어머니가 어린 여동생을 데리고 떠나버렸다.

어느 날 갑자기 일어난 가정의 분리에 나와 남동생 영수는 당혹스러웠다.

날마다 가해지는 아버지의 폭력으로 형제는 불안에 떨었다.

이유 없이 아버지는 빗자루를 휘둘렀다. 무릎을 맞아 다리가 마비된 적도 있었고 방바닥에 쓰러져 뒹굴며 바지에 오줌을 지린 적도 많았다.

지옥이 있다면 바로 집이었을 것이다.

엄마가 가출한 뒤로 아침마다 내가 밥을 지어야 했는데 연탄불 위에 냄비를 얹어놓고 졸다가 태운 적이 비일비재했다.

반찬을 만들 줄 몰라 소금이나 고춧가루를 찍어 먹기도 했었다.

감자를 깎아 각둑썰기를 하고 간장만 넣어 익히는 게 유일한 반찬거리였다.

겨울은 너무 힘들었다. 다섯 가구가 함께 생활하는 공동주택이었는데 펌프로 물을 길어 올려 빨래를 했다. 손이 시려 떨어져 나갈 것 같았다. 겨드랑이에 손을 끼워 넣고 녹이다 보면 빨랫감에 살얼음이 생기곤 했다.

집에 머무는 게 너무 싫어서 새벽 일찍 학교에 나갔다. 아버지의 폭력을 피할 수 있는 학교는 도피처이자 작은 낙원이었다.

수업이 끝나면 집에 가기 싫어서 운동장 모퉁이에 서 있는 코끼리와 공룡 동상 아래 앉아 하염없이 공상을 하곤 했다

초등학교를 졸업하고 중학교로 진학해야 했는데 가정형편이 어려워 포기해야 할 지경이었다.

나는 꼭 중학교에 가고 싶었다. 무엇보다도 까만 교복이 입고 싶었다.

동네《동아일보》지국을 찾아가 신문 배달을 시작했다.

내가 맡은 지역의 130가구를 다 외워서 둘째 날부터 혼자 배달을 했다.

월급은 6천 원이었고 부수를 확장하면 2백 원을 더 받았다.

그렇게 숭실중학교를 다녔다.

그 무렵 가출했던 어머니가 돌아와 마음의 안정을 되찾을 수 있었다.

학교에서 집으로 돌아오면 언제나 아슬아슬 불안에 떨었다.

아버지는 고아 출신이었고 어머니 역시 부모 없이 살아오셨다.

뿌리 없는 삶은 그렇게 늘 떠 있었다.

아버지는 고물 장사를 했고 어머니는 응암동 대림시장에서 노점상을 했다.

집에서 엿을 만들어 팔았다.

엿을 만들다 깨진 불량품을 깨물어 먹는 재미가 쏠쏠했다.

1979년 12월 17일.

나는 해마다 크리스마스 직전인 이날만 되면 우울해진다.

17일은 어머니의 생일인데 공교롭게 동생 영수가 세상을 떠난 날이다.

내가 중3으로 연합고사를 준비하고 있었는데 연탄가스가 방으로 새어 들어와 영수는 영원히 깨어나지 못했다.

가정환경이 그렇게 최악으로 구겨진 상태에서 고교생이 되었다.

응암동의 충암고등학교.

바둑과 야구 명문으로 잘 알려진 학교였다.

"바둑부에 들어오고 싶은 학생은 손을 들어라!"

입학하자마자 바둑부 선배들이 1학년 교실을 순회하며 부원을 모집했다.

나는 번쩍 손을 들었다. 그때 왜 순간적으로 손을 들었는지 잘 모르겠지만 아마도 슬프고 아픈 현실을 떠나 무엇인가에 깊숙이 빠지고 싶었는지도 모른다.

충암고 바둑부는 바둑사관학교나 다름없었다.

국내 프로 기사의 절반이 충암 출신이라고 해도 과언이 아닐 정도니까.

나는 그 당시 동네 바둑으로 7급 수준이었다.

겨우 흑백의 힘겨루기나 집 만들기의 기본을 알고 있었다.

그런데 충암 바둑부원들의 기력은 죄다 막강했다.

신부철, 윤지섭, 고윤석, 노상철, 김한수 등이 함께 활동했는데 그중에서 고윤석이 가장 잘 두었다.

고윤석은 가끔 권경언 사범님과 지도대국을 두곤 했다.

우리는 그 바둑을 지켜보면서 무아지경에 빠져들었다.

프로 기사의 실력은 바둑판 안에서 거의 한계가 없어 보였다.

광활한 흑의 세력권에서 훨훨 날아다니며 집을 지었고, 빈틈없이 지어진 흑 집의 귀퉁이에서 귀신같이 두 집을 내고 살았다.

바둑을 보는 눈이 활짝 뜨이는 기분이었다.

그때 유창혁이 충암중 1학년으로 들어왔다.

이미 바둑 천재로 알려져 있던 유창혁은 프로 기사인 허장회 사범님과 바둑부실에서 자주 대국을 했다. 그럴 때마다 바둑부원들은 그 판을 빙 둘러싸고 끝날 때까지 관전했다.

워낙 관전자가 많아 판이 보이지 않으면 의자를 놓고 올라서서 내려다보곤 했다. 유창혁은 수읽기가 깊고 완력이 강하며 기풍이 화려했다. 상대가 도발하면 결코 물러서지 않았다.

허 사범님과의 대국에서 엄청난 전투가 벌어졌는데 1선을 네 번이나 기면서도 빈사 상태의 돌을 살려내 역공을 취할 때 바둑부원들은 모두 감탄사를 터뜨렸다. 그때부터 유창혁은 세계 최고의 공격수로 기재를 꽃피우고 있었다.

나보다 3년이나 어린 유창혁의 바둑을 보면서 강렬한 성취동기를 얻었다.

정말 바둑을 잘 두고 싶었다.

바둑부실에는 바둑 서적이 가득했다. 그 당시에는 일본의 바둑 잡지《기도》가 바둑의 교과서나 마찬가지였다. 일본어를 몰라도 기보는 충분히 이해할 수 있었다.

1970년대부터 1980년대 초까지 일본 바둑은 그야말로 황금기였다.

오청원으로부터 시작해 사카다, 이시다, 오오다케, 조치훈, 가토, 후지사와, 고바야시, 다케미야, 임해봉 등등 저마다 독특한 기풍을 보유한 강자들이 성층권을 이루며 빛을 발했다.

나는 수업이 끝나면 집에 가지 않고 바둑부실에서 바둑책을 읽으며 시간을 보냈다.

《월간 바둑》의 기보를 바둑판에 놓아보고 세세한 참고도까지 거의 달달 외웠다.

최고수들의 포석과 행마를 흉내 내다 보니 눈에 띄게 바둑이 늘기 시작했다.

바둑 친구들이 일취월장하는 나를 보고 고개를 갸우뚱거렸다.

"너는 조금 일찍 바둑을 시작했으면 좋았을 텐데!"

그러나 나는 그런 아쉬움 따위 전혀 없었다. 유창혁처럼 소년 시절부터 바둑을 배웠더라면 훨씬 기력이 높아져 있었겠지만 지금 이만큼 바둑을 알게 된 것만으로도 너무 뿌듯하고 좋았다.

심야까지 학교에서 시간을 보내고 귀가하니 가뜩이나 어지러운 집안은 엉망이었다. 그럴수록 아버지의 폭언과 폭력이 심해졌다.

다른 친구들의 부모님들은 모두 자상하고 부성애가 그윽한데 어째서 나만 유독 이토록 포악한 아버지를 만나 고통스럽게 살아야 하는지 알 수 없었다.

그렇지만 또 곰곰이 따지고 보면 그 아버지가 싫고 미워 바둑에 몰입하게 됐으니 지독한 아이러니라고 할 수도 있겠다.

"정경수 군, 이 책을 한 번 읽어볼래?"

대머리 해설자로 널리 알려진 김수영 선생님은 나를 각별히 아껴주셨다.

김수영 선생님은 응암동에서 한국기원을 운영했었는데 나는 방학 때 그 기원에 살다시피 했다.

아침 일찍 기원에 나가 쓸고 닦았고 사람이 없는 틈을 타 바둑책을 즐겨 읽었다.

그러던 어느 날 선생님께서 『오청원 십번기』와 『위기명인기성전』을 건네

주셨다. 존경하는 선생님의 선물인지라 단숨에 독파해버렸다.

행여 다음 날 선생님이 책 속의 내용을 물어볼지도 모른다고 생각해서 참고도까지 확실하게 암기했다. 신기하게도 그 엄청난 기보와 내용이 머리에 쏙쏙 들어왔다. 순수함과 절실함이 있어서 그런지 지금 생각해도 당시 내 잠재 능력은 놀라울 정도였다.

불우한 가정환경으로 인해 주눅 든 나에게 김수영 선생님은 큰 위안과 성취동기를 주신 은인이자 사부였다.

불과 1년 만에 나는 동네 7급에서 강 1급으로 올라섰다.

거의 모든 바둑 서적을 달달 외우고 있는 까닭에 이론과 실전을 고루 갖춰 자신감이 가득했다.

2학년 때 학교 설립자이신 충암 이인관 선생 묘소에서 제1회 충암배 바둑 대회가 열렸다.

나는 예선부터 파죽지세로 승승장구 결승에 올랐고 1년 후배 김종환을 누르고 우승했다.

태어나서 처음으로 어떤 종목의 1등이라는 걸 해봤다.

월요일 아침 전교생이 모인 조회시간에 이홍식 이사장님으로부터 우승 상패와 상금을 받았다.

전교의 모든 학생이 나를 위해 힘껏 박수를 쳐 주었다.

가슴속에서 울컥 감격이 솟아올랐다.

이 장한 아들의 모습을 아버지와 어머니께 보여주고 싶었다.

내 삶은 그 당시 바둑대회 우승을 전후로 완전히 바뀌었다.

바둑부 부장을 맡게 되어 많은 친구들과 소통할 수 있는 채널이 열렸으며 뭔가 한 가지에 미치면 삶도 보람 있다는 걸 깨달았다.

당시 충암고 이홍식 이사장님은 한국기원 이사장도 겸임하고 있어서 바둑계에 영향력이 컸다. 아울러 충암고의 바둑부 또한 학교 최강의 서클이라고 해도 좋았다.

그런 충암 바둑부의 리더라는 사실이 내 자존감을 단단하게 세워주었다.

1983년 2월 충암고를 졸업했다.

정든 친구들은 거의 모두 대학으로 진학했다.

그 당시 충암은 서울 서부 지역의 명문고로 성장해 소위 SKY로 통하는 좋은 대학에 대거 합격했다.

나는 가정 사정으로 진학을 포기했다.

그리고 고시촌으로 들어가 사법고시 공부를 했다.

바둑 공부처럼만 한다면 그까짓 법전쯤이야 몇 달 집중하면 다 암기할 것 같았다.

그러나 내 두뇌는 바둑 쪽으로만 특화되어 있는지 좀처럼 고시 공부에 적응되지 않았다.

그해 여름 가출을 결심했다.

어느덧 청년이 된 나는 아버지보다 체격이 건장해져 있었다.

그러니 아버지의 매를 맞는 건 우스운 일이었다.

아버지가 빗자루를 휘두르면 팔로 막았고 주먹을 날리면 피했다.

그런 상태가 지속되면 아무래도 내가 참지 못할 것 같았다.

아버지와 함께 살다 보면 아무래도 언젠가 큰 사고를 칠지도 모른다는 불길한 예감이 들었다.

태어나서 스무 살까지 살아온 정든 응암동을 떠나 경기도 부천시로 거처를 옮겼다.

부천 문화호텔 옆 삼영 볼링장.

그곳에서 핀을 세우는 핀돌이 아르바이트를 시작했다.

당시에는 볼링장이 수동이어서 쓰러진 볼링 핀을 사람들이 일일이 기계판에 집어넣어야 했다.

볼링 핀 한 개의 무게는 1.5kg인데 한 손에 두 개씩 들어 올려야 한다.

2명 정도가 2게임 정도를 하고 가면 볼링공 구멍에 2~3천 원씩 팁을 주는 손님들도 있었다.

2명이 2게임을 치면 볼링 핀 400개 정도를 들어 올리는 작업이다.

하루에 평균 5,000개 이상 볼링 핀을 주워 올리는 작업이 이어진다.

허리가 부러질 것 같은 고통이 매일 온다.

볼링 핀이 튀어서 핀돌이들이 심하게 다치기도 했다.

그때는 무조건 생존해야 했기에 꿈이고 뭐고 없었다. 죽어라 일하고 돈을 벌어야 했다.

일이 끝나면 동료들과 아침 해가 뜰 때까지 술을 마셨다. 모두 가난했기 때문에 그렇게 서로 위로하며 술잔을 부딪치는 게 좋았다.

겨울날 만취해서 눈길에 쓰러져 잠들었다가 얼어 죽을 뻔한 적도 있었다.

그렇게 1년 정도 아무런 희망 없이 볼링장 생활을 하던 어느 날, 우연히 대기실 의자에 놓인 신문을 주워들고 읽다가 문화면에 실린 바둑 기보를 발견했다.

《중앙일보》왕위전을 소개하는 박치문 위원의 관전기였다.

그 순간 까맣게 잊고 있었던 바둑이 벼락처럼 뇌리에 꽂혔다.

"아! 바둑을 잊고 살았구나."

나는 그날 박치문의 왕위전 관전기 기보를 거의 닳도록 보고 또 보았다.

그리고 그다음 날 목공소를 찾아 휴대하기 간편한 4쪽짜리 바둑판의 제작을 의뢰했다.

커다란 바둑판은 볼링장 숙소에 놓을 곳이 없었으므로 접히는 바둑판을 만든 것이다. 그리고 직접 내가 손으로 줄을 긋고 조각칼로 선을 넣었다.

볼링장 영업이 끝나면 바둑판을 펴 놓고 신문 관전기를 놓아보기 시작했다. 한 수 한 수의 의미를 알기 위해 새벽까지 연구했다.

누가 알아주지 않는 열정이었지만 그 시간 자체가 행복했다. 마에다 노부아키의 『기수묘수집』책을 사서 다 풀 때까지 보았다.

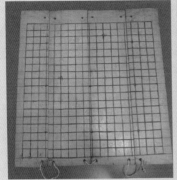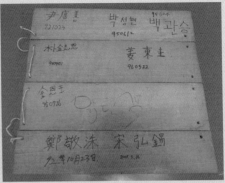

1986년 볼링장에서 만든 바둑판

　쉬는 날 부천 북부역에 있는 명인기원에 가서 바둑을 두었다. 기력이 강해서 그런지 사람들이 정 사범이라고 불러주었다. 정 사범 소리가 그냥 기분이 좋았다. 볼링장에서 손님들은 나를 핀돌이라 불렀는데 말이다.

　그렇게 나는 볼링장과 기원에서 극과 극의 대접을 받았다.

　1987년 여름.

　볼링장에 손님으로 온 아가씨와 눈인사를 주고받다가 급격히 친밀해져 사랑을 나누게 됐다. 사귄 지 한 달도 채 되지 않아서 우리는 혼인신고를 해버렸다.

　그녀가 부유한 의사 집안의 외동딸이어서 그녀의 집안에서 우리의 결합을 결사반대하는 바람에 일을 저질러버린 거였다.

　그러나 그녀는 나와 함께 살면서 그런 티를 전혀 내지 않았다.

좋은 환경에서 자란 그녀가 왜 나처럼 가진 것 없고 황량한 남자를 택했는지 모를 일이었다.

우리는 그렇게 미완성의 결혼 생활을 시작했다.

가정을 꾸리면서 볼링장 핀돌이 생활도 접었다.

아내에게 반듯한 직장인 남편으로 마주 서고 싶었다.

1989년 여름.

《바둑 뉴스》에서 신입 기자를 뽑는다는 공고를 보고 응시했다.

기자를 해본 적은 없지만 바둑과 관계되는 일이라면 그 어떤 일이라도 자신 있었다.

충암 바둑부 출신이라는 이력과 강 1급의 기력을 인정받아 합격했다.

큰 회사는 아니지만 《바둑 뉴스》는 활력이 넘치는 직장이었다.

마침 그해는 바둑 뉴스가 펑펑 터져 나온 시기였다.

1988년부터 시작된 응창기배 세계바둑선수권전에 한국 대표로 유일하게 참가한 조훈현 9단이 극적으로 8강, 준결승의 관문을 통과하고 중국의 섭위평과 결승 5번기를 펼쳤다.

바둑 올림픽으로 통하는 응씨배는 대만의 섬유 재벌 응창기 씨가 만든 대회였다.

비록 대만 사람이지만 그는 철저한 중국인이었다.

그 무렵 중국 바둑이 부쩍 성장해 바둑 강국으로 통하는 일본과 맞서고 있었다.

객관적인 실력은 압도적으로 일본이 우위였으나 중일 슈퍼대항전에서 섭위평이 철의 수문장 역할을 하면서 해마다 일본을 격파해 대륙의 바둑 팬들을 열광시켰다.

응창기 씨는 양자강 유역의 영파 출신이었고, 실제로 고향에 섬유공장을 지어 하청을 주고 있었다.

정치적으로는 중국과 대만이 대립한 상태였지만 경제적으로는 그렇게 암묵적인 소통이 이뤄지고 있었다.

응씨배가 100만 불의 거금을 바둑대회에 쾌척한 것은 중국의 바둑 붐을 위한 투자였을 것이다.

주최 측은 중국 대표 주자 섭위평의 우승을 확신했고 희망했다.

조훈현과의 결승 5번 기도 철저하게 중국 측이 유리한 일정으로 짜였다.

그 당시만 해도 공산정권으로 죽의 장막이 내려져 있던 중공이었는데 그곳에서 1~3국을 두고 4~5국은 싱가포르로 잡혔다.

1~3국을 적지에서 두어야 하는 조훈현이 절대적으로 불리했다. 그 세 판을 내리 져버린다면 싱가포르까지 올 수도 없었다.

중국에서 조훈현은 1:2의 스코어를 기록했다. 그리고 마침내 싱가포르로 와 2:2 균형을 맞추었고 대망의 결승 제5국에서 놀라운 승부 혼을 뿜어내며 초대 바둑 황제에 등극했다.

1989년 9월 5일 조훈현이 응씨배 챔피언이 되는 순간 한반도는 열광했다.

나는 결승 5국 총보를 수작업으로 만들어 신문사에 보냈다.

흑과 백 바둑알을 표기하고 번호를 붙이고 딱풀로 하나하나 붙였다.

다음 날 모든 신문의 1면이 바둑 기사로 도배됐고 내가 만든 기보가 공통으로 실렸다.

기자로서 엄청난 특종을 기록한 기분이었다.

《바둑 뉴스》에서 근무하다 보니 바둑계 소식은 누구보다 훤히 알게 됐고 또 다른 공부를 할 수 있었다.

어린이와 초급자를 위한 바둑 교재를 만들고,《조선일보》에 바둑 코너 〈월요 바둑 강좌〉,《스포츠신문》에 〈하루 한 수 배웁시다〉를 연재했다.

바둑 코너를 연재하면서 어떻게 하면 바둑을 잘 가르칠 수 있을까 연구하게 됐다.

그런 일을 하다 보니 뉴스를 취재하는 기자보다도 바둑을 가르치는 역할이 적성에 맞지 않나 싶기도 했다.

"정경수 기자는 바둑 교실을 운영하면 아주 잘할 것 같아."

《바둑 뉴스》동료 기자인 이성구 씨(전《월간 바둑》편집장)가 내 연재기사를 볼 때마다 격려해주고 바람을 넣었다.

1992년 가을 과감하게 회사를 접고 부천 소사구 복사골의 작은 바둑 교실을 인수해 본격적인 바둑 지도자의 길로 나섰다.

나는 불운한 시대, 불운한 환경으로 바둑 이무기에 그쳤지만 좋은 재목을 발견해 세계 챔피언으로 키워보고 싶었다.

밥벌이는 시원치 않았지만 아담한 바둑 교실은 나에게 작은 천국이었다.

줄지어 놓인 바둑판을 보고 있노라면 마음이 절로 평온해졌다.

저 바둑판 앞에 어떤 아이들이 찾아와서 마주 앉게 될까?

조훈현과 이창호 같은 천재를 만나고 싶었다.

언젠가는 꼭 한국 바둑을 짊어질 챔피언을 길러내고 싶었다.

바둑 천재들의 베이스캠프

01
STORY

세계 바둑 여왕 박지은

●○ 박지은

세계 바둑 여왕으로 한 시대를 풍미했던 여자 기사이다.

중국과 일본에 뒤처져 있던 한국 여자 바둑을 정상권으로 끌어올린 주인공이다.

1997년에 프로에 입단해 3년 만에 여류명인전을 제패하며 두각을 나타냈다.

2003년에 농심배 국가대항전에 여자 기사 최초로 한국 대표로 선발됐으며 제2회 정관장배 세계바둑대회에서 우승했다.

2007년에 제1회 대리배 세계여자바둑대회에서 우승했고 바둑대상 여자기사상을 받았다.

2008년에 국내 최초 여류기사 9단으로 승단했다. 제1회 원앙부동산배 대회와 여류국수전에서 우승했다.

2010년에 제8회 정관장배 세계여자바둑최강전에서 4연승으로 우승을 견인했다. 제1회 궁륭산 병성배 세계여자바둑대회에서 우승했고 제4회 지지옥션배 최종전에서 조훈현 9단을 꺾고 우승을 거머쥐었다.

2011년에 제9회 정관장배 최종국 승리로 한국 우승을 견인했다. 제2회 궁륭산 병성배 대회에서 우승했다.

2012년에 제1회 화정차업배 대회에서 우승했다.

2013년에 제2회 화정차업배 대회에서 우승했다.

나를 시험하다

1993년 2월.

복사골 바둑 교실에 40대 중년 사내가 들어섰다.

"어떻게 오셨습니까?"

"바둑을 배우고 싶어 왔습니다."

인상은 수수했지만 어쩐지 예사롭지 않은 손님이었다. 바둑 교실은 어린

이들을 가르치는 곳이라 어른이 오는 경우는 극히 드물었기 때문이다.

"몇 급 정도 두시는지요?"

"기원 3~4급쯤 됩니다."

"아, 그렇다면 보통 바둑 애호가 차원에서 잘 두시는 편이네요."

"몇 년째 제자리걸음으로 늘지 않아서 개인 지도를 받고 싶습니다."

"그럼 먼저 저와 한 판 둬보실까요? 두고 난 뒤에 복기부터 해보지요."

"몇 점을 깔고 둬야 할까요?"

"5점부터 시작하죠. 단판 치수 고치기로 한 판에 한 점씩 바뀝니다."

그렇게 그 손님과 바둑을 두기 시작했다.

그의 바둑은 밋밋했다. 자세는 단정하고 눈빛도 진지했으나 돌의 움직임이 둔탁했다. 상수의 시각에서 그리 보였을 뿐, 그는 매판 열심히 바둑을 두었다.

첫날 몇 판의 바둑으로 그의 급소를 읽어냈다.

"지나치게 관성에 따라 손이 나가는군요. 알고 있는 정석을 다 지워버리고 새롭게 시작할 필요가 있습니다. 정석이란 선지자들이 고정해 놓은 가치일 뿐이거든요."

"정석을 버리라는 말씀인가요?"

"그렇습니다. 1980년대 중반 들어 일본 바둑이 급격히 쇠퇴한 이유가 바로 그 관성의 법칙 때문입니다. 그들은 삼백 년 전 에도시대부터 바둑 문화를 찬란하게 꽃피워왔지만 그렇게 축적된 바둑의 틀을 버리지 못해 한국과 중국의 추격에 잡히고 말았습니다. 모양을 중시하는 정석에 갇혀 돌과 돌이 부딪치는 호흡이 약해진 거죠. 그에 반해 중국 바둑은 집의 효율을 중시하면서 조화를 꾀하는 형태로 진보했고요. 한국 바둑은 모양에 구애받지 않고 전투적으로 대세를 선점하는 스타일이지요."

그의 바둑이 일본 바둑과 닮아 있었다. 화점에 날 일 자로 걸치고 중앙으로 한 칸 뛰고, 3립 4전이나 두 점 머리 두들기는 정석에 길들여져 있었다.

나는 한 달 동안 그에게 특별지도를 했다.

정석의 틀을 깨는 훈련, 집의 크기를 헤아리는 방법, 끝내기의 계산 등등.

"바둑의 이치는 간단합니다. 가장 먼저 계산의 힘을 갖춰야 합니다. 집을 세는 계산이 갖춰지면 싸움은 아주 편해집니다. 한 수 한 수를 둘 때마다 집으로 가장 큰 곳을 두면 바둑은 무조건 이깁니다. 반상 최대의 가치를 찾아내는 눈이 바로 기력인 것이지요."

내 교수법의 핵심이 바로 '반상 최대의 곳'을 찾는 것이었다.

요즘 인공지능 시대 말로 바꿔 말하면 '블루 스폿(Blue Spot)'이었다.

AI는 인류가 축적한 모든 기보를 저장하고 분석해서 알고리즘을 통해 바둑판 최고의 한 수를 찾아낸다.

인간이 컴퓨터처럼 치밀하게 계산할 수 없으니 블루 스폿을 쉽게 찾기 어렵지만 관성에 따라 두지 말고 어디가 최선의 한 수인지 집중한다면 바둑의 내용이 확 달라지게 마련이다.

"원장님, 오늘은 저녁식사를 같이 하실까요?"

한 달 보름이 지났을 때 그가 밖으로 나를 불러냈다.

"드릴 말씀이 있습니다."

대화야 바둑판을 앞에 두고도 얼마든지 나눌 수 있는데 술자리에서 그가 무겁게 입을 열었다.

"무슨 일 있습니까?"

"제 큰딸이 지은이라는 아이입니다. 제가 구로에서 식당을 하다가 정리하고 부천으로 이사 왔는데 식당 일을 하느라 아이를 돌볼 시간이 없어 여러 군데 학원에 보냈습니다. 그랬더니 지은이가 힘들었던 모양입니다. 우연히 아이의 일기장을 봤는데 사는 게 참 힘들다고 적혀 있더군요."

"아! 일기장에 적을 정도라면 진짜 힘들었나 봅니다."

문득 어린 시절의 응암동의 암울했던 소년 시절이 떠올라 남의 이야기로 들리지 않았다.

"그래서 직접 딸에게 물어봤더니 학원 다니는 게 재미없고 힘들다는 겁니다."

"뭐든 억지로 하는 건 힘들겠지요."

"그런데 제가 워낙 바둑을 좋아해서 기원을 자주 다녔습니다. 한번은 지은이를 기원에 데려간 적이 있는데 아이의 눈빛이 호기심으로 반짝거리지 뭡니까. 왜 이렇게 재미있는 바둑을 이제 보여줬느냐면서 투덜거리더군요. 그래서 동네 바둑 교실에 보냈더니 원장님이 지은이가 제대로 바둑을 배웠으면 좋겠다고 권했습니다. 바둑 교실 아이들 중에서 가장 바둑에 흥미를 느끼는 아이라고 칭찬하는 겁니다."

"아빠의 취미라서 그랬을까요?"

"아무튼 그래서 정 원장님께 제 딸을 맡길 생각으로 찾아왔습니다."

그는 훗날 세계 바둑의 여왕으로 등극한 박지은의 아버지였다.

자신의 딸을 보내기 전에 먼저 찾아와 나를 테스트해 본 것이었다.

그만큼 끔찍하게 딸을 아끼고 사랑하는 아버지였다.

승부 근성이 아주 강한 소녀

1993년 4월 1일.

만우절에 거짓말처럼 장차 세계 정상에 오를 소녀 박지은이 나에게로 왔다.

노란 체육복 차림에 아주 짧은 단발머리를 한 작은 체구의 소녀였다.

"네가 지은이구나. 바둑이 그렇게 좋아?"

"네, 재미있어요."

"바둑은 얼마나 두는데?"

"며칠 전에 바둑 교실에서 18급을 땄어요."

18급은 바둑에 첫걸음을 내디딘 단계, 태권도로 말하자면 흰 띠인 셈이다.

나는 묵묵히 소녀 지은이를 바라보았다. 이제 18급이면 갈 길이 멀다. 그러나 아이가 바둑을 유난히 좋아한다니 가르치는 일도 재미있을 것 같았다.

18급이어서 차라리 나았다. 어설프게 중급자가 되어 있다면 알게 모르게 나쁜 타성과 습관이 밸 수 있었다.

하얀 도화지와도 같은 지은이에게 바둑의 기초 뼈대를 튼튼하게 심어주고 싶었다.

"광선아, 지은이랑 바둑을 한판 둬 봐라."

광선이는 지은이가 오기 5개월 전부터 수학 중이었다. 내가 기른 첫 제자였는데 바둑을 단수부터 배운 지 5개월 만에 부천의 최강자 소년으로 떠올랐다.

초등학교 6학년이라 지은이보다 두 살 위였다.

지은이는 9점을 깔고 광선이와 바둑을 두었다.

중반이 지나 반상의 흑 돌은 찾아보기 힘들 정도로 거의 다 몰살했다.

지은이는 돌을 쓸어 담고 밖으로 나갔다. 한참 후에 다시 들어왔는데 눈이 퉁퉁 부어 있었다.

"지은이는 승부 근성이 강하답니다."

지은이 아버지가 나직하게 말했다.

"하수가 상수에게 지는 건 당연하지요. 그런데 분해서 울었다면 지은이는 앞으로 크게 발전할 겁니다."

"어렸을 때 지은이가 아침밥을 먹고 나가서 점심이 넘어도 안 들어오고 저녁이 되어서 들어왔는데 얼굴에 상처가 나서 피가 살짝 굳어 있었습니다.

가족들이 깜짝 놀라 물어보니 지은이가 아무 말 없이 오른손을 내미는 겁니다. 손가락 사이에 잠자리 한 마리가 끼어 있었지요."

"잠자리를 하루 종일 쫓아다녔군요?"

"네, 잡으러 가면 날아가고 포기할까 싶으면 또 부근에 내려와 앉고……. 그래서 약이 올라 잠자리를 끝까지 따라 다녔고 마침내 잡았다는 겁니다."

그 말에 우리는 웃음을 터뜨렸다. 지은이라는 소녀에게 부쩍 애정이 갔다.

광선이와 지은이는 한 판 더 두었다. 결과는 똑같았다. 바둑의 기초를 배우지 않으면 아무리 많이 흑돌을 깔아도 사석만 늘어날 뿐이었다.

"지은아. 정경수 원장님한테 정식으로 바둑을 배워라."

"네, 알겠습니다."

지은이는 패배의 아픔을 삭이고 고개를 끄덕거렸다.

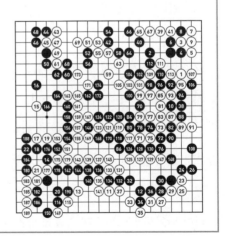

(백) 윤광선(부천 복사초등 6년)

(흑) 박지은(부천 소사초등 4년) 4점

• 단판 치수 고치기
• 1993년 4월 29일 목요일
• 복사골 바둑 교실
• 총보 1~190수 끝 흑 불계승
• 114=109

바둑 천재들의 베이스캠프

박지은의 약점	박지은의 강점
1. 수읽기가 많이 부족하다.	1. 바둑을 열심히 둔다.
2. 계산은 전혀 안 된다.	2. 승부처에서 집중력은 좋다.
3. 형세판단이 전혀 안 된다.	3. 승부 근성이 있다.
4. 능률은 모른다.	
5. 형세판단이 안 돼서 작전을 짤 수가 없다.	

공부 방법

1. 본인 수준에 맞는 난이도를 선택해서 기초적인 사활 공부를 할 것. 하루 공부량의 80%. 한 문제를 10분 안에 수읽기와 계산까지 해내야 한다.
2. 수읽기가 안 되니 계산 공부는 나중에 할 것.

승부 근성이 강하고 집중력이 남달리 뛰어난 지은이는 장마철의 죽순처럼 쑥쑥 기력이 상승했다.

광선이와 매일 3~4판씩 치수 고치기를 했는데 9점에서 출발해 어느덧 4점으로 버티고 있었다.

한국기원에서 나온 문제집을 지은이는 두 달 만에 거뜬하게 다 풀었다.

"선생님. 제가 4점에 광선 오빠를 이겼어요!"

4점 접바둑이지만 부천의 최강자로 통하는 광선이를 이기고 난 뒤에 지은이는 어린애처럼 좋아했다.

'지은이는 물건이다!'

그때 몇 번이고 속으로 탄복했다. 지은이는 그런 아이였다. 바둑에 몰입하면 그 어떤 것에도 눈길을 주지 않고 바둑판으로 푹 빠져들었다.

바둑 천재들의 베이스캠프

바둑 황제 조훈현 9단을 만나다

1993년 5월.

"정 사범님, 제가 조훈현 바둑 비디오 제작에 참여하고 있는데 시간 나면 제자들 데리고 구경 오세요."

지인으로부터 그런 전화를 받았다. 바둑을 배우는 아이들에게 바둑 황제를 보여주는 일도 또 다른 수업이었다.

축구 선수 지망생들에게 메시나 호날두, 손흥민을 보여주는 것과 같으니까.

눈으로 거인을 보는 것만으로도 영감을 얻고 기를 받는다고 생각한다.

MBC 정동스튜디오 애드컴 프로덕션에서 바둑 비디오가 제작 중이었다.

그 며칠 전 제2회 응씨배 결승에서 서봉수 9단이 일본의 오오다케 9단을

3:2로 격파하고 우승을 차지했었다.

1회 조훈현에 이어 2회 서봉수가 우승하면서 세계바둑대회에서 한국 바둑이 기치를 휘날리고 있었다.

순 국산 토종 바둑의 서봉수가 세계의 강자들을 차례로 꺾으면서 우승하는 기염을 토하자 상대적으로 조훈현의 위대함이 부각됐다.

서봉수는 천재 조훈현의 발목을 잡으며 고비 때마다 전관왕 등극을 가로막았다. 서봉수의 집념과 승부욕은 엄청났다.

그럼에도 불구하고 조훈현과의 상대 전적은 거의 7:3으로 기울어서 평생 2인자로 머물러야 했다.

"하늘이여! 어찌하여 한 시대에 조훈현을 낳고 서봉수를 낳았단 말입니까?"

그렇게 탄식할 만도 했다.

그러나 세월이 흘러 승부의 현장에서 한발 물러난 원로기사 서봉수는 솔직하게 털어놓았다.

"조훈현은 나의 숙적이었으나 나의 스승이었다."

이 고백은 바둑계에 명언으로 길이 회자되었다. 바둑 선진국인 일본에서 정통으로 바둑을 배워온 천재 조훈현에게 무수히 박살 나고 깨지면서 서봉수는 야성을 키웠던 것이다.

그렇게 위대한 조훈현 9단을 우리는 스튜디오에서 만났다.

조 국수님은 방청객으로 온 대학생들에게 바둑의 유래와 역사를 설명하시던 중이었다. 강의가 끝나고 일문일답 시간에 대학생들이 손을 들어 궁금

바둑 천재들의 베이스캠프

한 점을 물었다.

"국수님. 제가 대학에 들어와서 바둑을 배웠는데 너무 재미있어서 푹 빠졌습니다. 바둑에 더 강해지고 싶은데 어떻게 공부하는 게 좋습니까?"

그러자 조 국수는 웃으면서 대답했다.

"취미로 바둑을 즐기려면 적당히 두는 게 좋습니다. 더 강해져서 그 기력을 어디에 사용하려고요?"

정곡을 찌르는 한마디였다. 누구나 바둑에 빠지면 더 잘 두고 싶어지게 마련이다. 그러나 일반인이 취미로 즐기는 바둑이라면 적당히 두는 게 좋다. 기원 급수로 3급 정도를 두려면 생애의 한 시기를 바둑에 던져야 가능하고 1급이 되려면 거의 올인해야 한다.

또 다른 학생이 손을 들고 물었다.

"조 국수님께서는 왜 바둑을 두시는지요?"

그러자 조 국수는 노타임으로 대답했다.

"가족들과 밥 먹고 살기 위해 둡니다."

그는 솔직하고 거침없이 말했다. 세계 바둑의 황제로 통하는 그의 입에서 이런 대답이 나올 줄은 아무도 몰랐을 것이다.

과거 한 시대를 주름잡은 바둑 기사들은 대부분 명언을 남겼었다.

오청원은 '바둑은 조화'라고 일갈했으며 사카다는 '바둑은 슬픈 드라마'라고 비유했다. 그런데 천하의 바둑 황제가 바둑을 밥벌이의 수단이라고 말하니 놀랄 수밖에 없었다.

"바둑으로 밥 먹고 살기 위해서는 일찍 시작해야 합니다. 최정상에 올라갈 자신이 없다면 처음부터 너무 깊이 빠지지 마세요. 바둑의 세계는 너무 힘들고 어렵답니다."

조 국수가 덧붙여 설명했다. 그의 한 마디 한 마디가 숙성되지 않은 날것의 육성이었으나 나는 가슴으로 공감했다.

쉬는 시간에 지은이를 조 국수님께 데려가 인사시켰다.

"지은아. 조 국수님께 인사드려라."

"안녕하세요. 박지은입니다."

조 국수가 활짝 웃으며 지은이를 맞았다.

"그래, 지은이 아주 야무져 보이는구나. 몇 학년이니?"

"4학년이에요."

"바둑은 얼마나 두니?"

"이제 배워서 잘 두진 못합니다."

"프로 기사가 되고 싶니?"

"네."

"열심히 바둑 공부를 해서 프로 기사가 되면 시합에서 만나자."

"네. 꼭 프로가 될게요."

조 국수가 지은이의 등을 톡 두드려주었다.

---

* 박지은은 1997년 프로에 입문했고 2000년 〈KBS 바둑왕전〉에서 조 국수를 만났다.

바둑 천재들의 베이스캠프

초일류로 만드는 방법

조훈현 9단이 바둑 비디오를 제작하고 있을 때 제27기 왕위전이 진행되고 있었다. 왕위는 유창혁이었고 조훈현 9단은 도전자였다.

조 국수는 1989년 응씨배를 차지한 뒤로 제자 이창호에게 국내 1인자 자리를 넘겨준 상태였다. 또 다른 천재 유창혁도 등장해 조9단의 시대는 저물어간다는 평이 지배적이었다.

그러나 회광반조라는 말처럼 조훈현 9단은 결코 단번에 무너지지 않고 끊임없이 정상으로 올라와 이창호, 유창혁 등 후배들과 승부를 겨뤘다.

그 점은 한국 바둑이 세계 정상에 군림하는 데 결정적 역할을 했다.

일본 바둑계는 원로 기사들의 시대가 너무 오래 지속되어 세대 교체가 늦어졌고 중국 바둑계는 독보적인 1인자 섭위평이 마효춘 등의 후배들에게 너무 빨리 무너져버려 극적인 맛이 덜했다.

그러나 한국 바둑의 견인차 조훈현은 최고의 자리에서 내려온 뒤로도 거의 10여 년 이상 타이틀전에 나서 후배들을 담금질했다.

이창호를 극복하기 위해 초반부터 화염을 내뿜는 전투바둑을 전개했고 유창혁의 완력을 극복하기 위해 속력행마를 구사하면서 호랑이 교관 역할을 한 것이다. 또 세계대회에 나가서도 가끔씩 우승하는 저력을 보였다.

나는 단언컨대 세계 바둑 최고의 천재는 조훈현 9단이라고 생각한다. 이창호 9단의 무시무시한 기록도 대단하지만 이창호를 가르친 조훈현이야말로 바둑을 위해 태어났고 바둑의 신이 점지한 영웅이라고 확신한다.

유창혁과 조훈현의 왕위전 기보를 검토하면서 나는 초일류 기사들의 수법을 연구했다.

도대체 어떻게 공부해야 최고가 될 수 있을까?

수읽기, 계산능력, 작전능력, 끝내기.

바둑에서 무엇이 가장 중요한가? 결국은 집이었다.

바둑의 본질은 집이다!

어떻게 하면 내가 상대보다 한 집이라도 더 확보할 수 있는가?

이것이 바둑 승부의 요체였다.

격변하는 바둑판 위의 모양을 전체적으로 파악하고 집의 가치로 환산하

바둑 천재들의 베이스캠프

는 방법을 만들 필요가 있었다.

정석 같은 건 정말 아무짝에도 쓸모가 없다.

바둑은 흑과 백이 한 번씩 번갈아 두는 게임이기에 욕심껏 361칸 전부를 내 집으로 만들 순 없다.

상대도 나만큼 깊이 계산할 테고 나만큼 욕심을 낼 것이다.

승부는 누가 더 정확하게 한 걸음 앞서 블루 스폿을 차지하는가에 달려있다.

어차피 일정한 경지에 이르면 눈에 보이는 집은 단번에 헤아릴 수 있다.

숨어 있는 집, 그 집의 가치를 명확하게 읽을 줄 알아야 한다.

그때부터 나는 은닉된 집의 가치를 계산하는 교수법을 구축하기 시작했다.

박지은, 홍맑은샘, 신진서에 이르기까지 나는 이 세 명의 바둑 천재들에게 부족한 것을 채워주는 방법을 부단히 개발하고 연구했다.

영재들의 취향과 능력은 각각 다르다. 장점과 단점 역시 다르다.

아이들을 일류로 키우기 위해서는 어떤 점이 부족한지 먼저 파악해야 했다.

그 당시 제자는 광선이와 지은이였지만 나는 그 둘을 최고의 프로 기사로 길러내고 싶었다. 그래서 미친 듯이 공부를 했다.

오청원, 사카다, 조치훈, 후지사와 슈코, 조훈현, 이창호의 기보를 하루에도 몇십 판씩 복기하면서 일류의 감각과 수법을 찾아내려고 애썼다.

충암고 시절 유창혁이 떠올랐다.

유창혁은 충암초등학교 6학년 때 전국대회 학초배에서 우승한 천재였다. 초등학생이 전국대회에서 우승한 것은 가히 충격적인 사건이었다.

그때 유창혁은 남들과 다르게 공부했다. 일반적으로 바둑 지망생들은 오청원의 대국집을 한 수 한 수 음미하면서 공부를 했는데 유창혁은 틈나는 대로 사활문제를 풀었다. 퀴즈를 풀 듯 사활문제를 풀었는데 아주 오랜 기간 계속 풀었다.

그리고 프로 도전기 바둑을 보면서 거침없이 감상평을 던지곤 했다.

이제 겨우 중학생인데 최고수들의 바둑을 지켜보며 이러쿵저러쿵 훈수를 하는 거였다. 그런데 바둑판에 복기를 해보면 유창혁의 한마디 훈수는 언제나 일리가 있었다.

사활 공부만 꾸준히 해도 저렇게 수읽기가 강해지는구나!

역시나 그 천재 소년 유창혁은 1984년 입단해서 1988년 조훈현 대왕에 도전해 타이틀을 쟁취했다.

이후 이창호의 독주를 어느 정도 견제하고 세계무대에서 한국 대표로 맹활약을 하며 바둑 사에 굵은 족적을 남겼다.

그래, 사활 공부를 통해 수읽기의 힘을 길러 주자.

강자들의 공통점은 수읽기에 있었다.

수읽기는 다분히 상대적이다. 절대적인 게 아니다.

사람과 사람이 바둑을 두므로 상대를 이기면 된다. 바둑의 수는 사람에 의해 변화하므로 상대의 대응에 따라 수를 읽어야 한다.

내가 수읽기, 계산, 능률을 갖추면 상대는 어려워할 것이다.

나는 미완의 대기 박지은 양에게 혼신을 다해 바둑의 영양소를 주입했다.

조금만 더 일찍 나를 찾아왔더라면 좋았을 것을!

지은이를 볼 때마다 시간이 안타까웠다. 지은이는 아직 중급자였지만 놀라울 정도로 눈부신 진보를 거듭하고 있어 어디까지 성장할지 가늠이 되지 않았다. 솔직히 그때 지은이가 훗날 세계를 제패할지 예측하진 못했다. 그러나 그 아이가 커다란 성취를 이뤄낼 빛나는 원석이라는 건 확신했다.

이제 4학년인 지은이를 졸업하기 전에 입단시키는 게 목표였다.

겨우 3년밖에 남지 않았다. 3년 내로 지은이의 인생을 결정해줘야 할 필요가 있었다. 최고가 되지 않을 바에는 빨리 진로를 변경하는 게 옳았다. 이도 저도 아닌 상태로 바둑계 변방의 이무기로 서성거린다면 소중한 인생을 낭비하는 꼴밖에 되지 않는다.

전국의 많은 아이들이 바둑에 입문했다가 공부도 제대로 하지 못하고 방황하는 경우가 허다했기 때문이다.

박지은,
처음으로 바둑대회에 나서다

1993년 10월 9일 한글날. 지은이가 전국어린이바둑대회에 출전했다.

제2회 피자헛배 전국청소년바둑대회가 서울 보라매공원에서 열렸다.

전국에서 720명의 어린이가 참가했다.

광선이와 지은이를 데리고 부천에서 전철로 신대방역까지 이동했다.

"긴장하지 말고 너희들 두고 싶은 대로 둬 봐라."

지은이는 첫 대회 참가라서 그런지 약간 떨리는 표정이었다.

사실 지은이는 전국대회에 나설 정도로 바둑이 세진 않았다.

경험 삼아 출전시킨 거였다.

그런데 첫판부터 내리 다섯 판을 계속 이겼다.

바둑 천재들의 베이스캠프

분명히 바둑은 상대 선수들보다 약한 느낌인데 희한하게 이기는 것이다.

예선 결승까지 파죽지세로 승리했는데 막강한 상대 김선미를 만나 패배하고 탈락했다.

바둑 배운 지 6개월 만에 그 정도면 나쁘지 않은 성적표였다.

광선이는 꽤 기대를 했는데 대진 운이 안 좋아 초반 탈락을 했다.

"어때? 둘 만했니?"

"네, 재미있었어요."

예선 결승에서 탈락하는 아픔을 겪었지만 지은이는 쾌활하게 대답했다.

그래도 처음 나간 대회에서 몇 차례 승리의 기쁨도 맛보았기에 승부의 재미가 무엇인지 몸으로 느낀 거였다.

지은이는 매우 성실 근면했다. 학교에서 끝나면 집에 가방을 놓고 바로 교실로 바로 와서 시키는 공부를 묵묵히 해내고 있었다. 어제 광선이한테 선번(덤이 없음)으로 단판 치수 고치기를 이겨서 오늘 처음으로 호선으로 두는 날이다. 처음 온 날에 9점에 져서 몰래 화장실 가서 울던 지은이가 이제 광선이 그림자를 밟고 있다.

나로서는 뿌듯한 시간이었다. 둘이 라이벌이 되면 경쟁은 더 치열해질 것이다.

오후 5시 40분 드디어 복사골 바둑 교실 넘버원을 가리는 타이틀매치가 시작됐다. 광선이의 흑번이다. 둘이 참 열심히 둔다.

덤은 5집 반이다.

5시 40분에 시작된 바둑이 오후 6시 20분에 끝이 났다. 바둑이 약하면 대국 시간이 짧다.

둘은 아무 말 없이 바둑판만 바라보고 있었다. 지은이는 얼굴이 상기되어 있었다.

집을 세어 보니 흑이 반면으로 5집을 남기고 있었다.

흑 41집, 백 36집, 백 반 집 승!

바둑 배운 지 7개월 22일 만에 9점에 줄곧 지던 지은이가 호선으로 처음 이겼다.

이 순간부터 복사골 바둑 교실 일인자의 전쟁은 시작될 것이다.

하루도 안 빠지고 동생 지은이한테 하루에도 3~4판씩 지도대국을 해준 광선이가 고마웠다.

9점 접바둑부터 매일 둬 준다는 것도 쉬운 일이 아니다. 광선이는 한번도 싫은 내색을 안 했다. 족히 1,000판 이상은 두었다.

심성이 따뜻한 광선이야말로 지은이에게는 또 다른 스승이었으리라.

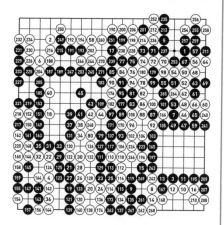

백 박지은

흑 윤광선 덤 5집 반

- 단판 치수 고치기
- 1993년 11월 22일
  오후 5시 40분~6시 20분
- 총보 1~271수 끝 백 반 집 승
- 지은이가 바둑 배운 지 7개월 22일째
- 169, 175, 181, 186=87
  172, 178, 184=166
  222=217

박지은의 바둑 분석	박지은의 강점
1. 포석(1~45) 　1) 결과적으로 성공이다. 　2) 상대가 강한 곳이어서 백 24, 26, 28은 무리수 　3) 상대가 느슨하게 두어 포석에 성공했다. 2. 중반전(46~195) 　1) 우여곡절 끝에 백이 2집 반 우세 국면이었다. 　2) 우변 백이 타개가 잘돼서 백 우세 국면, 흑은 　　공격에 실패했다. 　3) 시야가 좁다. 　4) 사활이 약하다. 　5) 형세판단이 안 된다. 3. 끝내기(196~271) 　1) 계산이 안 된다.	1. 생존본능이 있다. 2. 접근전에서 집중력을 발휘한다. 3. 파이팅이 넘친다. 4. 승부욕과 근성이 뛰어나다.

공부 방법

1. 사활공부(『기경중묘』부터 시작할 것)에 하루 공부량의 70%를 할애한다.
2. 실전대국할 때 사활에 신경 쓴다.

어느 날 스티븐 코비 박사의 『성공하는 사람들의 7가지 습관』이라는 책을 읽고 신선한 영감을 받았다.

책을 정독한 후 바둑에 접목시켜 보았다.

1. 전향적 태도를 가져야 한다
'난 못 해. 어쩔 수 없었어. 이건 안 된다'라는 생각 대신 '난 이길 수 있어'라는 긍정적인 생각을 해야 한다.

2. 마지막 목표를 생각하고 시작하라
5년, 10년 후에 어디서 바둑을 둘 것인지를 생각하라. 세계 일인자를 목표로 해야 한다.

3. 우선순위를 분명히 정하라
시간이 지나도 변하지 않는 것과 시간이 지나면 변하는 것을 정해서 가르쳐야 한다.
- 시간이 지나도 변하지 않는 것: 집 많은 사람이 이긴다. 즉, 집이다. 집하고 관련된 공부(수읽기, 계산, 능률)가 매우 중요하므로 꾸준히 할 것.
- 시간이 지나면 변하는 것: 포석과 일반적인 귀 변화 공부를 때에 맞추어서 할 것.

4. 서로가 득이 되는 방법을 찾는다

바둑에서 큰 이익을 보려다가 손해를 보는 경우가 많다. 무리하지 말고 타협을 생각해야 한다.

5. 먼저 상대방이해하을 라(매우 중요)

이것은 바둑 생각의 시작이다. 상대방의 노림수(집하고 관련)를 정확히 파악하는 것이 매우 중요하다. 알아내지 못하면 진다.

6. 제3의 대안을 모색한다

서로 타협이 안 되면 한쪽은 망한다. 이럴 땐 바둑판 전체를 살피고 창의적인 그림을 그려야 한다.

7. 항상 자신을 관리하라

건강을 유지해야 최종 목표를 성취할 수 있다. 부족한 부분을 채우는 공부가 꾸준해야 한다.

전문성과 자기만의 색깔이 있어야 한다.

자기만의 정확한 수읽기와 어떠한 형태도 계산할 수 있는 계산 능력(부분적으로 계산이 안 되면 전체적으로 해야 한다), 바둑판 위의 돌의 능률을 극대화시키는 작전 능력을 발전시켜야 한다.

모든 상황에서 헤쳐나가는 힘은 수읽기와 계산 능력에 의해 좌우된다. 그 때문에 꾸준히 부족함을 채우는 사활 풀이와 계산 공부는 반드시 병행되어야 한다.

박지은,
첫 여자 대회에 출전하다

1994년 5월 7~8일 450여 명의 여류 아마추어 강자들이 참가한 가운데 제6회 쌍용투자증권배 바둑여왕전이 소공동 롯데호텔에서 열렸다.

지은이는 저 강자들 틈에서 얼마나 버틸까? 여류 강자들과의 격차는 어느 정도 될까?

지은이의 현재 위치를 정확히 가늠해 볼 필요가 있었다.

이제 바둑을 시작한 지 1년이 흘렀다.

부천역에서 지하철을 타고 시청역에서 내려서 소공동 롯데호텔에 도착하니 전국에서 모인 아마 강자들이 많았다.

최강부, 을조, 병조, 그리고 꿈나무조.

지은이는 최강부에 신청했다. 목표가 여류 세계 일인자이니 당연한 선택이다. 어차피 호랑이를 잡으려면 호랑이굴에 들어가 봐야 한다. 적들의 이빨이 얼마가 강한지 물려보기로 했다.

최강부 4조
1번 김영배 3패
2번 이후자 3승 1패
3번 김현정 1승 2패
4번 권효진 4승
5번 박지은 1승 2패

지은이는 권효진, 이후자에게 패배하고 김영배에게 승리를 거두었다.

바둑을 배우고 처음 치른 여류 공식 시합, 그것도 아마 최강부에서 거둔 귀중한 1승이었다. 이 승리가 자신감을 심어줬을 것이다.

김현정은 전주에서 올라온 바둑 천재 소녀였다. 당시 임해봉 9단과 섭위평 9단 등으로부터 3점으로 지도대국을 받아 화제가 됐었다.

역시나 최강부답게 상대들은 바둑을 잘 두었다. 그러나 나의 예상보다는 강하지 않은 느낌이었다. 지은이보다는 강하지만 그 차이는 미미했다. 상대들이 바둑을 먼저 배워 판수가 많을 뿐이었다.

그 대회에서 우승은 김태향이 차지했다.

이정원이 준우승, 권효진이 3위였다.

그때 나는 상쾌한 예감에 몸을 떨었다. 어쩐지 머지않아 지은이가 저런 상대들을 가뿐하게 물리칠 것 같은 자신감이 스멀스멀 올라왔다.

가끔 바둑 친구들을 만나면 지은이 자랑을 했다.

"내 제자는 훗날 여류 최강자가 될 겁니다. 여류 최초로 입신의 반열에 오를 거고요."

그럴 때마다 지인들은 피식 웃었다.

"만약 지은이가 그렇게 되면 우리 집 강아지도 입단할걸."

그처럼 냉정하게 비웃는 이도 있었다.

나는 권효진과 지은이의 바둑을 집중 분석했다.

지은이의 부족함은 어디에 있는 걸까?

알아야 채워준다.

바둑 천재들의 베이스캠프

강펀치를 지닌 소녀 박지은

1994년 5월 29일 일요일.

제3회 문화체육부장관배 전국청소년바둑대회에 참가했다.

전국에서 1,150명이 참가했다.

지은이는 첫판부터 수월하게 승리를 거두며 승승장구 계속 이겼다.

3회전에서 윤새힘을 만났다. 윤새힘은 이전 전국대회 4강에 오른 어린이 강자였다.

윤새힘과 박지은의 바둑은 시작부터 난타전으로 전개됐다. 중반에 이르러 지은이가 교묘하게 축머리를 활용해 윤새힘의 본진을 폭파하면서 이겼다.

엄청난 강자를 난타전으로 무너뜨리는 장면에서 나는 울컥했다. 처음부터 뚝심 있게 사활 훈련을 시킨 것이 주효했다.

분명히 지은이의 수읽기는 발전하고 있었다.

바둑에 입문한 지 겨우 1년 남짓 지났는데 전국대회 4강을 격파하다니 대견하고 뿌듯했다.

지은이가 괄목상대 눈부신 발전을 한 것도 있지만 사실 상대들의 실력이 그다지 강하지 않았다. 내 눈에는 그렇게 보였다.

틀에 박힌 바둑 공부로 성장한 아이들의 바둑은 빈틈이 많았다.

나는 지은이에게 정석 공부를 시키지 않았다. 대신 사활을 집중적으로 가르쳤다. 바둑인들은 왜 어린이에게 정석을 가르치지 않느냐고 힐책하기도 했다.

"일본에서 그런 연구를 한 적이 있습니다. 정석이 실전에 적용되는 확률이 보잘것없다고 나왔다네요. 바둑에 정석이 어디 필요합니까? 편의상 붙인 이름일 뿐이지요."

나는 그렇게 대꾸했다. 정석을 죽어라 외운 아이들은 실전의 변화에 적응하지 못했다. 명확하게 눈에 들어오지 않지만 사활 공부를 한 지은이는 실전에서 힘을 발휘했다.

그렇게 지은이는 위닝 멘털리티를 갖춰가면서 스스로 뛰기 시작하고 있었다. 나는 지은이의 성장을 보면서 내 지도 방법에 확신을 가졌다.

제자 남매, 성적을 내다

1994년 6월 26일.

제1회 인천시민바둑대회에 광선이와 지은이를 데리고 나갔다.

지은 아버지와 광선 어머니도 따라와 응원했다.

그날, 광선이는 중고등부에서 거뜬하게 우승을 차지했다.

지은이는 8강전에서 인천의 강자 명은하를 이겼다.

4강전이 고비였다. 난타전을 벌인 끝에 종반 끝내기 단계에 접어들었는데 아무리 집을 헤아려 봐도 지은이가 3집 반 정도 부족했다. 도저히 역전할 구석이 보이지 않았다.

'여기까지인가 보다.'

나는 응원을 포기하고 관중석으로 돌아가 앉았다.

그런데 한참 후 지은이가 활짝 웃으며 내게 달려왔다.

"선생님. 이겼어요!"

"뭐라고? 네가 3집 반 부족했는데?"

"한두 집 남은 끝내기에서 상대가 자충을 둬 제가 두 점을 따내서 반 집으로 역전승했어요."

"그래, 잘했다. 승부는 항상 마지막 한 수까지 최선을 다해야 하는 법이야."

지은이는 결승에서 홍인국한테 패배해 준우승을 거두었다.

나의 사랑스러운 제자 남매는 그날 자전거 두 대와 청소기, 전화기, 고급 손목시계를 왕창 상품으로 받았다.

지은이 아버지는 이튿날 바둑 교실 건물에 대형 현수막을 내걸어주었다.

복사골 사람들이 건물 앞을 지나치면서 현수막을 힐끔 올려봤다.

윤광선과 박지은의 자랑스러운 이름이 오래도록 그 자리에 걸렸다.

박지은 맞춤 공부법

1994년 10월 3일 제10회 오리온배 어린이바둑대회.

1,200명의 어린이 강자들이 참가했다.

지은이는 본선에서 김정수를 만나 판정패했다. 6학년인 김정수는 전국대회 우승자라서 막강했다.

이상하게 지은이는 전국대회만 나가면 강자들과 조우하는 징크스가 생겼다.

나는 밤마다 기보를 적었다. 이때는 기보가 귀해서 관철동 한국기원을 찾아가 얻어 와야 했다.

일주일에 한두 번 정도 그렇게 했다. 바둑 기보가 귀해 〈KBS바둑왕전〉,

〈MBC제왕전〉이 방영되면 새벽에 시청하면서 기보를 적어 제자들에게 보여줬다.

지은이는 전투바둑을 좋아해서 유창혁 9단의 대국기보를 보게 했다. 포석은 초반 50수에서 70수 정도까지 매일 하루에 5국씩 외우게 했다.

거기에 집중적으로는 사활 공부를 시켰다.

포석은 많이 좋아졌는데 아직 중반전에 들어가면 수읽기에서 밀린다.

무엇을 채우는 공부를 해야 하는가?

시합이 끝날 때마다 나는 지은이의 기보를 연구하며 밤을 샜다.

그래도 수읽기가 먼저니 사활 공부를 더 시키기로 했다. 사활은 집이 크게 관여된다.

『기경중묘』, 『현현기경』을 꾸준하게 푼 효과가 나타나서 이젠 32강 본선까지는 간다. 더 올라가려면 아직 발견되지 않은 지은이의 부족함을 찾아 더 채워야 한다.

일단 수읽기, 계산, 선수 잡는 기술, 능률, 형세판단, 작전능력 등 기술적인 부분에서 부족하면 결국 진다는 사실을 깨달았다. 이것은 나로서는 굉장한 깨달음이다. 기술이 부족하면 정신력으로 절대 못 이긴다. 바둑판 위에서 집이 많아야 한다. 바둑판 위에 떨어진 땀방울은 집으로 인정하지 않는다.

박지은

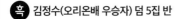 김정수(오리온배 우승자) 덤 5집 반

- 제10회 오리온배 전국국민학생바둑
  대회
- 1994년 10월 3일
- 문화체육관
- 69수 이하 줄임 흑 판정승

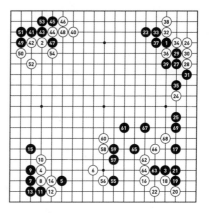

박지은의 약점	박지은의 강점
1. 포석 2. 귀 변화에 대한 공부가 부족하다.	1. 포석이 조금씩 발전하고 있다(상당히 고무적이다). 2. 시야가 조금 넓어졌다. 3. 강자를 만나도 본인 스타일의 바둑을 열심히 둔다. 4. 상대를 의식하지 않는다. 5. 대범한 면이 보인다.

공부 방법

1. 본인 실전에 나온 귀 변화를 완벽하게 공부하는 데 공부량의 30%를 할애한다.
2. 사활 공부를 꾸준히 하고 계산도 꾸준히 하며 사활묘기를 풀어본다. 여기에 공부량의 70%를 할애한다.
3. 수읽기, 계산 능력을 꾸준히 발전시켜야 한다. 이것이 승부다.

여류입단대회 출전

아침 일찍 부천역에서 지은이를 만나 전철을 탔다. 상왕십리역에서 내려 홍익동 한국기원으로 걸어갔다.

입단대회는 아마추어 전국대회와는 격이 다르고 무게감 또한 천양지차다.

입단대회 관문을 통과해야 프로 기사 면장이 주어진다. 프로 대회에 출전할 수 있는 출전권을 얻는 것이다.

솔직히 지은이의 실력이 아직 프로가 되기에는 미진하지만 일부러 출전시켰다. 그 대회의 경험을 통해 지은이의 부족한 점을 찾기 위해서였다.

바둑 천재들의 베이스캠프

예선 5조	
1번 박지은	2패 1승
2번 이후자	2승 1패
3번 김선희	3승
4번 이정애	3패

지은이는 1승 2패로 예선에서 탈락했다. 비록 2패를 했지만 상대들이 그다지 강하다는 느낌은 없었다. 김선희와 이후자 씨는 당시에 여류 최강자들이었다. 입단대회는 만만치 않다.

첫 경험이지만 앞길이 희미하게 보이기 시작했다. 입단하려면 1차 예선, 2차 예선을 통과하고 최종 본선 8명 리그전에서 우승해야 한다. 동률이 나면 무조건 재대결이다. 여류 최강들을 상대로 12승 정도를 해내야 한다. 어렵고 험한 길이다. 입단하면 곧바로 프로 세계다. 1등만 모여 있는 세계다. 일인자가 될 자신 없으면 빨리 그만두어야 한다. 취미로 하면 된다. 자신 없으면 재능도 없는 것이다.

인생은 오직 한 번뿐이므로 내게 어울리는 길을 빨리 찾아 걸어가야 한다.

복기의 목적

입단대회가 끝나자마자 바로 부천으로 내려왔다.

지은이의 바둑을 복기해 보았다. 아니 해부해 보기로 했다.

복기의 목적은 어디서 잘못 두었는지를 지적하는 게 아니다.

무엇이 부족한지 정확히 찾아내서 부족한 부분을 채울 공부 방법을 찾아내는 것이다. 이것은 매우 어려운 작업이다. 그래도 해내야 한다.

의사가 환자를 진찰하고 정확한 처방을 내리는 것과 비슷하다. 가장 빠른 지름길을 찾아내야 한다. 어딘가 있을 것이다. 신석수모의 비법을 찾아내야 한다.

나만의 지도 방법이지만 지금까지 효과가 있으니 뚝심 있게 밀고 나가기로 했다. 부족한 부분이 채워지면 이기기 마련이다. 상대보다 부족함이 적어야 이길 수 있다.

결론은 수읽기가 더 강해져야 한다. 그러려면 사활을 더 공부시켜야겠다.

입단대회에서 김태향, 이정원이 입단했다.

1994년은 많은 경험을 얻었다. 내년이면 지은이는 6학년 졸업반이다. 입단 0순위까지는 가야 한다. 성공한 프로 기사들은 어린 나이에 입단했다. 어렵다는 것은 말이 안 된다. 힘들고 어려우면 다른 길로 가면 된다. 일인자가 되려면 어렵고 힘들지만 해내야 한다. 바둑을 늦게 배운 것, 일찍 배운 것은 운명일 뿐이다.

프로 기사들의 입단 나이

| 조훈현 9세 |
| 조치훈 11세 |
| 이창호 11세 |
| 신진서 12세 |
| 이세돌 12세 |

바둑의 본질을 가득 채우고 독한 승부 근성과 지독한 공부와 정신수양으로 강해져야 한다.

지은이가 늦게 바둑을 시작했으므로 최대한 빨리 입단을 해야 한다. 5년 안에는 해야 한다. 입문부터 5년, 짧은 시간이 아니다. 역대 일인자의 입단 연령을 살펴보면 엄청나다.

　공통점은 초등학교 때 프로 기사가 된 사람은 바둑으로 세계 일인자 반열에 올라갔다는 점이다. 이것은 매우 중요한 자료다.

　어렵지만 어린 나이에 입단했고 역경을 이겨내고 세계 일인자의 꿈을 이루었다. 일인자가 될 자신이 없으면 취미로 해야 한다.

꿈의 리그, 정맥회에 들어가다

1994년 7월부터 정맥회에 들어가서 리그전에 참가했다.

광선이와 지은이는 영등포 화랑기원에서 격주 토요일마다 열리는 정맥회에 열심히 다녔다.

둘이 가끔 같은 조여서 만나기도 했다.

당시 정맥회는 아마 강자들이 많이 모여 있어서 스파링하기에는 가장 좋은 모임이었다.

화랑기원은 유재형 아버님이 운영하셨다.

당시 회원으로 전정기, 황선규, 조휘남, 김세강, 김운경, 김종훈, 김형준, 표세웅, 이종상, 홍종욱, 송석렬, 김효정, 허정식, 심장섭, 박종오, 김진환, 김종학, 홍민표, 이재웅, 남승호, 강순찬, 윤명철 님이 계셨다. 특히 윤명철 원장님께서는 같은 부천이라고 지은이가 화랑기원에 가면 시간이 날 때마다 지도대국을 많이 해주셨다.

이곳은 윤 원장님이 운영하시는 천재 바둑 교실이었고 윤 원장님은 평소에도 지은이와 광선이를 불러서 지도대국을 해준 고마운 은인이다.

바둑 천재들의 베이스캠프

혹독한 겨울방학

1995년 겨울방학이다. 공부할 시간이 많다. 지은이 바둑을 자세히 검토해보고 해부해보고 무엇이 부족한지 정확하게 찾았다. 그리고 부족한 것을 채울 수 있는 훈련 방법을 찾았다.

흔들리면 안 된다. 곰처럼 우직하게 밀고 나가야 한다. 바둑 산 정상에 올라갈 수 있는 코스를 찾았다. 나는 셰르파가 된 기분이었다.

정말 힘든 겨울방학이다. 고된 훈련을 시켜야 하고 지은이가 잘 따라주길 바랄 뿐이다.

사활 공부 방법

1. 사활 문제를 바둑판 위에 만들어 푼다.

2. 틀리면 왜 틀렸는지 응수해서 납득을 시켜야 한다.

3. 절대로 정답을 알려주면 안 된다. 정답은 혼자 힘으로 알아내야 한다.

4. 틀리면 다시 풀도록 한다.

5. 한 문제를 17일 동안 풀기도 한다.

6. 정답을 찾을 때까지 기다려야 한다(정답이 나오면 계산 공부를 한다. 살았을

   때 몇 집, 잡았을 때 몇 집, 합해서 전체 크기가 얼마인지를 계산한다).

7. 푸는 제자도 힘들겠지만 정답이 나올 때까지 기다리는 스승도 힘들다.

바둑 천재들의 베이스캠프

8. 공부는 재미로 하는 게 아니다. 힘들어야 한다. 하지만 공부를 해서 바둑을 이기면 재밌다.

9. 대국은 이겨야 재미있다. 재미있으면 스스로 공부를 하게 된다. 실전대국은 부족함을 알기 위해 하는 것이다. 하지만 부족함이 채워지지 않은 상태에서 하는 실전대국은 효과가 없다.

10. 수읽기가 안 되면 훈련을 해서 수읽기 능력을 배양시킨 후에 대국을 해야 한다. 계산은 다음 문제다. 수읽기가 안 되면 계산은 당연히 안 된다.

11. 그 때문에 사활 공부와 대국 비율은 80% 대 20% 정도로 해야 한다.

12. 대국의 목적은 이기는 것이 아니다. 나의 부족함을 알기 위함이다.

13. 부족함을 알아야 부족함을 채울 수 있다.

14. 상대보다 부족하면 절대 이길 수 없다.

지은이의 공부 계획을 세웠다. 1995년은 박지은 바둑 인생에서 정말 중요한 시기였다.

국민학교 졸업 전까지 『현현기경』, 『기경중묘』, 『사활묘기』, 『관자보 1, 2』, 『현람』, 마지막 『발양론』까지 오로지 본인의 힘으로 풀게 하는 것이다. 그 후에 계산을 가르칠 계획이다.

지은이를 여류 세계 일인자로 만들어야겠다. 목숨을 걸고 가르쳐야겠다.

제자가 시합에서 지면 슬프고 괴롭다. 내가 행복해지기 위해 제자들이 시합에서 이길 수 있도록 부족함을 채워주어야 한다. 내가 할 일이다.

제22기 여류국수전 출전

제22회 여류국수전이 1995년 2월 25~26일 63빌딩 별관 3층에서 개최됐다.

25일 아침에 부천역에서 지은이를 만나 시합장에 가기로 했다.

아직은 실력이 부족하지만 강자들과 겨루어야 한다. 그래야 얼마나 더 공부를 해야 하는지 알게 되고 더 열심히 할 것이다.

450여 명이 출전한 이번 대회에서 어느 위치에 올라갈까? 힘들지만 해내야 한다.

지은이는 현미진을 만나 좌초했다.

지은이를 이긴 현미진은 준우승을 했다. 시합 바둑을 자세히 검토해보고 무엇이 부족해서 졌는지 얼마나 부족한 건지를 알아야겠다. 언제까지 들러

리가 될 순 없다. 주인공으로 만들고 싶다.

 포석은 무난하다. 중반에 들어가서 형세판단이 안 돼서 능률을 생각하는 작전이 전혀 안 된다.

 이유는 무엇일까? 수읽기와 계산이 안 되는 것이다

 형세판단과 작전에 대해 많은 연구가 필요하다.

이날의 메모

1. 사활은 계속 풀어야 한다.
2. 형세판단이 전혀 안 된다.
3. 돌의 능률에 대한 생각이 부족하다.
4. 작전이 어설프다.

 4월에 있는 입단대회를 잘 준비해보자.

어린이 대회 최강부에
처음으로 초청받다

1995년 3월 11일에 제3회 김성준배 전국어린이바둑대회가 열렸다.

김성준배는 바둑 교실 다니던 성준이를 위해 부모가 만든 어린이 최강전이다. 64명 초청전으로 치러진다.

지은이가 64강에 초청됐다. 그동안 열심히 공부한 보람이 있다.

예선 7조		
1번 박지은	2승 1패	(패 - 승 - 승)
2번 고석용	2승 1패	(승 - 승 - 패)
3번 남성관	3패	(패 - 패 - 패)
4번 최호열	2승 1패	(패 - 승 - 승)

한국기원 2층에서 조별예선이 벌어졌다. 각 조에서 2명이 올라간다.

3자동률이다. 추점으로 32강 본선행이다.

운이 따르는 걸 보니 강자가 되는 것인가?

바둑계에서는 운도 강자한테 붙는다고 한다.

본선은 잠실 강동지원에서 열렸다.

32강 첫판 김효곤에 15분 만에 던졌다.

어떻게 올라온 본선인데 이처럼 허무하게 진단 말인가?

최선을 다한 것인가? 그렇다. 상대가 강해서 어쩔 수가 없는 것이다. 실력이 안 되는데 오래 생각한다고 될 리가 없다. 생각하는 힘이 부족한 것이다. 수읽기, 계산 능률을 생각하려고 해도 부족하기 때문에 시간이 많이 주어진다고 해도 본인의 한계에 부딪히는 것이다. 바둑은 아는 만큼 생각한다.

그렇게 둬서는 바둑으로 먹고살기 힘들다. 프로가 되려면 젖 먹던 힘까지 최선을 다해야 한다.

이날 지은 아빠랑 통닭에 맥주를 5병이나 마셨다. 집에 일찍 들어갈 수 없었다.

선수가 최선을 다하지 않을 때 맥이 빠진다. 최선을 다하지 못한다면 빨리 때려치워야 한다.

다음 날 지은이 엄마한테 전화가 왔다. 지은이가 밤새 울어서 학교도 못 가고 바둑 교실도 쉰다고 한다. 처음 겪는 일이었다. 정신력으로 더 단단하게 무장해야 한다. 기분에 치우치면 안 된다.

공부를 마치고 지은이 아버지랑 같이 지은이 집에서 저녁을 먹기로 했다. 언제부터인가 거의 매일이다. 저녁도 지은이 집에 가서 이틀이 멀다 하고 같이 먹었다. 이날은 닭볶음탕을 했다. 지은이 엄마는 음식을 아주 잘 만들었다.

지은이 아빠는 시도 때도 없이 불쑥 바둑 교실을 찾아왔다. 지은이한테 기대를 많이 하는 눈치다. 부담스럽다.

여류입단대회
본선에 진출하다

1995년 4월 제7회 여류입단대회.

드디어 입단대회가 다시 돌아왔다.

이 대회를 위해서 최선을 다해 준비했다. 정맥회 리그도 하고 구로구 바둑대회 등등 바둑을 둘 수 있는 곳이면 다 찾아다녔다.

광선이도 지은이 입단대회를 위해 평소보다 더 많이 바둑을 두어줬다.

오성운 사범님도 치열하게 지도대국을 많이 해주셨다. 꾸준히 사활 공부를 독하게 한 것은 물론이다. 사활 풀다가 코피가 터지기도 하고 토하기도 하고 한 문제를 17일 동안이나 풀게 해서 울리기도 했다.

힘들게 울면서 공부하면 시합에서 웃을 수 있다. 중요한 것은 바둑이 엄청 강해지면 인생이 달라질 수 있다는 것이다.

　지은이를 부천역에서 만나 한국기원으로 향했다. 1호선을 타고 시청에서 갈아탔던 저번 입단대회에서 예선 탈락했던 기억 때문에 화장실을 핑계 대고 신도림에서 2호선으로 갈아탔다.

　그런 사소한 징크스도 피하고 싶었다.

　지은이의 성공은 내 성공보다 귀중했으므로 가슴이 쿵쾅거렸다.

　고맙게도 지은이는 강력한 상대들에도 주눅 들지 않고 1차 예선, 2차 예선을 통과했다.

　2차 예선에서 만난 이후자 씨한테 반 집 승을 거두었다.

　그 반 집으로 승패가 갈리고 나중에 인생도 바뀐다.

　신도림에서 2호선으로 갈아타니 본선까지 진출했다. 실력이 약하니 징크스도 믿게 됐다.

　실력이 강해지면 징크스도 필요 없다. 내일은 쉬고 화요일부터 본선이다. 부천 갈 때도 지하철 동선을 자세히 적어놓자.

　한국기원에 도착하니 본선 멤버들이 모여 있다. 학부모들도 와 있었다. 사람들이 "박지은이 누구야?" 그런다. "처음 보는 아이인데……"라는 말은 약간 귀에 거슬린다. 서로 처음 보는 거다.

　추첨은 본인이 직접 한다. 지은이가 추첨하는 걸 보고 싶었다. 최창원 사범님이 심판이다.

본선 첫날이다. 본인이 추첨한다. 지은이는 6번을 뽑았다. 오전 첫판은 강나연 선수, 강자다.

얼마 전 열린 여류국수전에서 3위에 입상했다.

둘째 판 조혜연, 떠오르는 강자다.

그런데 지은이가 사고를 쳤다. 첫날 강자들을 상대로 2승을 쓸어 담았다. 2연승 한국기원이 술렁인다. "박지은이가 누구냐?" 사람들이 지은이 이름을 다시 부르기 시작했다.

본선 결과

1	우승아	패	패	승	패	패	패	승	2승 5패
2	홍꽃노을	승	패	패	승	승	승	패	4승 3패
3	현미진	승	승	승	패	승	승	승	6승 1패
4	권효진	패	승	패	패	승	승	패	3승 4패
5	강나연	승	패	승	승	패	승	승	5승 2패
6	박지은	승	패	패	패	승	패	승	3승 4패
7	이정희	승	패	패	패	패	승	패	2승 5패
8	조혜연	패	승	패	승	패	패	승	3승 4패

바둑 천재들의 베이스캠프

입단대회 최종 성적은
3승 4패

바둑 입문은 늦었지만 2년 만에 입단대회 본선에 올라왔다. 열심히 따라 주는 지은이가 고마웠다.

어쨌든 입단대회는 찻잔 속의 태풍으로 끝났다.

프로 입단은 아직 먼 것인가?

아니다. 가시권에 들어왔다. 작년 가을 입단대회 때는 1승도 못 했는데 불과 6개월 만에 입단대회에서 7승 4패라는 결과를 거두었다. 7승이나 해냈다. 험난한 바둑의 길이지만 이겨내야 한다.

아쉽지만 7승으로 그동안에 열심히 공부해서 강자와의 격차를 줄인 것만 확인하는 대회였다. 어차피 1등 해야 입단이다. 프로 세계에는 1등만 모여 있다. 프로 세계에서 1등을 해야 한다.

만만치 않게 어려운 바둑의 길이다. 하지만 누군가는 일인자가 된다는 것이다. 바둑 세계 일인자는 부족함을 가득 채워 상대들만 이기면 되는 것이다. 얼마나 공정한 세계인가? 승패도 분명하고 그래서 바둑이 좋다. 어느 곳이나 둘 수 있는 자유와 한 번씩 번갈아 두는 평등이 있다.

입단대회가 끝나고 지은이의 기보를 마르고 닳도록 분석했다.

부족한 것을 정확히 찾아내는 작업을 해야 한다. 이것이 승부다.

수읽기, 계산능력, 수읽기 + 계산 = 형세판단, 형세판단 후에 능률을 생각하는 작전 구상 능력.

부분적인 전략에서 치밀한 수읽기, 귀·변·중앙 중 어느 위치에서 취약한가?

귀는 우상·우하·좌상·좌하, 변은 우변·좌변·상변·하변 중 어디인가? 귀, 변은 각각 4군데인데 왜 같은 사활 문제에서 위치가 바뀌면 순간 수읽기에 착오가 오는가?

상대방의 성향은 어떠한가?

공격적인가, 안정적인가?

차분하게 형세를 맞추어서 계가로 가는 스타일인가, 찬스가 오면 올인하는가?

이 모든 문제를 어떻게 해결할 것인가?

바둑 천재들의 베이스캠프

생각이 더 많아졌다. 6개월 뒤에 또 입단대회가 있다.

6개월 공부 계획을 세워서 밀고 가야 한다. 하루도 쉬면 안 된다. 무조건 남들보다 더 해야 한다. 힘들어도 이겨내야지.

전체적으로 능력이 향상됐다. 수읽기만 더 훈련하면 될 것 같다. 점점 강해지고 있다. 큰 걱정 없다. 잘 따라와 주고 있다.

지은이의 바둑 스타일은 공격적이며 전투적이다. 수읽기는 자신 있는데 계산이 취약하면 전투적인 스타일이 된다. 계가 바둑이 되면 불안해한다. 그 때문에 계산 공부가 필요하다. 계산이 되면 유리한 곳에서 싸움을 할 수 있고, 수읽기는 더 빛을 발할 것이다.

그래서 특단의 조치를 마련했다.

유창혁 기보를 포석 부분만 모두 외우게 할 것.

공격에서 더 힘을 발휘하게 수읽기를 정말 강하게 만들 것(남자 초일류 수준으로 만들 것).

국민학교 졸업 전까지 모든 사활 문제를 스스로 정답을 찾아내게 할 것.

정말 할 일이 많아졌다. 1년만 집중해서 해보자. 독하게 부족함을 채워야 한다. 지은이가 따라와 주면 좋으련만.

분위기를 타는 소녀

1995년 6월 3일 제7회 쌍용여왕배 시합날.

부천역에서 지은이를 만나 시합장으로 출발했다.

대방역에서 내려 버스로 갈아타고 여의도 증권거래소에서 내렸다.

쌍용타워 신사옥에 도착하니 460여 명의 여류 강자들이 전국에서 모였다.

5조
1번 김혜순 2승
2번 김은정 2패
3번 박지은 2패
4번 이후자 2승

지은이는 2패로 예선 탈락이다. 입단대회 본선에서 3승을 해서 약간 기대를 했지만 만만치 않다. 아마추어 강자들의 관록은 어디 가지 않았다.

수원 정자초등학교의 4학년밖에 안 된 조혜연이 김세영을 상대로 193수 끝에 백 반 집 승을 거두며 우승했다.

노근수 사범의 애제자다. 조혜연 양의 어머니는 시합장에 항상 같이 오신다. 김선희, 강나연 씨가 공동 3위, 입상자들이 너무 부러웠다.

지은이는 언제 가장 높은 곳에 갈 수 있을까?

저번 입단대회를 발판으로 많이 성장했다고 생각하는데 시합에 나가면 곳곳에서 자신만의 무기를 보유한 강자들이 득실득실하다. 경험 부족도 있겠지만 바둑에 대한 확실한 개념이 부족하다. 집이 많으면 이긴다는 것을 빨리 깨달아야 한다.

지은이 기보를 다시 검토해 보기로 했다.

바둑은 간단하다. 지면 내가 부족한 것이고 이기면 상대가 부족한 것이다. 실수, 그것은 변명에 불과하다. 변명할 시간이 없다. 공부할 수 있는 시간에 부족한 부분을 채워야 한다. 아무렇게나 공부해서는 안 된다. 정확하게 어느 부분이 어느 정도 부족한지 파악한 후에 공부량을 조절해야 한다.

지은이는 분위기를 잘 탄다. 정신적으로 안정되도록 해주어야 한다. 대국할 때 자신의 기량을 발휘할 수 있는 말을 찾아야 한다. 아동심리학 책을 사서 봐야겠다. 손톱을 깨무는 아이에게 어떤 말을 해주어야 할까? 승부에 대한 부담감을 떨쳐주고 졌을 때 더욱더 격려를 해주어야겠다.

세상은 넓고 강자는 많다

1995년 6월 24~25일에 열린 제16회 해태배 전국어린이바둑왕전.

지은이를 부천역에서 만나서 버스를 타고 등촌동 88체육관에 도착했다.

개인전만 1,002명이 참가했다. 참가 선수가 너무 많아 500명이 먼저 두었다. 두 번 진행하니까 500명은 탈락했다. 언제나 승부의 세계는 비정하다.

지은이는 예선에서 5연승을 거두고 본선에 진출했다.

32강 본선은 한국기원에서 열렸다.

마침 그때 이창호 9단이 팬 사인회를 하러 왔다.

나는 지은이에게 사인을 받으라고 권했다.

바둑 천재들의 베이스캠프

"지은아, 이창호 기사님 사인 받아. 줄 많이 서 있네."

그런데 지은이는 고개를 가로저었다.

"안 받을래요."

"왜?"

"나중에 프로 기사 되면 만나잖아요."

지은이는 그렇게 당차고 야무졌다.

나는 빙그레 웃었다. 지은이의 꿈을 분명히 알게 됐다.

지은이 꿈이 그렇다면 내가 그 꿈을 꼭 실현시켜 줘야겠다.

다음 날 한국기원에 가서 대진표를 살펴봤다.

상대는 송태곤이다. 어리지만 잘 둔다고 알려진 아이다. 만만한 상대가 아니다.

일본의 조치훈 9단도 맘에 들어서 내제자(內弟子)로 키우고 싶다고 할 정도였다. 얼마나 잘 두는지 보고 싶었다. 조치훈, 조훈현 사범님 같은 초절정의 고수들은 어떤 아이를 제자로 받아들이는지 궁금했다. 도대체 기재는 무엇인가? 누가 일인자가 되는 건가?

홍민표 군이 먼저 이기고 나왔다.

"민표야, 지은이 바둑 어때?"

"지은이 누나 백 번인데 이기고 있어요. 끝내기만 남았는데 거의 반면 승부 같아요."

"그래? 이겨야 할 텐데!"

민표의 말에 살짝 안심하고 있었는데 잠시 후 지은이가 돌을 던졌다는 비보가 들렸다.

마지막 순간에 사활이 걸렸는데 상변에서 노타임으로 두어서 대마가 잡혔다. 끝나기 전엔 끝난 것이 아니다. 상대가 패배를 시인할 때까지 긴장의 끈을 놓으면 안 된다. 선수는 마지막 공배까지 노려야 한다. 상대도 마찬가지다. 유리한 바둑 역전패하고, 불리한 바둑 지면 도대체 어떤 바둑을 이길 것인가?

해태배 전국어린이바둑대회 입상자

- 우승: 윤혁
- 준우승: 최철한
- 공동 3위: 김정환, 이재웅

지금 돌이켜보면 1995년도 국민부 최강부에는 강자가 많았다.

지은이는 32강에서 송태곤한테 아쉽게 졌다. 제자들에게 이긴 상대들은 모두가 나의 스승이다. 부족함을 알려주고 나에게 부족함을 채우는 방법을 더 연구하라고 하는 것이다.

바둑 천재들의 베이스캠프

어린이대회가 하나둘씩 지나간다. 지은이는 올해가 6학년이어서 다 마지막 대회다. 가끔 지은이를 3~4년 정도만 일찍 만났다면 좋았겠다고 생각한다.

하지만 운명이다.

충격적인 국가대표 탈락 사건

1995년 7월 윤광선 군이 한국기원 연구생이 됐다.

바둑을 배운 지 2년 8개월 만이었으니 광선이의 기재도 상당한 셈이었다.

김청원, 윤혁, 최철한과 나란히 연구생 리그에 참가했다.

13명이 벌이는 첫 리그에서 광선이는 9승 3패로 승격했다.

그 무렵 지은이도 정맥회 B조로 올라갔다.

제자들의 진보가 눈에 보였다.

1995년 7월 23일은 제3회 세계4대도시소년소녀바둑대항전 선발전 겸 제8회 이붕배 전국어린이바둑선수권대회가 열리는 날이었다.

6학년인 지은이에게 마지막 기회였다. 바둑 국가대표가 된다는 게 얼마나 명예로운 일인가? 나는 꼭 지은이를 대표로 만들고 싶었다.

영등포에서 기차를 타고 부산으로 내려갔다.

대회장에 전국에서 바둑 잘 두는 어린이들이 죄다 모였다.

16강 대진표

1. 조혜연 - 윤승기	5. 김민호 - 김지석
2. 김윤수 - 윤혁	6. 강연미 - 김정환
3. 박지은 - 송태곤	7. 홍민표 - 김광종
4. 최민식 - 조광희	8. 최철한 - 박승현

지금 명단을 봐도 쟁쟁한 프로들이 보이지 않는가? 어린이 바둑대회 사상 가장 호화로운 16강 대진표로 통한다.

8강 대진표

1. 조혜연 - 김윤수	3. 김민호 - 김정환
2. 박지은 - 최민식	4. 홍민표 - 최철한

32강, 16강 탈락 멤버가 윤재웅, 이재웅, 송태곤, 김지석, 윤혁, 박승철이라니 말문이 막힌다.

어마어마한 멤버들이다.

여기서 나는 많은 생각을 했다, 대표가 될 확률은 얼마나 될까? 최소한 우승 후보 2명은 이겨줘야 한다고 생각했다.

지은이는 송태곤을 통쾌하게 이기고 8강에 올라갔다. 조혜연은 윤승기를 잡고, 김정환은 김지석을 이기고 올라온 김민호랑 8강전을 기다리고 있었다.

8강에 올라가니 희망이 밝아졌다. 이봉배 역사상 8강에 여자가 2명씩이나 올라간 건 처음이다. 사람들이 웅성거린다. 간단하다. 남자가 4강에 다 올라가면 당연히 국가대표가 되고 여자는 재대결해서 선발하면 된다. 여자가 둘 다 4강에 올라가면 남자를 한 명 더 뽑으면 된다.

원칙대로 하면 간단하다.

나는 지은이가 국가대표가 되는 시나리오를 그리고 있었다.

첫 번째, 지은이가 이기면 무조건 대표가 된다.

두 번째, 조혜연이 이겨도 무조건 대표가 된다.

세 번째, 여자 둘 다 이겨도 무조건 된다.

네 번째, 만약에 8강에서 둘 다 떨어지면 조혜연과 재대결해서 이기면 된다.

대표가 될 가능성은 엄청 크다. 과연 어떻게 될까?

재대결에서 지고 떨어지면 최악이다.

부천에서 홍민표, 박지은 둘이 가능성이 있다.

민표도 자주 복사골 바둑 교실에 와서 리그전을 했던 아이라 당연히 응원

바둑 천재들의 베이스캠프

했다.

전북에서 온 김민호는 팔 굽혀 펴기를 열심히 한다.

이윽고 8강전이 끝났다.

4강은 김정환, 최철한, 조혜연, 최민식.

4강에 올라간 4명은 당연히 국가대표가 됐다.

지은이는 당연히 여자 국가대표가 됐다.

김민호는 탈락하자마자 바로 대회장을 떠났다.

그동안 하루도 안 쉬고 공부한 결과물이다.

순간 울컥했다. 이런 감정은 처음이었다.

10년 전에 부천 볼링장에서 볼링 핀을 줍던 내가 바둑으로 제자를 국가대표가 되게 하다니, 돈이 되지 않는 바둑에 미쳐 청춘을 날렸다고 그동안 구박했던 친구들에게 지금의 결과를 보여주고 싶었다. 자꾸 눈시울이 뜨거워져 제자들 몰래 화장실을 가서 세수를 하고 왔다.

민표와 재웅이 아버지는 환호성을 올렸고, 지은이 아버지도 나처럼 울고 있었다. 자녀들을 위해 흘린 눈물이라 부끄럽지 않았다.

오로지 사활 공부에 집중해서 수읽기를 강하게 만든 것이 인정을 받는 날이기도 했다.

나만의 공부 방법, 아이들의 부족함을 채우는 것이 통한 느낌이었다.

내 인생에서 최고로 기분 좋은 날이다.

1993년 4월 1일에 만나 바둑 교실에서 18급을 땄다고 좋아했던 지은이가 2년 3개월 23일 만에 당당히 국가대표가 됐다.

그런데 호사다마라는 말처럼 우리들의 기쁨은 오래가지 않았다.

숙소에서 학부모들과 기분 좋은 시간을 보내고 있었는데 갑자기 밤 11시경에 이상한 소리가 들려왔다.

여자는 조혜연이 가장 높이 올라갔으니 여자 대표로 선발하고 8강에서 탈락한 홍민표와 Y군을 재대결하게 한다는 거였다.

지은이는 여자니까 빼고, 당연히 참가해야 할 김민호는 없으니까 빼고.

말 같은 소리를 해야지. 하도 어이가 없어서 말문이 막히고 억울해서 눈물이 났다. 누가 이런 말 같지도 않은 억지를 부리는 걸까?

그럼 여자가 4강에 다 올라가면 우승자가 대표가 되고 나머지 4명은 8강에서 떨어진 남자 4명을 선발한다는 것인가? 남자, 여자 따로 선발전을 하면 간단한 것을.

L 심사위원이 할 말이 있다고 불러서 갔다. 날 부르는 자체가 이상했고, 원칙과 맞지 않았다.

"정 원장님, 대표 선발에 문제가 생겼어요. K 사범이 여자는 혜연이가 결승 갔으니 혜연이를 여자 대표로 선발하고 지은이를 탈락시키고 8강에서 떨어진 홍민표 군과 K 바둑 도장 출신의 Y군을 재대결시켜서 남자를 1명 더 뽑아야 한다고 주장합니다."

나는 그 자리에서 펄쩍 뛰며 항의했다.

"이게 도대체 무슨 말입니까? 지은이를 대표에서 탈락시키고 남자대표를 재대결로 선발한다는 게 말이 됩니까? 그럼 4강에 여자가 4명 올라가면 우승자만 대표가 되고 8강에서 떨어진 남자 4명을 대표로 뽑아야 합니까? 그럼 여자는 우승해야만 대표가 된다는 말씀인데 남녀 차별이잖아요?"

"원래는 4강 4명, 여자는 박지은이 대표가 되는 게 맞는데 K 사범이 이의를 제기해서 복잡하게 됐어요."

K는 당시에 국내 최대의 바둑 도장을 운영하는 중이었기에 이런 대회에서도 입김이 센 모양이었다.

"이의를 제기할 게 뭐가 있습니까? 대회 원칙대로 해야지요. 이런 식으로 하면 뭐 하러 선발전을 합니까? K 도장에서 뽑든가 하지, 이건 Y군이 K 도장 출신이라고 그 아이한테 기회를 주려고 꼼수를 쓰는 거잖아요. 이 많은 사람들 휴가철에 시간 다 뺏어 놓고 선발전을 이런 식으로 불공정하게 치르면 됩니까?"

나는 앞뒤 가리지 않고 고래고래 소리를 질렀다. 제자들이 없었다면 눈앞에 보이는 모든 것들을 다 때려 부수고 싶었다.

"그러지들 마세요. 저 돌아 버릴 거 같아요. 지금까지 고생한 시간이 다 물거품이 되는 거잖아요. 지은이는 벌써 울고불고 난리예요. 그나저나 원칙이 있는데 K가 뭐라고 대표 선발전 규칙을 현장에서 바꿔요. K가 그렇게 대단한 사람인가요? 도대체 저로서는 이해할 수 없습니다. 민표 아버지도 지은이가 대표 된 걸 보고 민표는 탈락했다고 내일 일찍 올라간다고 하는데 지은이를 대표에서 탈락시키고 민표랑 Y랑 대표 선발 재대결을 시키다니요. 이건 공산주의 독재국가에서나 가능한 거예요. 그럼 남자 따로 뽑고 여자 따로 뽑아야죠."

L 사범은 난처한 얼굴로 쩔쩔맸다.

"제가 K 사범과 다시 이야기를 해보겠습니다."

"뭘 다시 이야기를 해요. 말도 안 되는 소리를! 정말 어이가 없네요. 프로 기사 제자는 국가대표 되고 아마추어 지도자가 가르친 제자는 국가대표 되지 말라는 법이라도 있답니까? 지은이가 당당히 국가대표가 됐는데 왜 K 사범과 논의를 해야 합니까? 이게 옳은 절차라고 생각하십니까? 국가대표 되는 데 스승이 아마추어인 게 왜 문제가 되는 건가요? 그게 중요합니까? 아마추어가 프로 되는 거지, 프로 기사가 아마추어가 되는 경우는 거의 없잖아요. L 사범님께서 올바른 결정 하시리라 믿습니다. 그런 협잡에 흔들리면 안 됩니다."

그로부터 새벽 3시 15분경에 박지은을 제외하고 Y와 홍민표가 재대결을 한다고 연락이 왔다.

그리고 마침내 K 도장 문하의 Y가 대표로 뽑혔다.

막상 Y와 홍민표도 왜 자신들이 재대결을 하는지 어리둥절한 얼굴이었다.

"지은이 누나가 대표로 선발된 게 아닌가요? 왜 우리가 돼야 하죠?"

대회 관계자들은 주최 측에서 시킨 대로 진행할 뿐이라고 설명했다.

나는 미쳐버릴 것만 같았다. 지은이를 지켜주지 못한 스승의 무력함에 바다에 뛰어들고 싶었다.

아침에 깨어보니 지은이가 구석에 쪼그리고 앉아서 소리 없이 흐느끼고 있었다.

지켜보는 나도 이리 아픈데 당사자인 어린 제자의 마음은 얼마나 아플까? 나는 자리를 박차고 밖으로 걸어나갔다. 아름다운 부산 야경이 눈에 들어오지 않았다. 그저 이 세상이 원망스러울 뿐이었다.

내 인생에 처음 느껴보는 좌절감과 분노였다.

예와 도를 부르짖는 바둑계에서 이처럼 기득권층이 하나라도 더 소유하기 위해 욕심을 부리는 행태는 충격적이었다.

역사상 최강의 멤버들의 각축장이었던 1995년 부산 이붕배는 이런 사연으로 얼룩지고 말았다.

지은이와 지은 아빠를 어떻게 달래야 할지 엄두도 나지 않았다. 어떤 말로도 위로가 되지 않을 테니까.

부산은 지은이가 태어난 고향이다. 애틋한 고향에서 이런 황당한 꼴을 당하니 어이가 없을 뿐이었다.

부산에서 야간열차를 타고 상경했다.

우리는 열차 안에서도 한마디 나누지 못했다. 정말 가장 힘들고 불편한

열차 여행이었다.

서울에 올라와서 며칠 뒤에 지은 아빠랑 만났다. 그가 소주를 따라주며 놀라운 이야기를 전했다.

"사실은 한 달 보름 전쯤에 K 사범으로부터 전화를 받았습니다. 지은이를 서울 바둑 도장으로 보내라는 겁니다. 아마추어 사범한테 배울 게 뭐 있냐고 그럽디다. 딱 잘라 거부했습니다. 그랬더니 이붕배에서 국가대표선발전에 깊숙이 개입해 자기의 힘을 보여준 것 같습니다."

사실이라면 훗날이라도 이런 부조리와 불공정한 일은 고쳐져야 한다. 당연히 증거를 바탕으로 해당 관련자는 처벌을 받아야 옳다. 어른들의 욕심으로 인해 자라는 꿈나무들이 상처받고 운명까지 달라지는 경우도 있을 것이다.

바둑 천재들의 베이스캠프

박지은의 12번째 생일

1995년 11월 4일.

지은이의 열두 번째 생일이다.

부천역에서 만나 한국기원으로 출발했다.

전철 안에서 지은이를 오래도록 지켜봤다. 자신이 정한 목표를 향해 한발 한발 꾸준히 정진해나가는 소녀. 볼 때마다 대견한 아이다.

부족한 사범이지만 내 영혼을 다 바쳐 길라잡이를 하고 있는데 과연 저 아이를 곧고 바른길로 안내할 수 있을지 확신이 서지 않았다.

지은이는 바둑에 올인했다. 친구들과 학창시절의 애틋한 추억을 쌓지 못 했고 학업 또한 일정 부분 포기했다. 공부를 제대로 했으면 충분히 수재 소리를 듣고도 남을 아이라서 안쓰러웠다.

이날 제8회 여류입단대회가 한국기원에서 열렸다.

프로 입단을 꿈꾸는 전국의 여류 강자들이 다 모였다. 이 중 단 한 명만 프로 자격증을 얻게 된다.

사실 프로가 된다고 해서 달라지는 건 프로 시합에 나갈 수 있는 자격이 주어지는 것뿐이다. 한국기원에서 월급을 주는 것도 아니고, 프로 바둑 선수가 되어 상금이 걸린 프로 바둑 시합에 출전하여 상금을 쟁취해야 한다. 실력이 약하면 정말이지 말도 못 하게 비참한 생활을 해야 한다. 수입이 전혀 보장되어 있지 않다. 그 때문에 바둑으로 성공해서 먹고 살려면 상상을 초월하는 노력이 있어야 한다. 잠자고 밥 먹는 시간 외에는 바둑 공부를 해야 한다. 아마추어 기사는 낭만과 추억이지만 프로 기사는 생존이다.

1차 예선에 지은이는 2조에 편성됐다.

도은교, 김예슬, 김혜민, 김효정 등 하나같이 쟁쟁한 강자들과 붙었다.

30명이 5명씩 6개 조로 나뉘어 1차 예선을 치른다.

각 조에서 2명씩, 2차 예선에 올라간다.

첫판은 도은교 양이다. 삼광도장 소속으로 유망주다. 어려운 상대다. 기본기가 단단하다. 포석에서 밀렸다. 우변전투에서 역전을 시켰다. 상변전투에서 흑이 패를 만들었으면 이기기 힘들 정도의 불리한 형세였다. 운이 따른 승리다.

둘째 판은 김혜민이다. 바둑이 상당히 안정적이다. 포석에서는 성공했으나 중반 전투에서 무너졌다. 1승 1패. 1차 예선 통과하려면 나머지 2판을 다 이겨야 한다.

그리고 오후에 김예슬, 김효정을 이기고 1차 예선을 통과했다.

다음 날인 11월 5일 2차 예선.

정애경, 윤성혜, 손경진과 1조에 편성됐다.

손경진과의 첫판, 좌상귀 포석에서 실패했다. 상대에게 세력을 크게 허용했는데 그렇다고 집을 짭짤하게 확보한 것도 아니다.

지은이도 불리함을 깨닫고 과감하게 중앙 깊숙이 침투해 여기저기 전단을 만든다. 판을 복잡하게 만들어 마침내 잘 수습했다. 어려웠던 출발인데 뚝심으로 역전을 일궈낸 바둑이었다.

윤성혜와 두 번째 판, 성혜는 전국대회 우승자로 만만치 않은 상대다.

지은이는 4귀를 알뜰하게 챙기고 상대의 모양을 깨는 작전을 세웠다.

성혜는 모양이 무너지자 대마를 공격해왔다. 지은이는 흔들리지 않고 맞받아치며 대마를 잡아버렸다.

승부처에서는 흑백 서로에게 동등한 기회가 주어진다. 누가 더 집중하고 깊게 수를 읽느냐에 따라 승패가 갈린다.

지은이는 마침내 힘든 예선을 통과하고 최종 본선에 합류했다.

그리고 최종 본선에서 2승 5패로 입단에 실패했다.

"지은아. 네 바둑의 단점이 무엇인지 생각해봤니? 잘 생각해보고 적어 봐라. 네가 아픈 곳을 네가 더 잘 알 거야."

그렇게 숙제를 내줬더니 지은이가 답을 적어왔다.

· **포석**: 소목 정석에서 걸침과 협공의 변화를 잘 모르겠다. 대세 점을 자주 놓친다.
· **중반**: 수읽기를 하지 않고 감각으로 둘 때가 많다.
· **끝내기**: 선수할 자리를 놓치고 역끝내기를 자주 당한다.

지은이가 적은 문제점을 보고 고개를 끄덕였다. 아직 갈 길이 멀었다.

그러나 스스로 문제점을 정확히 알고 있다는 점에서 희망이 보였다.

사활 공부를 더 시켜야겠다. 수읽기가 제대로 되면 모든 부분이 강화될 것이다.

바둑 천재들의 베이스캠프

일반인 입단대회의
높은 벽을 실감하다

1995년 11월 18일, 제73회 일반인 입단대회.

아직 무르익진 않았으나 남녀 구분 없이 치르는 일반인 입단대회에 지은 이를 출전시키기로 했다.

바둑을 시작한 지 2년 8개월 17일째.

기원이 있는 왕십리로 와서 지은에게 갈비탕을 먹였다.

시합 대국은 에너지가 많이 소모된다. 입맛이 없어도 밥은 먹어야 한다.

조 편성은 16조.

안현석, 김종성, 박지은 3명 중 1명만 올라간다.

남자 기사들의 완력을 당하지 못하고 2패로 탈락했다.

여류입단대회에서 2승 5패, 일반인 입단대회에서 2패로 고배를 마셨으니 지은이의 현 위치를 정확하게 알게 됐다.

지금보다 훨씬 더 강해져야 한다. 다른 건 몰라도 수읽기 하나만큼은 확실하게 주입해야겠다.

수읽기의 기본은 공간 지각력이다. 숨어 있는 집을 헤아려서 가장 큰 곳부터 둘 줄 알아야 한다. 돌과 돌이 부딪치는 육박전에서 기세와 힘도 중요하지만 그보다 중요한 것은 집의 크기를 가늠하는 눈이다.

한 수의 능률과 가치를 정확히 이해한다면 굳이 피 터지고 뼈가 부러지는 충돌을 하지 않아도 된다. 한 수마다 집 크기를 계산해 앞서가면 되니까.

수읽기가 안 되면 계산이 안 되고 계산이 안 되면 형세판단이 안 된다. 형세판단이 안 되면 능률을 생각하는 작전은 엉터리 작전이 된다. 이기는 길을 찾을 수가 없다.

그래서 수읽기가 바둑의 기본이며 본질이다. 그래야 프로에 진출하더라도 밥을 먹고 산다. 프로의 세계는 약육강식의 정글이다. 승부 생태계의 최상위권에 오르지 못하면 그곳은 지옥이다.

썩은 동물의 사체나 먹어치우는 하이에나, 대머리독수리가 돼서는 안 될 일이다.

수읽기만 어느 정도 완성되면 계산하는 방법을 알려줘야겠다.

수읽기는 사활 문제를 꾸준히 풀면 강해진다. 절대로 정답은 누군가가 검사해 주어야 한다.

바둑 천재들의 베이스캠프

지은이를 강하게 만들기 위해 사활 문제를 풀면서 집을 계산할 수 있도록 사활 문제를 정리했다.

사활과 연관해 계산할 것

1. 살았을 때 몇 집?

2. 잡았을 때 몇 집?

3. 사활 관계상 어디까지 선수가 듣는지?

4. 잡을 때 팻감을 가장 적게 나오게 잡을 것

5. 살 때도 팻감이 가장 적게 나오게 할 것

6. 서로 건드리지 않았을 때 숨어 있는 집? (형세판단 때 사용된다)

사활패 문제에서의 계산

1. 언제 패를 들어가는가?

2. 몇 집짜리 팻감을 써야 하는가?

3. 언제 불청을 해야 하는가?

바둑은 집 많은 사람이 이기는 경기이므로 계산이 가장 중요하다. 계산을 잘하기 위해서 수읽기 훈련을 하는 것이다.

프로 기사들이 운영하는 바둑 도장에서는 지망생들을 어떤 프로그램으로 지도하는지 잘 모른다. 아마도 바둑 도장은 규모가 크기에 시스템이 잘 갖춰져 있을 것이다. 중견 기사들이 사범으로 트레이닝을 시킬 테고, 또래의 지망생들이 많아서 실전 훈련의 기회도 충분할 것이다.

그에 비하면 지은이는 아무래도 열악한 환경일 수밖에 없다.

사부라고는 하지만 정경수는 바둑계에 그다지 알려지지 않은 아마추어일 뿐이고 위성도시 부천의 작은 바둑 교실에서 배워야 했으니까.

그렇지만 나는 지은이의 입단과 성공을 그 무렵 확신했다.

지은이는 그 누구보다 바둑을 좋아했고, 자세가 진지했으며, 집중력이 남달랐다.

나 역시 조금씩 자신감이 붙어가고 있었다. 백지상태로 시작한 지은이를 2년 남짓 가르쳐서 입단 문턱까지 안내했으니 양치기 목동의 자격은 있는 셈이었다.

1995년 11월 26일.

제4회 문화체육부장관배 전국 청소년 바둑대회가 보라매 공원에서 열렸다.

지은이는 예선에서 난적들을 이기고 32강까지 올랐다. 어린이로서 마지막 대회였다. 이제부터는 여자대회와 성인대회에 참가해야 하는 나이가 됐다.

함께 참가한 윤광선은 파죽지세로 예선을 통과했다.

본선 토너먼트에서 쟁쟁한 강자들을 차례로 물리치고 결승에 올랐다.

상대는 유석민.

포석에서 조금씩 밀리다 보니 중반 이후 형세가 암담해졌다.

그런데 우세를 확립한 상대가 지나치게 몸을 사렸다. 착점하는 손이 파르르 떨렸다.

광선이는 집요하게 상대의 집에 균열을 내면서 추격전을 펼쳤다.

그리고 끝내기 단계에서 기어코 역전했다.

나의 첫 제자인 광선이가 바둑을 배운 지 3년 1개월 만에 드디어 전국대회를 제패했다.

바둑이 끝난 후 나는 광선이를 으스러져라 끌어안았다.

실로 감격적인 우승이었다.

지은이도 광선 오빠의 우승을 자기 일처럼 기뻐했다.

지은에게도 아주 좋은 기운이 전해질 것 같았다.

외롭고 힘든 나날이었지만 나는 내 지도 방식이 틀린 길은 아니라는 걸 새삼 깨달았다.

특별한 노하우를 가르치는 게 아니라 제자의 부족한 부분을 찾아내 채워주는 방법. 이것이 나만의 교수법이었다.

사부는 제자의 바둑으로 평가를 받으면 된다.

한국기원 연구생이 되다

1995년 12월 17일.

지은이가 한국기원 연구생이 되어 통합 리그전에 참가했다.

60명의 연구생이 각 10명씩 6개 조로 나뉘어 풀 리그로 경쟁한다.

전국에서 바둑 잘 두는 남녀 강자들이 다 모여 있는 진짜 정글이다.

10명이 한 조로 1조부터 6조까지 60명이다. 총 9판의 풀 리그를 치러 성적 순으로 4명 승격, 2명 잔류, 4명 강등이다. 동률 시 서열순이다.

남녀 구분 없는 통합 연구생 리그라 지은이는 공부가 더 될 것이다. 부족함을 뼈저리게 느껴야 한다.

첫 리그에서 5승 4패 했는데 5명이 올라가서 가까스로 승격했다. 올라가면 상대는 더 강해진다. 당시에는 시간이 무제한이었다. 길면 6시간 정도 됐다.

올라간 원생, 잔류한 원생, 떨어진 원생 등이 모여 한 조를 이루고 또 경쟁이 시작된다.

1월 9일부터 시작된 연구생 조별 리그에서 7승 2패하여 상위 조로 승격했다.

지은이는 희한하게 강한 상대를 만나면 더 잘 둔다. 수읽기가 좀 되나 보다. 아니다. 상대들이 생각보다 강하지 않을 수도 있다.

지은이가 초등학교를 졸업하기 전까지 『현현기경』, 『기경중묘』, 『사활묘기』, 『관자보』, 『현람』, 『김수장 창작사활』 등 구할 수 있는 사활 책을 다 풀게 시켰다. 오로지 혼자 힘으로 해결하게 했다. 나는 검사만 해주었다.

마지막으로 어렵다는 『발양론』을 풀게 했다. 한 문제를 17일 동안 풀게 했다. 결국 풀었다.

풀면서 토하고 코피 터지며 힘들게 한 공부였다,

수읽기에 자신을 가졌으면 한다.

귀의 변화는 시대에 따라서 변화하지만 수읽기와 계산 능력, 능률에 대한 올바른 사고방식, 수 나누기에 대한 이해는 어떠한 상황에서도 헤쳐나갈 수 있는 진정한 힘이다.

복기는 별 의미 없다. 감상만 주고받고 부족함을 느낄 뿐이다.

복기의 목적은 나의 부족함을 찾는 것이다. 무엇이 부족해서 졌을까?

1. 수읽기(부분적인 접전에서 수 나누기 능률, 선후수관계)

2. 계산(숨어 있는 집, 패 발생 시 바꿔치기에 대한 계산 포함)

3. 형세판단(선후수관계)

4. 능률 그리고 작전

5. 작전이 완성되면 수읽기 시작

아주 정밀하게 분석해서 가장 부족한 것부터 채우는 공부를 해야 한다.

사활도 귀 사활, 변 사활, 중앙 사활로 분류해서 어디서 취약한지 파악해야 한다.

귀 사활에서도 우상, 우하, 좌상, 좌하로 나눈다. 같은 사활 문제도 위치에 따라 수읽기가 잘 안 되는 위치가 있다. 훈련으로 극복해야 한다.

계산도 귀, 변, 중앙 중에서 어디서 계산이 잘 안 되는지 파악해야 한다.

상대를 이긴다는 것은 어려운 것이다. 어렵지만 프로 세계에서 살아남으려면 부족함을 꾸준히 채워 더 강해져야 한다. 프로 바둑 세계는 시합에서 지면 굶어야 한다.

바둑 천재들의 베이스캠프

제16회 여류 롯데배 참가, 부산으로

1996년 1월 13일에 영등포역에서 무궁화호 기차를 타고 부산에 내려갔다.

다음 날《부산일보》10층 대회장에 올라갔다. 갑조 대진표를 찾아서 살펴

봤다.

갑조 대진표
1조: 최한, 김현정, 유영주, 김세영, 김선미
2조: 박은경, 노상희, 송의순, 홍꽃노을, 김선미
3조: 강승리, 정애경, 이미경, 도은교, 김혜민
4조: 김세실, 이후자, 야마자키 후미코, 이민진, 이정희

5조: 조애자, 김혜순, 강나연, 박지은, 한해원

6조: 송영옥, 윤성혜, 조혜연, 강연미, 이정애

7조: 이말분, 고형옥, 김선희, 김효정, 박민정

각 조에 5명씩 7조까지 있었다.

갑조에서 2명씩 본선에 올라간다.

조별 예선 첫판 상대는 강나연이다. 자주 만난다. 여류 최강부는 다 해봤자 30여 명 정도이니 자주 만날 수밖에 없다.

초반전은 팽팽하다. 우하 귀에서 흑이 풀렸고, 백은 우상 귀 삼삼에 들어가 귀를 도려냈다. 상변 접전에서 백이 실리를 선택해서 흑이 두터운 형세지만 미세하다. 승리를 장담할 수는 없다.

나연이도 큰 시합 입상 경험과 입단대회 본선 경험이 많다. 좌하 귀를 후수로 살아서 바둑은 엄청 미세해졌다. 지은이가 좌상 귀에서 수를 내리려고 작정을 했다. 결국 패를 만들었어도 백이 좋은 형세인데 흑에게 패 대가로 우상 귀를 내준 것이 컸다. 흑은 대득을 봤다. 승기를 잡고 무난히 마무리하여 승리했다.

예선 둘째 판은 김혜순, 강자다. 여류국수전에서 9차례나 우승했다. 여류 롯데배 초대 우승자이기도 했다. 초반은 무난하게 잘 두었다. 집 균형을 맞추면서 두텁게 두었다. 중반전에 들어가면서 우물쭈물하다가 상변을 지킬 시기를 놓치면서 바둑이 불리해지기 시작했다.

전 여류국수의 관록의 힘이 대단하다. 지은이가 좌상 귀 사활에 불필요한 가일수를 하면서 바둑이 급격하게 흑 쪽으로 기울었다. 결국 차이를 극복하지 못하고 돌을 거두었다. 중앙에 먼저 갔으면 긴 바둑이었다.

조애자 씨를 상대로 부전승을 하고 한해원과 조별예선 마지막 대국이다.

해원이는 수원의 강자다. 수원에는 여류 강자들이 많다. 이정희, 이정애, 한해원, 조혜연, 박민정, 배윤진 등 다들 쟁쟁하다.

지은이가 흑으로 단단하게 두고 있다. 사활에 신경 쓰면서 집 균형도 맞추고 잘 두고 있다.

중반전까지 미세한 바둑으로 흘러가고 있다. 우변 응수타진에 해원이가 무심코 받아서 수가 크게 났다. 이곳에서 피해가 커서 지은이가 승기를 잡았다. 해원이와 같이 본선에 진출했다.

해원이는 김세영, 이민진, 홍꽃노을을 이기고 결승에 진출했다.

추첨 운이 따라서 지은이는 8강에 직행했다.

8강 상대는 조혜연이다. 현재 여류 최강자라고 해도 손색이 없다. 어려운 승부다.

혜연이는 전체적으로 안정감 있는 바둑을 둔다. 집 균형을 맞추면서 두텁게 둔다. 잘 안 무너지는 스타일이다. 여자 이창호라고 해도 손색이 없다. 뚜벅뚜벅 좋은 수를 찾아가는 스타일이다.

이렇다 할 기회도 만들지 못하고 무너졌다. 사활이 안 걸리면 계산 능력과 능률의 중요성이 얼마나 중요한 것인지를 보여준 한 판이었다. 아쉽지만 롯데배는 8강에서 멈추었다.

우승은 김효정이 차지했다.

서울에서 내려간 박지은, 한해원, 김효정, 김혜민, 이민진, 김원 사범님이랑 저녁을 같이 먹고 부산역 근처 노래방을 갔다.

효정이는 이소라의 「난 행복해」라는 노래를 불렀다. 아주 행복해 보였다.

바둑 시합에서는 치열하게 싸우는 적이었지만 시합이 끝나고는 서로 축하해 주는 아름다운 자리였다. 지은이에게도 좋은 경험이었으리라.

고마운 은인들

1996년 해가 바뀐 1월에 《한국일보》 박영철, 강훈 기자가 부천 복사골에 찾아왔다.

"아이고, 박영철 기자님께서 이 촌구석에 어쩐 일로 오셨는지요?"

"박지은이 바둑을 아주 잘 둔다고 소문이 자자해서 얼굴 한번 보러 왔습니다. 허장회 사범님께서 침이 마르게 칭찬하던데요. 앞으로 한국 여자 바둑을 이끌어 갈 재목이라고."

"말이라도 고맙습니다. 하지만 지은이는 아직 부족한 게 많습니다."

"빈말이라면 제가 여기까지 그냥 왔겠습니까? 지은이가 연구생 리그에서 남자들과 둬도 밀리지 않고 버티더군요. 어느 날 갑자기 혜성처럼 나타나서 두각을 보이니 궁금했습니다."

그럴 만도 했다. 다른 지망생들처럼 출발이 빠르지 않고 초등학교 4학년 때 시작했으니 바둑계 사람들은 잘 모르는 아이였다.

박영철 기자는 성격이 좋은 호인으로 바둑계의 미담을 자주 소개하는 분이었다. 그런 기자가 일부러 찾아와 인터뷰를 청해오니 정말 반가웠다.

부산의 이붕배에서 바둑계 기득권에 환멸을 느끼고 아마추어 지도자로서 자존감이 뚝 떨어져 있었는데 박영철 기자가 등을 두드려 준 것이다.

"기재가 출중하니까 돋보이는 것이겠지만 정경수 사범님의 지도 방식이 독특하다고 들었습니다. 어떻게 가르치고 있나요?"

"무작정 사활 위주로 훈련합니다. 앞으로 6개월 정도 사활을 더 공부하면 남자들한테도 전혀 밀리지 않을 겁니다."

"그렇군요. 빛나는 원석을 잘 다듬어주시길 바랍니다. 남자 바둑은 세계를 호령하는데 아직 여자 바둑은 중국에 밀려 변방에 머무르고 있습니다. 양궁이나 골프 종목을 보면 한국의 낭자들이 세계를 주름잡는데 바둑이라고 못할 거 있겠습니까? 지은이가 그 활로를 뚫어주길 고대하겠습니다."

박영철 기자의 그 한마디는 훗날 현실로 이뤄졌다.

그분의 혜안과 덕담이 이제 와서 새삼 놀랍고 고마울 따름이다.

2월 11일, 연구생 리그에서 지은이는 6승 3패로 3조에 승격했다.

여자 원생으로 3조에 오른 건 대단한 성적이었다.

바둑 천재들의 베이스캠프

연구생 사범인 김수장, 정현산 프로와 함께 식사를 했다.

"오늘 지은이와 지도대국을 했는데 여자 연구생들 중에서 가장 강합니다. 바둑을 배운 지 3년밖에 안 됐다는데 지은이처럼 강한 여자 연구생은 처음입니다."

"바쁘실 텐데 지도대국을 해주셔서 감사합니다."

"정 사범님께서 아주 잘 가르치셨어요."

"제가 뭘 가르치겠습니까? 그저 지은이가 부족한 부분만 찾아내서 같이 연구하고 채워 넣었을 뿐입니다."

젊은 나이에 사고로 세상을 떠난 정현산 사범님도 지은에게 깊은 사랑을 건네준 은인이었다.

연구생 사범인 김수장 프로는 집이 인천 주안이었다. 부천에 사는 우리와 같은 방향이어서 전철을 타고 동행했다.

김수장 사범님께서 주머니에서 가전힐기(加田詰碁) 사활책을 꺼내셨다. 김 사범님은 평소에 사활에 조예가 깊으셔서 『김수장 창작사활』 문제집도 출판했다.

"지은아 사활 풀면서 갈까? 부천까지 가려면 한참 가야 하니까."

"네, 좋아요."

"내가 사활 문제를 보여주고 다섯까지 세고 문제를 덮는다. 그리고 다섯까지 세면 지은이가 정답을 맞추어 봐."

"알겠습니다."

나는 속으로 웃고 있었다. 바둑 시작부터 사활 공부만 주로 했으니 지은이는 틀림없이 정답을 척척 맞출 것이다.

김 사범님이 문제 하나를 보여주고 카운트했다.“

"하나, 둘, 셋, 넷, 다섯!"

그가 책을 덮었다.

순간 지은이가 집중한다.

"끊어요."

김 사범님이 되물었다.

"단수를 치면?"

"단수를 칩니다."

"때리면?"

"단수 치고 이을 때 호구 치고 패로 버팁니다."

"오오, 제법인데! 다음 문제, 하나, 둘, 셋, 넷, 다섯!"

두 사람의 선문선답을 옆자리 승객들이 흥미로운 눈길로 지켜봤다.

나도 흐뭇한 눈으로 옆에서 지켜보고 있었다. 사실은 도장에서도 이런 방식으로 많이 풀었다.

부천까지 오는 동안 지은이는 가전힐기 책을 다 풀었고 다 맞추었다.

김수장 사범님은 변화까지 물어봤는데 지은이가 거의 다 맞추었다.

선생님은 부천역에 다가왔을 때 수읽기 능력이 대단하다고 지은이를 칭찬해주었다.

"지은이는 놀랍도록 수읽기가 정확하고 강해. 잘 보살펴 줘."

김수장 사범님이 떠나시면서 나에게 당부했다. 우리 사제의 미래와 한국 여자 바둑의 미래를 기원하는 인사였다.

김수장 사범님은 지은이를 처음부터 눈여겨보고 항상 격려해주신 또 다른 사범님이다.

빛나는 이름 박지은!

1997년 11월 16일, 지은이는 마침내 프로에 입문했다.

1993년 4월에 나를 찾아왔던 소녀가 프로 기사가 된 것이다.

프로가 된 후 지은이의 발자취는 찬란하다.

박지은의 이후 경력

1999년	제9기 신인왕전 본선 진출
	제1회 흥창배 본선 진출
2000년	제1회 여류명인전 우승 [생애 첫 우승]
	제2회 흥창배 준우승
	제2기 여류명인전 준우승
	제19기 KBS바둑왕전 본선
2001년	제36기 패왕전 본선 진출
	제1기 KT배 본선 진출
2002년	제1회 호작배 준우승
	제1회 도요타덴소배 본선 진출
	제1회 정관장배 본선 진출
2003년	제5기 여류명인전 본선 진출
	제5회 농심신라면배 한국 대표 [최초 여류기사 국가대표]
	제2회 정관장배 우승 [생애 첫 세계대회 우승]
2004년	제8기 SK가스배 신예프로10걸전 9위
	제1회 중환배 본선 진출 [특별 초청]
	제3회 정관장배 세계여자바둑최강전 한국 대표
	제10기 여류국수전 본선 진출
2005년	제7기 여류명인전 본선 진출
	제5기 오스람코리아배 신예연승최강전 4강
	2005한국바둑리그 출전
	제11기 프로여류국수전 본선 진출
	제9기 SK가스배 3위
2006년	제4기 정관장배 한국 대표
	제12기 여류국수전 본선 진출
	제8기 여류명인전 본선 진출
	제2기 십단전 본선 진출

바둑 천재들의 베이스캠프

2007년	제4기 전자랜드배 본선 진출
	제1기 지지옥션배 여류 대표
	제5회 정관장배 한국 대표
	제9기 STX배 여류명인전 본선 진출
	제1회 대리배 세계바둑여자 선수권대회 우승
	제2기 여류기성전 본선 진출
	2007 바둑대상 여자기사상
2008년	제2기 지지옥션배 여류 대표
	제6회 정관장배 한국 대표
	제1회 원양부동산배 우승 [국내 최초 여류기사 9단]
	제13기 여류국수전 우승
	2008 바둑대상 여자기사상
2009년	제8회 정관장배 세계여자바둑최강전 한국 대표 [4연승]
	제14회 LG배 본선 진출
	제22회 후지쓰배 본선 진출
	제1회 비씨카드배 본선 진출
2010년	제6기 한국물가정보배 본선 진출
	제1기 궁륭산병성배 세계여자바둑 우승
	제4기 지지옥션배 여류 대표
	제15기 천원전 본선 진출
	2010 한국바둑리그 출전
2011년	제13기 여류명인전 본선 진출
	제9회 정관장배 세계여자바둑최강전 한국 대표
	제1회 황룡사가원배 여자단체전 준우승
	제16회 삼성화재배 본선 진출
	제2회 궁륭산병성배 우승
	2011 바둑대상 여자기사상

2012년	제17기 여류국수전 준우승
	제1회 화정차업배 우승
2013년	제2회 화정차업배 우승
	제6기 여류기성전 준우승
	제4회 궁륭산병성배 본선 진출
2014년	제4회 황룡사쌍등배 대표
	제19기 여류국수전 준우승
	2014 렛츠런파크배 본선 진출
2015년	제20회 여류명인전 본선 진출
2016년	제17회 맥심배 본선 진출
	2016 엠디엠 한국여자바둑리그 본선 진출
	2016 중국 여자 을조리그 본선 진출
	제10회 지지옥션배 본선 진출
	제21회 여류국수전 본선 진출
	제7회 궁륭산병성배 세계여자대회 본선 진출
2017년	제6회 천태산농상은행배 단체전 우승
	제18회 맥심배 본선 진출
	2017 엠디엠 한국여자바둑리그 본선 진출
	2017 중국 여자 을조리그 본선 진출
	제1회 한국제지 여자기성전 본선
	제22기 하림배 프로여자국수전 본선
2018년	제19회 맥심배 본선
	제5회 대주배 시니어 최강자전 본선

일본 최고의 바둑 지도자,
홍맑은샘

●○ 홍맑은샘

시바노 토라마루(명인, 왕좌, 십단), 후지사와 리나(여류 명인), 이치리키 료[기성(碁聖), 현재 제9회 응씨배 4강 진출]를 키워내고 현재 일본 바둑계에서 가장 많은 프로 기사를 배출해내고 있는 바둑 지도자.

아마추어 시절 전국대회 27회 우승을 기록했다.

2000년 프로아마대항전에서 당시 세계 최강자인 이창호 9단을 선에 역덤 5집으로 꺾어 화제에 올랐다.

프로 입단 1순위에 항상 올랐으나 뜻을 이루지 못하고 일본으로 건너가 2007년 아마 명인전 우승, 2008년 아마 본인방전을 제패했다.

2009년 관서기원 입단시험을 통과하여 28세에 늦깎이로 프로 기사가 되었다.

도쿄에 홍도장을 차려 한국식 예절교육과 실전적 트레이닝으로 명성을 얻는다.

2020년까지 홍도장 프로 기사는 24명에 이르며 그중 타이틀 보유자도 다수 나왔다.

그는 일본 바둑계를 살려야 세계 바둑계도 부흥한다는 목표로 초보자 교육에 심혈을 기울이고 있다.

불운한 천재의
아버지를 만나다

지은이는 내 품을 떠났다.

마치 내 영혼을 가득 끌어안고 날아간 파랑새와도 같았다.

나의 예상대로, 나의 소망대로 지은이는 프로 무대에서 아주 씩씩하게 제
갈 길을 가고 있었다.

나는 항상 지은이의 스케줄을 예의주시했다.

그 어떤 대국이라도 인터넷을 통해 관찰하고 응원했다.

지은이가 떠난 뒤로 나는 유령이 된 기분이었다. 목숨을 걸고 가르치던
제자의 빈자리가 너무 컸다. 그 외로움을 술로 달래며 폐인처럼 몇 년을 보
냈다.

2001년 10월 21일.

바둑대회를 세팅하는 전문가 홍시범 감독으로부터 전화가 걸려왔다.

"정경수 사범님. 저 홍맑은샘 아버지입니다."

"아, 홍 감독님 반갑습니다. 어쩐 일이시죠?"

"각설하고 제 아들을 부천 사범님께 보내려고 합니다."

"아이고! 샘이는 최정상 수준에서 연구생을 나와서 전국대회도 10번 이상 우승하고 얼마 전에 세계 랭킹 1위 이창호 사범을 상대로 프로 아마 1위전에서도 승리한 천재인데 제가 더 이상 뭘 가르칠 수 있겠습니까?"

"바둑이야 잘 두지만 운이 따르지 않거나 아니라면 어딘가 빈 구석이 조금 있을 겁니다. 정 사범님이 그 부분을 찾아내 채워주셨으면 합니다."

나는 즉답을 하지 못했다. 윤광선이나 박지은의 경우 초보 때부터 내 방식대로 차근차근 바둑을 가르쳤지만 홍맑은샘은 아마추어 최고의 실력자였기 때문이다. 이미 맑은샘은 자신의 바둑을 두고 있어서 내가 개입할 여지가 없을 터였다. 그러나 홍 감독의 뜻은 거스르기 어려웠다.

"저는 정경수 사범님을 믿습니다. 기존의 바둑 도장과는 다른 방식으로 가르치고 무엇보다 맑은샘과 일대일로 붙어 열정을 불어넣어 주실 거라고 믿습니다. 내일 당장 부천으로 아들을 보내겠습니다."

그렇게 비운의 천재 홍맑은샘이 나에게로 다가왔다.

홍맑은샘과의 인연을 말하기 위해서는 먼저 그의 아버지 홍시범 씨를 설명해야 한다. 그분이 아니었다면 홍맑은샘이나 세계 1위의 신진서를 만나지도 못했을 것이다.

홍시범 감독이야말로 나에게 세계적인 천재들을 보내준 진정한 은인이다.

그는 아무도 모르고 아무것도 없는 상태에서 바둑계로 들어와 바둑대회를 기획하고 세팅하는 일자리를 만들어냈으며 아들에게 바둑을 권해 또 다른 성취를 이뤄낸 인물이다.

오래전부터 홍시범 감독은 아들의 손을 잡고 바둑을 가르쳤으며 아들을 위해 바둑계에 투신해 궂은일을 도맡아 하는 중이었다.

홍시범 감독의 라이프 스토리는 바둑 사이트 타이젬을 통해 세상에 널리 알려졌다.

홍시범 감독은 제주도에서 부유한 의사 집안에서 태어났으나 부모님이 아편 중독으로 고생하다 홀연히 행방불명되는 바람에 고아원에서 성장했다.

부모를 찾기 위해 여동생과 사방을 누비고 다니다가 동굴에서 며칠 자기도 했었다.

소년 홍시범은 점심시간이면 학교 울타리를 벗어나 외도동 바닷가로 나가 시간을 때웠다. 보육원에서 도시락을 싸주지 않았기에 점심시간이 너무 괴로웠기 때문이다.

그때 홍시범은 공부를 포기했다. 책을 덮었고, 희망과 사랑을 덮었다.

그저 이 세상에 뜬금없이 태어났으니 되는 대로 운명에 주어진 시간만 아무렇게나 채우고 말기로 했다.

바둑 천재들의 베이스캠프

더 이상 보육원에 머물 수 없어 무작정 상경을 했다.

그리고 밑바닥 인생을 섭렵했다.

때밀이, 석유 배달, 얼음 배달, 가게 종업원 등의 잡일을 거쳐 미아리 달동네에 위치한 스웨터 편직공장에 들어갔다. 말이 좋아 공장이지 공동주택 지하에 편직기계 몇 대 들여놓고 하청 물량을 짜는 곳이었다.

홍시범은 그 편물기계(요코) 아래서 잠을 자며 청년이 되었고 건너편 편물기에서 일하던 처녀와 마음이 통해 가정을 이루게 되었다.

아내가 아이를 임신했을 때 그는 우연히 《월간 바둑》을 보게 됐다. 그 무렵이 1979년인데 조훈현과 조치훈이 명성을 날릴 때였다.

그 잡지를 보다가 문득 아이를 프로 기사로 만들어야겠다고 결심했다. 바둑을 배우는 데 돈이 들지 않을 것 같았고, 나중에 프로 기사가 되면 돈도 많이 벌 것 같았다.

저비용 고수입 차원에서 바둑만큼 좋은 직업이 없다고 생각했다.

배 속에 든 태아에게 태교를 바둑으로 했다.

그 아이가 맑은샘이었는데 3살 때부터 무조건 오청원 기보집을 외우도록 했고, 청계천 헌책방을 돌면서 바둑책을 잔뜩 구해 와 읽도록 했다.

홍맑은샘은 5살 때 어린이 바둑대회에 출전해 준우승을 했고 상금으로 5만 원을 받아왔다. 그때 당시 집 월세가 12만 원이었으므로 적은 돈이 아니었다.

홍시범 감독은 그때부터 아들을 프로라고 생각했다. 아들에게는 미안한

이야기지만 아빠처럼 도시락을 싸지 못해 교실을 빠져나와야 했던 지긋지긋한 가난을 물려주고 싶지 않았다.

초등학교를 사립 명문으로 보냈다. 그리고 학교 측에 사정했다. 맑은샘은 바둑을 두는 아이라서 학업을 제대로 시킬 수 없으니 이해해달라고.

3학년 때 맑은샘은 부산 이붕배 바둑대회에 출전했다.

부산까지 내려갈 차비가 없어 이웃에게 몇 푼을 빌렸고, 여관비를 아끼기 위해 용산에서 부산까지 11시간이나 걸리는 야간열차를 이용했다.

내려가는 열차 안에서 아들을 무릎 위에 재우며 그는 밤새 속으로 울고 또 울었다.

그런 아빠의 절실함을 알았는지 아들은 이붕배에서 연전연승을 거두고 마침내 우승컵을 안았다.

그리고 우승 상금 봉투를 아버지에게 건넸다. 거금 50만 원이 들어 있었다.

가난이 죄는 아니지만 너무나 생활이 불편한 시절이었다.

외동딸 맑은비는 그림을 잘 그렸다.

아빠는 딸을 미술학원에 보내주지 못해 그저 연필만 예쁘게 깎아주었다.

그렇게 딸을 위해 깎은 연필이 천 자루를 넘었다.

맑은샘을 바둑 교실이나 도장에 보낼 형편이 못 돼 그가 직접 가르쳤다.

3연성과 화점, 외목, 날 일 자로 이어지는 홍맑은샘 전용포석을 연구하고 개발해 집중적으로 두었다.

아들이 바둑에 흥미를 보이지 않으면 손목을 잡고 정릉에서 구리까지 건고 또 걸었다고 한다. 그저 악착같은 승부 혼과 강인한 체력이 밑천이라는 걸 심어주고 싶었다.

PC 통신 시절 플레이 361에서 프로아마연승대항전이 기획됐을 때 프로의 1장 안관욱이 아마 대표들을 1장부터 5장까지 차례로 밀어버렸다.

아마추어의 마지막 수문장으로 맑은샘이 등장했다.

홍맑은샘은 안관욱의 연승 행진을 저지하고 이후 6연승으로 모든 프로들을 꺾는 기염을 토했다.

2000년 프로아마대항전이 열렸다.

그리고 2001년 4월 대망의 이창호 9단과의 1위 결정국.

홍맑은샘은 외목 포석으로 9수째 암수를 구사해 우위를 확보하고 이후 빈틈을 주지 않고 승리를 거뒀다.

대국 후 이창호 9단은 맑은샘에게 암수의 대응법을 물었다.

그렇게 아마 바둑의 상징적인 존재가 된 홍맑은샘은 무려 27회 우승을 기록했다.

2002년이 아마추어로 절정기였다.

공식상금으로만 3,750만 원을 획득했는데 이는 당시 프로 기사 상금 순위 10위보다 더 많은 액수였다.

그때부터 맑은샘의 입지가 애매해졌다. 아마추어 대회를 휩쓸다 보니 아무 대회나 출전하기 민망해졌다.

프로도 아니고 아마추어도 아닌 세미프로 같은 신세가 되어버린 것이었다.

이 시기 홍시범 감독은 바둑대회를 세팅하는 디자이너로 차근차근 입지를 마련해나갔다.

미아리에서 편직 일을 그만둘 때 훗날 바둑대회에 쓰기 위해 수백 개의 테이블보를 직접 정성 들여 짜두었다.

아주 작은 바둑대회부터 맡아 정성을 다해 대회장을 디자인했다.

현수막을 내걸고, 보기 좋게 대진표를 만들고, 수십 개의 바둑판을 질서정연하게 세팅했다.

지방 도시의 바둑대회는 예산이 많지 않았다.

바둑 천재들의 베이스캠프

홍 감독은 예산을 따지지 않고 부르는 곳이면 무조건 달려가 대회를 준비했다. 일꾼으로 아내와 처제가 동원됐다.

아들은 바둑으로 승부를 하고 자신은 바둑대회 세팅을 승부로 했다.

전쟁이나 천재지변이 일어나도 바둑대회를 차질 없이 진행하는 것.

이것이 홍시범 감독의 슬로건이었다.

바둑계의 인정을 받으면서 매년 일이 늘어났다. 처음에 30개, 그다음 해에 50개 대회를 진행했고, 많을 땐 100여 개의 바둑대회를 맡았으니 국내의 모든 대회에 그가 관여했다고 해도 과언이 아니리라.

아들을 프로 기사로 키우기 위해 인생을 던졌고 그 자신이 직접 바둑계에 뛰어들어 새로운 직업을 창출했으니 실로 입지전적인 인물이다.

너의 바둑은 몇 점일까?

홍맑은샘이 부천으로 왔다.

곱슬머리에 도수 높은 안경을 쓴 아이, 안경알 안으로 반짝이는 눈빛이 역시 영특해 보였다.

아이라고 했지만 맑은샘은 이미 청년으로 성장해 있었다.

맑은샘은 아빠의 손을 잡고 전국의 바둑대회를 섭렵하며 일찌감치 큰 재목임을 알렸던 천재였다.

좋은 환경에서 바둑에 전념했더라면 아마 15세 이전에 프로 입단을 하고도 남았을 것이다. 가난한 게 걸림돌이었다.

훌륭한 사부를 만나지 못했고, 프로가 운영하는 바둑 도장은 월사금을 낼

바둑 천재들의 베이스캠프

형편이 안 돼 포기했다.

한국기원 연구생이 되어 매년 입단 문턱까지 올라갔지만 결정적일 때 낙마해 눈물을 삼켰다. 용이 되지 못한 이무기로 폭포 아래서 꿈틀거려야 했다.

오죽했으면 아버지가 나에게 보냈을까?

나에게 올 때 맑은샘은 꽤 지쳐 보였다.

번뜩이는 재능과 헝그리 정신을 보유한 아마추어 최강자의 맑은샘이 어째서 입단의 관문을 통과하지 못하고 저리 고생을 하고 있을까?

나는 며칠 전부터 맑은샘의 기보를 모두 구해 분석했다.

천재의 약점을 찾아내기만 한다면 채워주는 것은 쉬웠다.

아니, 내가 채워주는 게 아니라 자신이 직접 두레박으로 길어 올려 채우면 된다.

"맑은샘아. 바둑 승부는 어떤 요소로 갈리지?"

"집의 크기에 따라 갈립니다."

"바둑이 끝나고 집을 헤아리는 건 간단하다. 그런데 바둑을 두면서 상대방의 집과 크기를 재려면 계산이 필요하다."

뻔한 이야기라서 맑은샘이 나를 쳐다봤다.

"계산을 정확하게 하기 위해서 수읽기를 해야 한다."

"네, 그렇습니다."

"수읽기와 계산이 돼야 형세판단을 하고 그다음에 능률과 수읽기를 버무려서 작전을 짜게 되지. 수읽기와 계산력에서 비슷하다고 해도 결국은 한 사람만 이기지. 능률에서 지는 거야. 누가 능률적인 수를 더 두었나에 승패가 갈리는 거야."

"그렇죠."

"그럼 샘이가 무엇이 부족한지 적어볼까? 예를 들어 바둑 신이 있다고 가정해보자. 바둑 신은 모든 게 완벽하니까 모든 부분을 100점이라고 했을 때 샘이는 몇 점인지 냉정하게 평가해보자."

내 말에 맑은샘은 당황스러워했다.

나는 여섯 가지 항목을 적어 내밀었다.

1. 포석에서의 귀 변화와 수읽기
2. 부분 접전에서의 수읽기
3. 모든 부분에서의 계산력
4. 형세판단의 정확성
5. 형세판단 후 능률을 생각하는 작전 수행 능력
6. 끝내기 단계에서 계산력을 바탕으로 마무리하는 능력

"모든 항목을 백 점 만점으로 할 때 네가 생각하는 너의 점수를 적어 봐라. 그냥 진솔하게 네 생각대로 적으면 된다."

맑은샘은 한동안 문제만 보고 있었다. 자신의 점수를 자신이 매기기란 쉬운 일이 아닐 터였다.

"선생님. 막상 점수를 매기려니 막막합니다. 이런 테스트도 처음이고 제 바둑이 어느 정도인지 아직도 잘 모르겠습니다."

"그렇겠지. 지금부터 나와 함께 생활하면서 너의 부족한 부분을 발견해보자. 뭐가 부족한지 알아야 채울 수 있으니까."

나는 맑은샘을 만나기 전에 그의 기보를 거의 다 확인했었다.

맑은샘의 장기는 계산력이었다. 이창호 9단처럼 나름의 치밀한 계산력이 있어 초반, 중반, 종반에 이르기까지 자신의 바둑을 두고 있었다.

아버지의 영향을 받아서인지 승부 호흡도 강하고 헝그리 정신에서 비롯되는 완력 또한 강했다.

그런데 깔끔한 성격이 바둑에 그대로 투영되었다.

이길 수 없는 바둑을 질기게 물고 늘어지는 맛이 없었다.

그 또한 인간이 바둑을 통해 갖게 되는 기풍인지도 모른다.

"너는 나름대로 계산의 힘이 좋은 편이다. 그런데 수읽기를 바탕으로 한 전투를 벌일 때 바둑판 전체의 균형을 가늠해서 능률적인 수를 찾을 필요가 있다. 능률을 염두에 두고 바둑을 두면 행마가 한결 가벼워질 것이다. 한 수 한 수 판에서 가장 큰 수를 찾는 방법을 같이 연구하자."

그때부터 우리는 지난날들의 기보를 집중적으로 연구하기 시작했다.

그리고 사활 문제를 만들어 훈련했다.

훈련법

1. 수읽기로 사활 문제를 푼다.

2. '잡을 때 몇 집 + 살 때 몇 집 = 전체 크기'를 계산한다.

   한 수 가치를 계산해본다.

3. 서로 건드리지 않을 때 숨어 있는 집을 계산한다. 잡을 때가 크다.

   1) 잡을 때 몇 집 − 살 때 몇 집 = 크기

   2) 크기를 2로 나누면 숨어 있는 집이 계산된다.

      잡을 때 생기는 집에서 한 수의 가치를 빼도 된다.

4. 수상전 대비 몇 수인가 파악한다.

5. 팻감 개수를 파악한다.

6. 팻감이 가장 적게 나오게 잡거나 산다.

7. 사활에 어디까지 선수가 듣나 본다.

패가 있는 사활 문제

1. 패를 이길 경우

패를 이겨서 생기는 집 + 선수. 상대에게 패 대가 허용.

이때 형세판단이 매우 중요하다.

2. 패를 질 경우

패를 들어가는 쪽이 패를 안 들어갈 때보다 손해를 보는 경우가 많다.

그러므로 패를 들어갈 경우, 손해 보는 부분을 정확하게 계산해야 한다.

3. 패 대가에 대한 연구

패는 결국 패 대가의 크기가 중요하다.

맑은샘은 아주 빠르게 바둑판에 숨어 있는 집을 찾아내기 시작했다.

그 훈련이 반복되면 모양만 봐도 한눈에 은닉된 집의 가치를 잴 수 있게 된다.

공간지각력이 바둑에서는 아주 중요하다.

푸른 하늘을 날아가는 기러기 떼가 몇 마리인지 한눈에 헤아리기.

방바닥에 쏟은 땅콩의 알 수를 한눈에 헤아리기.

수박에 박혀 있는 검은 씨앗의 개수를 한눈에 헤아리기.

욕실 벽의 작은 타일 수를 한눈에 헤아리기.

바둑에 미치다 보면 일상의 모든 것들이 계가로 환치된다.

우리 사제는 그렇게 한동안 바둑에 미쳐 바둑판에 머리를 박고 몰두했다.

홍맑은샘, 아마국수전 우승으로 국가대표가 되다

2001년 12월 15일 동아일보 제35회 아마국수전 국가대표선발전이 한국기원에서 열렸다.

103명이 출전한 이 대회의 우승자에게는 국가대표로 자동 선발되는 특전이 따랐다.

국가대표 선발전이라면 나는 한이 많은 사람이었다.

1995년 이붕배를 통한 대표 선발전에서 사랑하는 제자 박지은이 뽑혔다가 K 사범의 방해로 취소된 아픔을 겪었기 때문이다.

어린이 바둑대회와 달리 《동아일보》의 아마 국수전은 역사와 전통이 있고 지켜보는 눈이 많아 그런 협잡이나 반칙이 통하지 않으리라.

실력만 있으면 된다.

나는 홍맑은샘을 어떻게든 아마 국수로 만들고 싶었다. 그리고 국가대표로 활약하는 제자의 모습을 염원했다.

대회를 앞두고 스파르타 훈련을 시켰다.

돌의 능률과 숨어 있는 집 찾아내기.

본선 32강전까지 수월하게 올라갔다.

그리고 강적 하성봉을 만났다. 고비였다.

하성봉도 홍맑은샘과 비슷하게 비운의 아마 강자로 통했다.

한국기원 연구생 1조로 입단대회에서 승승장구하다가 두 번의 반 집 패로 관문 앞에서 멈춘 이무기였다. 그때 반 집의 상처를 준 상대가 바로 최철한이다.

중반까지 팽팽하게 어울렸는데 관전자들은 하나같이 하성봉의 우세를 점쳤다. 내가 봐도 맑은샘의 집은 발전 가능성이 빈약하고 하성봉 쪽이 두터웠다.

그런데 아무도 예상하지 못한 곳에 맑은샘의 돌이 떨어졌다.

아주 기발하고 멋진 착점이었다. 그 신의 한 수로 바둑을 역전해버렸다.

나는 대회장을 빠져나가 복도에서 몇 번이고 쾌재를 불렀다.

남들이 보면 어딘가 덜 떨어진 사람으로 봤을 것이다.

그 역전승이 아주 컸다. 맑은샘은 보라매처럼 상승기류를 타고 훨훨 날아올랐다.

16강전에서 아마추어 맹장 이철주를 꺾었고, 4강에서 까다로운 역전의 노장 김동섭을 물리쳤다.

대망의 결승전 상대는 연구생 출신 강자 김상준이었다.

백 홍맑은샘

흑 김상준 덤 6집반

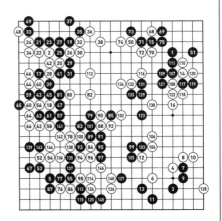

• 제35회 아마국수전 국가대표선발
  전 결승
• 2001년 12월 16일
• 한국기원 2층 대회장
• 제한 시간 각 30분, 30초 초 읽기 3개
• 146수 이하 줄임
• 백 11집 반 승

맑은샘의 약점

1. 우하귀 변화. 실리손해.
2. 좌상귀 변화. 백의 불만족.
3. 중앙 접전에서 백이 역전했다.

공부 방법

1. 수읽기: 사활 공부.10분 안에 해결할 것.
2. 계산: 사활 풀고 계산할 것. 전체 계산,한 수 가치, 숨은 집 찾기
3. 형세판단: 확정가만 셀 것.
4. 작전 구상: 돌의 능률과 가치를 깊이 생각할 것. 항상 전체를 생각할 것.
5. 실전에서는 사활이 해결되면 무조건 손 뺄 것.

바둑 천재들의 베이스캠프

우승자에게 스포트라이트가 쏟아졌다.

나는 그 영광의 뒤안길에서 제자를 묵묵히 지켜봤다.

세상에서 아무도 나를 알아주지 않지만 상관없었다. 내가 가르친 제자가 아마추어 정상에 올라 포효하는 모습을 보는 것만으로도 내가 꿈을 다 이룬 것 같은 기분이었으니까.

그런데 제자 홍맑은샘이 우승자 인터뷰에서 내 이름을 꺼냈다.

생각지도 않았는데 맑은샘은 사부의 존재를 세상에 알렸다.

"정경수 사범님과 공부했습니다. 사범님은 이창호 국수의 기보를 전부 외운 뒤에 그중 끝내기만 집중적으로 연구했습니다. 그리고 독자적인 형세판단과 끝내기 이론을 개발했습니다. 그 이론을 토대로 한 달 반쯤 훈련했습니다. 그러다 보니 역 끝내기와 타이밍, 숨어 있는 집을 찾아내는 데 익숙해졌습니다. 그런 공부를 하고 나니까 성적이 저절로 좋아진 것 같습니다. 예전에는 20집 이상 앞서가던 바둑을 끝내기에서 역전당하곤 했는데 최근에는 앞선 바둑을 진 적이 없습니다. 정경수 사범님께 진심으로 감사드리고 앞으로도 몇 년 더 정경수 사범님으로부터 비법을 전수받을 생각입니다."

바둑계에 내 이름 석 자가 처음으로 크게 알려진 날이었다.

제자가 사부의 존재를 알려준 그 심성도 고마웠지만 그보다 자신의 바둑에 자신감을 피력한 점이 보기에 좋았다.

홍맑은샘,
아마 바둑대회를 초토화하다

2002년 4월.

홍맑은샘은 일주일 동안 3개의 바둑대회를 우승했다.

두면 이겼다.

제1회 LG카드배 결승에서 이강욱에게 2:0 승리.

도원배 결승에서 하성봉에게 승리.

제3회 사이버산소주배에서 조민수에게 승리.

이 시기에 홍맑은샘은 8개 대회에 연속 결승에 진출했다.

"사범님! 오늘 우승 턱을 낼게요. 아이들 모두 모이라고 하세요."

맑은샘은 바둑대회에서 우승하면 가장 먼저 나에게 전화를 했다. 그리고 바둑 교실로 피자를 잔뜩 사 왔다.

바둑을 배우는 아이들과 모두 모여 맛있게 피자를 먹었다.

지금 와서 고백하자면 그 무렵 우리는 지독히도 가난했었다.

홍맑은샘과 머리를 맞대고 바둑에 몰두할 때가 가장 어려웠던 시기다.

그때는 IMF 구제 금융위기 뒤끝이라 모두가 힘들었는데 홍맑은샘의 집안도 사업 실패로 쑥밭이었고, 나 또한 수입이 적어 궁핍의 바닥에서 헤맸다.

주머니 속의 동전을 모아 짜장면 한 그릇을 시켜 맑은샘과 나눠 먹었고, 컵라면 하나에 물을 잔뜩 따라 부어 나눠 먹을 정도였다.

그런 까닭에 맑은샘이 우승하는 날이면 우리는 축제였다.

오직 한 끼를 피자로 배불리 채울 뿐이었지만 그 포만감은 이루 표현할 길 없이 뿌듯하고 행복했었다.

일본행을 결심하다

홍맑은샘은 19세를 넘겨 한국기원 연구생 나이 제한에 걸렸다.

이제 연구생으로 프로가 될 길이 막혔다.

영원한 아마추어 7단으로 머물러야 한단 말인가?

그의 아버지 홍시범 씨는 바둑 세팅 사업을 시작하면서 회사 이름을 A7으로 지었다. 아마추어 7단이라는 뜻이다.

아들의 한 맺힌 타이틀을 사명으로 정하고 자신이 설정한 승부를 도모한 것이다.

그 무렵 나는 바둑 교실을 정리하고 막노동을 하고 있었다.

박지은과 홍맑은샘이라는 두 명의 걸출한 천재를 길러냈지만 밥을 먹고 살기에는 너무 힘들어서 건설 현장을 찾아가 몸을 굴려야 했다.

일인자가 되지 않으면 바둑계에서 밥을 먹고 살 수 없다.

일찍이 만났던 조훈현 국수의 한마디가 이 바닥에서는 곧 정의다.

바둑 생태계 최상위권의 포식자들만 명예와 부를 누린다.

그 이외의 기사들이나 지도자, 바둑 관련 종사자들은 변방의 북소리를 들으며 투잡을 고민하는 게 현실이다.

어느 날 맑은샘이 보고 싶어 그의 종로 연구실을 찾아갔다.

우리는 밤새 많은 이야기를 나누었다.

바둑계 아웃사이더들의 한탄이었다.

새벽에 맑은샘이 진지한 얼굴로 입을 열었다.

"선생님. 저 일본으로 떠날 겁니다."

"일본으로? 거기 가서 뭐 하려고?"

"일본에서 제자들을 가르쳐 보려고요."

어떻게 그런 생각을 했을까?

언어 문제도 있고, 일본의 물가가 비싸서 생활하는 데 만만치 않을 텐데!

걱정이 앞섰다.

"그동안 바둑은 한국의 기사들이 일본에서 배워 왔는데, 일본에 가서 바둑을 가르치다니 완전 역발상이로구나."

"지금은 한국 바둑이 훨씬 강하잖아요?"

"그렇지."

"그래서 일본 사람들도 제 바둑을 인정하리라 생각합니다."

맞는 이야기였다.

2000년대로 넘어오면서 일본 바둑은 그야말로 한국, 중국에 밀려 3류로 전락했으니까.

홍맑은샘의 실력이면 일본의 정상급 프로기사들과 맞장을 떠도 밀리지 않을 거였다.

"욕심 내지 않고 차근차근 제자들을 키워보고 싶습니다. 정착만 제대로 되면 일본 바둑을 강하게 만들어 주고 싶어요."

일본 바둑을 강하게 만들고 싶다는 생각 또한 아주 기특하고 대견하게 들렸다. 일본 바둑이 살아나면 세계 바둑도 살아나게 되어 있다. 무조건 애국주의에 사로잡혀 우리가 이기기만 바랄 것도 아니다. 바둑이 오래도록 인류의 정신문화로 사랑받으려면 우리뿐만 아니라 세계 모든 나라의 바둑이 골고루 강해져야 한다.

"좋은 생각이다. 일본 바둑의 역사와 문화는 깊고 그윽하지. 바둑에도 국경은 없다. 과거 조남철, 김인, 윤기현, 하찬석, 조훈현, 조치훈, 등 우리 기사들이 일본에서 바둑을 배웠으니까 네가 그걸 되돌려주는 것도 의미가 있어 보인다. 기왕 가려거든 반드시 성공해서 그 분야에 독보적인 사부가 되어야 한다."

"네, 알겠습니다. 선생님한테 배운 노하우를 바탕으로 제가 더욱 연구해서 독보적인 바둑 교육 프로그램을 만들어 보겠습니다."

바둑 천재들의 베이스캠프

2004년 4월 따스한 봄날 맑은샘은 일본으로 훌쩍 떠났다.

맑은샘의 아버지 홍시범 감독은 공항에서 아들의 손을 잡고 말했다.

"어차피 우리는 빈손으로 세상에 왔다. 더 이상 내려갈 곳도 없고 손해 볼 것도 없다. 힘들어도 이 악물고 이겨내야 한다. 실패하면 한국에 돌아오지 마라."

"네!"

아버지와 아들의 악수는 비장했다.

그렇게 홍맑은샘 인생의 2막은 일본에서 열렸다.

일본에서 두각을 나타내다

2005년 홍맑은샘은 도쿄 이치가야에 바둑 도장을 오픈했다.

일본기원과 가까운 곳이었다.

원생을 하나둘 모아 가르치며 자신의 바둑도 열심히 연구했다.

명색이 사범 노릇을 하려면 실력을 인정받을 필요도 있었다.

그는 후지사와 히데유키 명예기성의 손녀 후지사와 리나를 제자로 받아들여 지도하기 시작했다.

백지상태에서 바둑을 배운 후지사와 리나 양은 그로부터 10년 뒤 2014년에 일본 여자 바둑의 일인자가 되었다.

내가 박지은 양을 18급부터 가르쳐 세계 바둑 여왕으로 키운 것처럼 맑은샘도 지도자로 확실하게 자리를 잡은 것이다.

일본 프로 아마 기사 오픈전인 제5회 봉황배에 출전했다.

2004년 8월 1일 도쿄 시부야구에 있는 일본통신교육연맹 바둑학원에서 벌어진 결승전에서 사카이 히데유키 6단을 꺾고 우승컵을 차지했다. 우승 상금이 자그마치 100만 엔. 한국이었다면 프로기전 우승 상금과 맞먹는 금액이었다.

2007년에는 아마본인방전에서 우승했다.

2008년에는 아마명인전에서 우승하고 2009년 10월 26~27일 일본 관서기원에서 벌어진 특별입단시험에서 2연승으로 프로에 입단했다.

2010년 2월 6일. 조훈현 9단의 실전 스승으로 잘 알려진 후지사와 히데유키 명예기성의 손녀 후지사와 리나 양은 홍도장에서 바둑을 배워 6년 만에 프로에 입문했다. 당시 9명이 참가한 입단대회에서 6승 2패를 기록하며 일본기원 사상 최연소 프로 입단 기록을 세웠다.

그 이전까지는 11세 9개월에 입단한 조치훈 9단이 최연소였는데 리나 양이 11세 4개월로 마의 벽을 깬 것이다.

리나 양이 입단한 다음 날 홍맑은샘이 귀국했다.

저녁 무렵 우리는 응암동에서 재회했다.

"선생님, 건강하시죠?"

"그럼, 후지사와 리나 양의 입단을 축하한다."

"네, 고맙습니다."

"리나 양은 앞으로 일본 여자 바둑의 일인자가 될 아이야. 각별하게 관리하고 보듬어서 보석을 만들어야 한다."

바둑 지도자들의 꿈은 제자가 최고로 성장하는 것이다.

한국이나 일본의 프로 관문은 엄청나게 경쟁이 치열한데 몇 명을 뽑지 않으므로 낙타가 바늘귀를 통과할 정도로 어렵다.

그 어렵다는 사법고시도 한 해에 수백 명을 뽑고, 신춘문예도 신문사가 많고 장르가 다양해서 당선자 또한 많다.

그런데 바둑의 세계는 특별한 경우를 제외하고 겨우 서너 명에 불과하니 천문학적인 경쟁률인 것이다.

후지사와 리나 양의 최연소 입단 소식은 일본의 모든 일간지에 메인으로 소개될 만큼 파장이 컸다.

"네가 고생했다. 백지상태에서부터 가르치려면 애먹었을 텐데."

문득 잠자리를 종일 쫓아 다녔던 소녀 지은이가 떠올랐다. 지은이는 4학년 때 바둑을 배웠는데 리나 양은 6살 때 시작했다. 그리고 지은이가 바둑돌을 손에 쥘 나이에 입단을 해버린 거였다.

"처음에 어떻게 가르쳤니?"

"6살 어린이라 처음에는 9줄 바둑판으로 지도하다 13줄 바둑판으로 지도했습니다."

"그렇지. 좋은 방법이었네."

"선생님이 그랬던 것처럼 저도 리나에게 사활을 중점적으로 가르쳤습니다. 포석의 테크닉은 아무래도 전체를 봐야 하기 때문에 수읽기가 되면 천천히 가르치기로 했지요. 초등학교 3학년 때부터 검토의 비율을 높였습니다. 4학년이 되니까 돌의 효율을 이해하더군요. 실전대국을 시켜보니까 알아서 포석 단계부터 시간을 쓸 줄 알고, 전투가 발생하니까 수읽기 능력을 발휘하더라고요."

맑은샘도 내 방식의 교수법을 활용하고 있었다.

가슴에 뿌듯함이 가득 차올랐다. 제자의 제자도 나의 계보이니까 나의 성취와 다름없다. 후지사와 리나 양이 너무 예쁘게 다가왔다.

"사활 공부는 어떤 교재로 했고?"

"『발양론』으로 공부시켰습니다."

『발양론』은 사활 책 중에서 가장 난해하다.

"좋은 선택이었네. 리나 양 입단시키느라 고생 많았다. 바둑은 자동차로 비유해서 수읽기, 계산, 형세판단, 작전이라는 4개의 바퀴가 굴러가며 이뤄진다. 어느 정도 굴러가면 바람이 빠지니까 공기압을 체크해서 주입해줘야 돼."

"좋은 말씀 귀담아듣겠습니다."

후지사와 리나와 홍맑은샘

바둑 천재들의 베이스캠프

일본 명인 시바노 토라마루

홍맑은샘이 운영하는 홍도장은 현재 일본 바둑계에서 최고의 프로 산실로 통한다.

후지사와 리나의 최연소 입단 기록을 능가하는 성취가 또 있다.

일본의 명인 시바노 토라마루가 바로 홍도장 출신인 것이다.

시바노 토라마루는 초등학교 3학년 때 형과 함께 홍도장을 찾아왔다. 그전에 다른 바둑 교실을 다니다가 전문 도장에 오니 힘겨워했다. 하지만 형과 함께 서서히 적응하면서 집중력을 보이기 시작했다.

토라마루는 말수가 없는 아이였다. 처음에 맑은샘은 소년이 벙어리인 줄 알았다고 했다.

훗날 서울 응암동 아마바둑사랑회(아바사) 회관에 왔을 때 나도 직접 봤는데 한마디 입을 여는 걸 보지 못했었다.

토라마루는 자세가 단정하고 사활 푸는 데 흥미를 느껴 그쪽을 집중적으로 교육했다. 사범이 보지 않아도 소년은 흐트러지는 법이 없이 항상 바둑판에 머리를 박고 있었다.

또 다른 사람들의 대국을 지켜보는 걸 좋아했다.

5학년이 되면서 바둑이 쑥쑥 늘기 시작했다.

중3 때 마침내 입단을 했고 중국의 고수들과 인터넷 대국을 즐겼다. 하루에도 몇십 판씩 온라인 대국에 열중했다.

토라마루는 한 수를 둘 때마다 최선의 수, 최강의 수를 찾아두었다.

상대방을 전혀 의식하지 않으며 인성도 차분하고 다른 사람을 배려할 줄 아는 스타일이었다.

성적을 내면서 부쩍 바빠졌는데도 홍도장에 나와 다른 원생들을 지도해주고 사인도 해주면서 스승 홍맑은샘을 돕는다.

일본 천원, 기성 이치리키 료

최근 일본 바둑의 기수로 떠오르고 있는 이치리키 료도 홍도장 출신이다.

올해 일본의 7대 기전인 기성 타이틀을 획득하고, 용성전 우승으로 이름을 날리고 있는 이치리키 료는 2015년 농심배에서 중국의 판윈러, 한국의 민상연, 백찬희 등을 연파하며 일본 대표로 3연승을 거두었다.

국제대회에서 늘 약세를 면치 못하던 일본 바둑이 모처럼 어깨를 폈다.

이치리키 료는 2020년에 몽백합배 8강, 삼성화재배 8강, 응씨배 4강에 진출하며 세계 바둑계를 놀라게 했다. 그동안 모든 국제대회에서 존재감을 드러내며 대진표 위로 등장한 일본 기사는 거의 찾아보기 어려웠기 때문이다.

그래서 이치리키 료는 이야마 유타의 뒤를 잇는 차세대 일본의 선두주자로 주목받고 있다.

그는 일본 동북 지방을 대표하는 신문사 《가호쿠 신보》와 도호쿠 방송을 경영하는 이치리키 가문의 후계자로 금수저 출신이다.

승부를 업으로 하는 프로 기사이면서 명문 와세다 대학에 들어간 이유도 언론사 가업을 이어야 하기 때문이다.

2020년에 대학을 졸업했는데 단 한 번도 강의를 빼먹은 적이 없고 학점도 3점대 후반으로 우수했다고 한다.

그리고 4월에 가업인 《가호쿠 신보》 도쿄 지사에 신문기자로 입사했다.

제자들 사진. 오른쪽부터 홍맑은샘, 후지사와 리나, 히라다 토모야, 필자,
이치라키 료, 미야모토 치하루, 오하시. 필자 빼고 모두 프로 기사이다.

바둑 천재들의 베이스캠프

공부하랴, 취재하고 기사 쓰랴, 바둑 승부하랴 정신이 없을 텐데도 이치리키 료는 어느 것 하나 대충 하는 법이 없다. 진정한 프로다.

홍맑은샘은 이치리키 료의 미래를 확신했다.

"료는 일본에서 닌자 바둑으로 불립니다. 아주 발이 빠르고 기습공격에 능하지요. 그래서 속기바둑에 강합니다. 전체적인 판을 보는 눈만 더 갖춘다면 세계 정상도 멀지 않았습니다."

홍맑은샘은 일본에 홍도장을 차린 뒤로 24명의 제자를 프로에 입단시켰다.

그의 제자들이 거둔 성적은 휘황찬란하다.

여류 1인자 후지사와 리나.

명인, 십단, 왕좌 3관왕인 시바노 토라마루.

기성위를 쟁취하고 국제대회에서 활약 중인 이치리키 료.

그밖에도 많은 제자들이 일본 바둑을 풍성하게 하고 있다.

막노동을 하다

홍맑은샘이 일본으로 떠난 뒤로 나는 미라처럼 영혼은 빠져나가고 껍데기만 남은 느낌이었다.

그때가 2004년 봄이었다.

맑은샘은 나에게 와서 그리 길지 않은 시간을 함께 공부했지만 영혼의 파트너라고 해도 좋았다.

깔끔한 성격, 진지한 자세, 예의 바른 태도, 무엇보다 정이 깊은 제자였다.

바둑 실력도 아마추어 정상급이어서 사부인 내가 배울 점이 더 많았다.

맑은샘과 바둑의 역사와 승부에 얽힌 이야기를 나누며 몇 날 밤을 지새웠던가? 우리는 사제라기보다 공동연구팀이라고 해야 어울렸다.

어쨌든 맑은샘의 빈자리가 너무 커서 더 이상 바둑 교실을 하기 힘들었다.

정들었던 부천 생활을 접기로 했다.

그리고 가출한 지 19년 만에 응암동 집으로 귀가했다.

볼링장 아르바이트, 《바둑 뉴스》 기자 생활, 바둑 교실로 이어졌던 부천 생활은 가난하고 힘들었지만 박지은과 홍맑은샘, 두 명의 남녀 천재와 함께 했던 것만으로 충분히 의미 깊은 나날들이었다.

1987년 결혼했고 1999년 아내와 헤어졌다.

바둑에 미쳐 알뜰한 가정생활을 하지 못한 나의 책임이 컸다.

막상 서울에 오니 마땅히 할 일이 없었다.

어머니는 새벽 5시에 파밭으로 나가 노동을 하셨다. 저녁 7시까지 대파를 뽑는 일이었다.

당신은 그런 힘든 일을 하면서도 아들에게 이러쿵저러쿵 잔소리 한마디 하지 않으셨다. 그저 아들이 건강하기만 바라셨다.

실업자로 어머니가 해준 밥을 먹고만 있을 수 없어서 나도 일을 나갔다.

파밭에서 남자들이 대파를 뽑으면 여자들은 파를 다듬고 다발로 묶었다.

대략 하루에 천 번쯤 파를 뽑는다. 일당은 4만 원.

허리가 끊어질 듯 아팠다. 큰돈은 아니지만 노동의 보상으로 받으니 귀하게 느껴졌다.

그 돈으로 사 먹는 밥 한 끼가 얼마나 소중한지 새삼 깨달았다.

나의 운명과 재능은 바둑과 연결되어 있었지만, 바둑으로 돈 벌기란 어려운 일이었다.

정상급을 제외하고 프로 타이틀을 앞에 단 기사들이 어떻게 돈을 벌고 있을까? 바둑에 일생을 던졌으나 아마추어로 남은 이들은 또 어떤 방식으로 생활할까? 바둑 지도자도 마찬가지다. 규모가 큰 도장이나 원생을 많이 확보한 바둑 교실이라면 수입 걱정이 없겠지만 나처럼 제자 몇 명에게 많은 시간을 쏟아부은 경우 가난은 숙명처럼 따라다녔다.

그러던 어느 날 충암고 바둑부 선배와 동네에서 만나 술자리를 가졌다.

"너 부천에서 바둑 교실을 한다면서?"

"이제는 접었습니다. 응암동 집으로 들어왔습니다."

"그럼 놀고 있니?"

"어머니를 따라서 대파 밭에 나가 막노동을 하고 있습니다."

"일당은 얼마나 받는데?"

"4만 원 받습니다."

선배는 무겁게 고개를 끄덕거렸다.

"기왕 노동을 할 거면 돈을 더 버는 일을 해봐라. 내 동생이 건설 현장에서 덕트 일을 하는데 따라다니면서 배워볼래?"

덕트는 공조 시스템을 말한다. 공기가 흐르는 통로를 만드는 일이다.

그렇게 선배의 소개로 건설 현장에 나가게 되었다.

광화문 경희궁의 아침이란 오피스텔 현장이었다.

덕트통을 천장에 달고 길게 연결하는 작업조에 투입돼 일을 배우기 시작했다. 초보인 까닭에 무조건 고참이 시키는 대로 뛰어다니며 열심히 일했다.

바둑 교실에서 사범으로 아이들을 가르쳐봐서 안다. 배우는 쪽의 태도와 반응에 따라 가르치는 쪽의 인식이 달라진다.

나는 노동도 바둑과 다르지 않은 거라 수없이 되뇌었다.

바둑판에 집을 짓는 것과 건축물에 공기 통로를 설치하는 것은 같다.

그렇게 합리화해야 마음 편했다.

8개월 정도 현장 경험을 쌓으니까 덕트 작업의 포석과 끝내기를 완전히 파악했다.

1. 도면을 보고 현장 어디에 설치할지 포석을 구상한다.

2. 천정에 드릴로 구멍을 내고 앵커를 박아 전산 볼트를 설치한다.

3. 덕트통에 맞는 행거밴드를 건다.

4. 연결된 덕트통을 동료들과 설치한다. 덕트 플랜지 면에 바킹을 붙이고 4귀를 볼트, 너트로 고정한다. 이때 바람이 새면 안 된다.

5. 도면에 맞춰 높이를 조절한다.

6. 현장 상황에 맞춰 설치한다.

7. 덕트통 안으로 공기가 흐르므로 실리콘 처리를 완벽하게 한다(바둑의 끝내기에서도 내 집의 울타리를 단단하게 단속해야 한다).

막노동도 바둑이라 생각하고 치열하게 일했다.

그러다 보니 팀장까지 올라갔다. 5명 정도 팀을 이뤄 전국의 건설 현장을 돌아다니며 덕트를 설치했다.

그 일을 3년 정도 하니까 장인정신까지 생겼다.

수입도 괜찮은 편이었다. 부르는 곳도 많아졌다.

육체적으로 힘들어서 그렇지 먹고사는 문제는 바둑계보다 훨씬 나았다.

차라리 젊었을 때부터 덕트 일에 전념했더라면 돈도 꽤 모아서 친구들에게 술도 사고 베풀면서 잘살았을 거란 생각도 들었다.

그런데도 바둑에 사로잡힌 영혼의 나침반은 항상 361로를 가리키고 있었다.

일간지의 바둑 란을 놓치지 않았고《월간 바둑》잡지를 보는 게 낙이었다.

2005년 바둑계의 후배 김종민을 우연히 만났다.

"정 사범님 요즘 어떤 일을 하세요?"

"응, 공사판에서 막노동을 한다."

나는 누가 물어도 스스럼없이 그렇게 대답했다.

사실이었고 노동이 부끄럽지 않았다. 그런데도 사람들은 막노동을 한다 말하면 짠한 표정으로 바라보았다.

"다시 바둑 일을 해보시겠어요? 전남 순천에서 사범을 구하고 있다는데."

"아이고, 바둑 놓은 지 꽤 됐습니다. 건설 현장에서 가까스로 자리를 잡았는데……. 바둑은 정말 밥 먹고 살기 어려운 분야잖아요?"

"꼭 그렇진 않습니다. 순천으로 내려가 보세요. 연구실과 숙소도 제공하고 월급도 적지 않게 책정해준답니다. 아이들을 데리고 대회 출전해서 입상하면 보너스도 줍니다."

그 마지막 한마디가 마음을 움직였다.

대회에 출전해서 입상을 시키면 우대한다는 조건은 그만큼 학부모들의 열망이 크다는 걸 의미했다.

입상 보너스보다도 단기간에 아이들을 진보시키는 기적을 보여주고 싶었다.

며칠 고민하다가 순천행을 결심했다.

남도의 유망주들과 함께

한국 바둑의 역사에서 호남은 큰 비중을 차지한다.

초대 국수 조남철(부안)부터 시작해 김인(강진), 조훈현(영암), 이창호(전주), 이세돌(신안)에 이르기까지 국수산맥을 이어온 곳이다.

내가 순천행을 결심한 이유 중 하나도 그것이었다.

어쩐지 남도에 가면 대단한 바둑 천재를 만날 것만 같았다.

게다가 순천의 음식은 기가 막혔다. 길거리의 어느 식당에 들어가 어떤 메뉴를 골라도 입에 맞았다.

크리스마스 다음 날 순천에 내려갔더니 14명의 학부모들이 마중 나왔다.

나는 자기소개서 한 장을 내밀었고 그들은 머리를 모아 의논했다.

"정말 부천의 정경수 사범님이세요?"

그들은 의아한 듯 나를 뚫어지게 바라보았다.

정경수라는 이름이 이 바닥에서 어느 정도 알려진 모양이었다.

그렇다고 했더니 두말없이 함께 해보자고 손을 내밀었다.

새해부터 본격적인 남도의 사범 일을 시작했다.

순천의 아이들은 이제 바둑을 시작한 초급자들이 많았다.

진주의 문명근 도장과 교류전을 가졌는데 우리 제자들의 기력이 약해서 죄다 서너 점씩 깔고 두었다.

문명근 도장에 변상일, 전웅, 송지훈 등 유망주들이 많았다.

서너 달 동안 아이들과 함께 미친 듯이 공부했다. 나는 백지상태의 초보자가 좋았다. 어설프게 바둑을 익혀서 좋지 않은 관성이 생기면 고치기 어려운 법이다. 빈 그릇에 깨끗한 물을 채우는 게 효과적이다.

아이들은 빠르게 따라왔다.

5월에 진주의 문명근 사범이 제자들을 이끌고 순천으로 왔다.

순천, 진주 교류전이 벌어졌다.

"문 사범님 이번 교류전에서는 접바둑 두지 말고 총 호선으로 하시죠. 원래 바둑대회에서는 누구나 호선이잖습니까?"

"그래도 괜찮겠어요?"

문 사범이 의아한 눈길로 되물었다.

"우리가 불리하겠지만 호선으로 둬야 얼마나 부족한지 알 수 있으니까요."

그런데 진주의 강타자 변상일과 순천 고갑승의 주장 전에서 백을 잡고 승리를 거두었다. 문 사범은 물론 순천 학부모들까지 경악했다.

그 짧은 기간 동안 3점의 차이를 극복했으니 놀란 만도 했다.

바둑 천재들의 베이스캠프

무엇보다 우리 아이들이 자신감을 얻은 점이 소중했다.

하면 된다는 사실을 눈으로 확인하고 바둑으로 깨달은 아이들은 부쩍 자라기 시작했다.

2006년 제자 이정훈이 조남철바둑대회에서 우승했다.

정훈이 어머니는 펑펑 울었다.

순천의 아이들이 대한생명배 대표에 대거 선발되고 전남도지사배 우승을 차지했다. 이제 호남에서 우리 제자들은 무서운 아이들로 알려졌다.

제자 남호영은 전주에서 열린 이창호배 전국대회 최강부에 출전해서 16강에서 박주민을 상대로 1집 반 승을 거두어 8강에 진입했고 이상진도 16강에 올랐다.

호영이는 전주의 바둑 신동 이동훈과 3번기를 두어 2승을 거두었다.

순천에서의 사범 생활은 즐거웠다.

아이들과 순천 주변의 산으로 소풍을 간 기억, 순천만 갈대밭에서 바닷바람을 쐰 기억이 잊히지 않는다.

서울 응암동과 부천에서 평생을 살았던 나로서는 남도의 따뜻한 인심과 맛깔스러운 음식이 정말 새롭게 다가왔다.

그런데 꼭 좋은 일에는 마가 뒤따랐다.

나의 제자들이 호남 지방 바둑대회를 휩쓸자 기존 바둑 교실 지도자들이 텃세를 부리는 거였다.

정경수 제자들이 호남에서 열리는 바둑대회에 참가하면 안 된다는 보이

콧 움직임이 여기저기서 나타났다.

말도 안 되는 논리지만 많은 바둑 교실의 지도자들이 반대하면 대회를 열 수 없는 게 현실이었다.

나는 그렇게 터무니없이 왕따를 당해야 했다.

그래서 지역대회는 참가하지 못하고 전국대회만 출전했다. 전남바둑협회에 항의를 해봤지만 소용이 없었다.

우리 제자들이 대한생명배 순천 대표로 선발되고도 참가하지 못하는 사태까지 발생했다.

나는 순천에 내려갈 때 J 바둑 교실 사범으로 들어갔다.

그런데 그런 이상한 일이 발생하자 J 사범이 나더러 서울로 올라가라고 종용했다. 그 역시 지역 텃세에 휘둘렸을 것이다.

나는 머나먼 객지에서 너무 외롭고 힘들었다.

"사범님, 걱정 마세요. 우리는 사범님을 절대 못 보냅니다."

학부모들이 내 손목을 부여잡고 달랬다.

그들은 바둑 연구실과 숙소를 마련해주며 나를 응원했다.

그러나 그런 미묘한 지역 정서 아래서 계속 지도자 생활을 하기는 어려웠다.

2007년 가을, 나는 순천 생활을 접었다.

학부모들과 함께 이별 여행으로 낙안읍성, 송광사, 순천만 갈대밭을 돌았다.

나는 아직까지도 남도의 아름다운 산하와 영특하고 착했던 순천의 제자들, 한없이 정겨웠던 학부모들을 잊지 못한다.

바둑 천재들의 베이스캠프

AI를 닮은 천재, 「신공지능」 신진서 9단

●○ 신진서

고레이팅 세계 바둑 랭킹 1위.

'조훈현 - 이창호 - 이세돌 - 박정환'을 잇는 천재 계보의 마지막 주자이며 올 시즌 승률 90%를 상회하며 신기록 작성 중이다. 박정환과의 7번기에서 7전 전승으로 1인자 자리를 확실하게 인증했다. 중국 갑조 리그에 용병으로 출전해 90% 승률로 고공폭격 중이다. 2020년에는 시즌 76승 10패로 승률 88.37%를 기록했다. 이는 1988년 이창호 사범이 기록한 최고 승률을 32년 만에 경신한 기록이다.

진정한 천재, 신진서

이제 바둑계에 바야흐로 신진서의 시대가 열렸다.

신진서가 바둑의 미래 권력이란 말은 벌써 몇 해 전부터 공공연하게 떠돌았고 실제로 고레이팅 산출 점수로 세계 랭킹 1위에 올랐지만 굵은 세계 타이틀을 시원하게 획득하지 못한 까닭에 1인자의 칭호를 부여하기엔 일렀다.

그러나 2020년 가을부터 진행된 박정환 대 신진서의 7번기의 결과는 확실한 세대 교체의 신호탄을 쏘아 올렸다.

아주 오랜 기간 한국 랭킹 1위를 고수해왔던 박정환.

신예 신진서와의 상대 전적에서 압도적 우위를 보였던 절대지존 박정환.

세계무대에서도 한국의 대표주자로 중국의 무수한 강호들에 밀리지 않고 외롭게 저항했던 박정환.

그리고 2020년 들어 90%대의 가공할 승률을 기록하며 떠오르는 신진서.

그 둘의 대결은 숙명과도 같았다.

신진서는 이미 여러 기전에서 박정환을 넘으며 그를 2인자로 살짝 밀어내는 중이었다.

그렇지만 왕위를 계승하기 위해서는 정면 대결로 확실한 정통성을 보여줘야 한다.

정상급 프로 기사들의 번기 대결은 치명적이다.

일찍이 오청원이 10번기를 통해 일본의 기사들을 무너뜨리지 않았던가?

이세돌 또한 구리와의 10번기를 통해 1인자가 누구인지 증명했다.

승자는 모든 영광을 독식하고 패자는 말이 없다.

관전자들은 보기에 즐겁지만 승부를 겨루는 당사자들은 중압감에 시달린다. 인생이 걸리고 명예가 걸리고 자존심이 실려 있다.

그런데 놀랍게도 신진서는 일곱 판 내리 파죽의 7연승으로 끝내버렸다.

바둑 팬들은 신진서의 독무대에 말을 잃고 넋을 놓았다.

그는 그때의 7연승으로도 모자라 올해 박정환에게 12연승을 거두었다.

박정환은 그렇게 엄청난 충격과 함께 왕관을 이양했다.

국내 바둑계에서 이처럼 1인자의 시대를 정확하게 잘라 넘긴 사례는 없다.

조남철은 김인에게 타이틀 하나씩 잃으며 막을 내렸고, 김인 역시 조훈현에게 천천히 왕관을 내주었다.

조훈현도 제자 이창호에게 밀리면서도 끈질긴 저항으로 버텼고, 이창호는 10여 년 무소불위의 절대 권력을 휘두르다가 이세돌에게 물려주었으니까.

박정환이 신진서에게 연패를 하고 있지만 그렇다고 칼날이 녹슨 건 아니다. 아직도 박정환은 중국 갑조 리그에서 승률 1위를 달리며 맹위를 떨치고 있다.

박정환이 더 치열하게 신진서를 연구해서 괴롭혀줘야 한다.

조훈현이 이창호를 담금질했던 것처럼, 신진서가 방심하지 않도록 선배의 관록과 경험을 보여줘야 한다.

그것이 아름다운 도리이며 전통이 된다.

신진서와 이세돌의 복기를 지켜보는 필자

바둑 천재들의 베이스캠프

신진서는 무엇이 강한가?

신진서는 요즘 매일 새롭게 기록을 열어가고 있다.

한국 바둑리그 단일 시즌 최다 연승(16연승).

정규 리그 25연승.

승률 90% 상회 등등.

신진서는 무엇이 강한가?

많은 바둑 언론에서 물음표를 던진다.

바둑의 모든 부문에서 다 강하기 때문에 특별하게 어디가 강하다고 짚기

어렵다.

진서의 별명은 '신공지능'이다.

인공지능을 닮았다는 찬사다.

실제로 진서는 인공지능이 매 수마다 알려주는 블루 스폿 일치율이 프로 기사 중 가장 높다.

국제대회에서 해설자들이 인공지능으로 판을 분석할 때 신진서의 다음 수가 AI의 블루 스폿에 떨어지면 감탄사를 터뜨린다.

진서가 엄청나게 인공지능을 연구하고 있다는 방증이다.

알파고와 이세돌의 승부를 통해 AI가 인류를 넘어섰다.

인간 최고수가 기를 쓰고 덤벼도 두 점으로도 이길 수 없다.

인공지능은 인류가 축적해놓은 모든 기보를 분석하고 바둑판 361로의 능률을 알고리즘을 통한 계산으로 완벽하게 산출하기 때문에 도저히 당할 방법이 없다.

인공지능이 등장하는 순간 바둑 팬들은 경악하고 좌절했다.

이제 바둑의 신은 없다. 아니, 바둑의 신이 바로 AI였다.

신진서가 '신공지능'으로 불리는 이유는 그만큼 바둑의 신에 가깝다는 의미다. 완벽에 가깝다.

종종 실수를 하지만 진서는 불리한 바둑을 곧잘 뒤집는다.

반면 우세한 바둑은 거의 지지 않는다.

그런 진서에게 프리미엄이 붙는다. 상대 기사들은 진서와 두면서 불안에 휩싸인다. 언제 어디서 불의의 한 방이 들어올지 몰라 전전긍긍한다.

불안한 마음은 무리를 범하거나 위축된 수를 두게 만드는 법이다.

바둑 천재들의 베이스캠프

그런 실수들이 응축돼 승부의 저울추는 진서 쪽으로 기운다.

그렇다면 신진서의 강점은 무엇인가?

답은 간단하다.

진서는 수읽기가 강하다.

수읽기의 힘은 계산에서 비롯된다.

계산의 힘이 강하면 전투력도 강해진다.

끝내기는 말할 것도 없다.

그런 천재성에 부단히 노력하는 열정이 더해져 인공지능을 방불케 하는 승부사로 성장한 것이다.

여기에 나는 한마디를 덧붙이고 싶다.

진서의 진정한 특질은 무엇인가?

그것은 바로 자유롭다는 것이다.

진서는 무섭도록 인공지능의 수를 연구하면서도 어떤 가치에 고정되지 않고 자유로운 착상을 시도한다.

아주 어릴 때부터 진서의 바둑은 자유로웠다. 그 자유로움은 조훈현 9단의 속도와 이창호의 계산, 유창혁의 완력, 이세돌의 기세를 아우르는 느낌이다.

시대를 앞서간 모든 천재들의 장점을 총합해 빚은 한국 바둑의 완성품이 바로 신진서 아닐까?

이제부터 인간 정경수가 만난 천재 신진서의 이야기를 시작한다.

홍시범 감독과 신진서

순천에서 올라오니 마땅히 할 일이 없었다.

여기저기 연락해서 다시 덕트 일을 하기로 했다.

여기저기 수소문하고 연락을 했다.

강남 코엑스 현장에 들어갔다. 태평양홀을 보수하는 큰 공사였다.

10m보다 높은 천정에 덕트를 설치해야 했다.

15m 이상 올라가는 대형 고소작업대를 타고 올라가서 작업을 해야 했다.

아주 위험했다.

추락하면 죽음이다.

나는 마킹부터 행거 작업까지 거의 모든 것을 다 하는 덕트 설치 전문가가 되어 있었다.

팀원이 많다. 보온팀, 덕트 연결팀, 설치팀은 주간조, 야간조를 포함해 약 50명 정도다.

나는 2m 50㎝ 간격으로 행거 작업을 맡았다. 이 작업을 해야 덕트 설치가 가능하다.

일반적으로 덕트통 길이는 1,430㎜, 즉 1m 43㎝이다.

메인통 큰 것은 2,500㎜×1,000㎜×1,430㎜이다. 덕트통 1개를 둘이 들어도 무겁게 느껴진다.

일을 하면 재밌다. 천정에 설치된 덕트를 보면 작품이다.

덕트는 공교롭게도 계산 싸움이다. 바둑을 한 게 많이 도움이 된다.

3년 정도 꾸준히 전국을 돌아다니며 덕트 시공일을 했다.

2007년 선배의 소개로 지금의 아내를 만났다.

감성이 풍부하고 정이 많은 여자였다. 그녀는 바둑을 전혀 몰랐다.

공사판에서 덕트 일을 하는 거친 남자를 왜 선택했을까? 아직도 나는 잘 모르겠다.

다만 내가 그녀를 무척이나 좋아했다.

아마 자신을 끔찍이 좋아해서 마음을 줬는지 모르겠다.

그녀와 재혼을 하고 열심히 공사판을 돌아다니며 일을 했다.

그러던 어느 날 응암동 아바사 사무실에 놀러 갔다.

홍맑은샘의 아버지 홍시범 감독이 A7 회사를 운영하는 곳이기도 했다.

"아, 정 사범님 오랜만입니다. 제가 이번에 문경새재배 바둑대회를 준비하는데 시간 되면 같이 가시지요."

그 건설 현장에서 덕트 일을 열심히 하는 중이었지만 바둑 병이 슬슬 도질 때였다.

"어린이 최강부 심사위원으로 위촉할 테니까 유망주들을 눈여겨보세요. 아마 걸출한 천재를 만나게 될 겁니다."

홍시범 감독의 그 한마디가 나중에 운명으로 다가왔다.

"좋습니다. 어린이 바둑 보는 것도 재미있죠."

2007년 12월 22일.

문경새재배 바둑대회가 열렸다. 130여 명이 어린이 최강부에 출전했다.

전국에서 바둑 좀 둔다 하는 아이들이 다 모였는데 내 눈에는 딱 한 명, 아주 키가 작은 꼬마 신진서만 보였다.

"너 이름이 뭐니?"

"부산 개림초등학교 1학년 신진서입니다."

1학년의 어린 나이에 최강부에 출전하다니 놀라웠다.

"바둑은 얼마나 두는데?"

"타이젬에서 8~9단 오갑니다."

나는 깜짝 놀라 꼬마의 얼굴을 유심히 살폈다.

인터넷 바둑이 활성화되면서 바둑의 급수는 타이젬이 기준이었다.

타이젬 바둑 8단이면 엄청난 기력이었고 9단이면 프로에 가까웠다.

실제로 어지간한 프로 기사들도 9단에 머물기 어렵다.

조별 예선전이 끝나고 홍시범 감독이 진서 아버지와 인사시켰다.

"진서 아버님, 여기 있는 정경수 사범님이 박지은 9단의 사부랍니다. 제 아들 맑은샘도 가르쳤지요. 정 사범님이 진서의 가능성이 밝아 보인다고 하시는데 말씀 좀 나눠보세요."

진서 아버지와 많은 대화를 나누었다.

"제가 심사하면서 진서 바둑을 봤는데 중앙 전투 감각이 아주 화려하더군요. 승부 근성도 좋고요. 훗날 크게 될 기재로 보입니다. 제대로 키우려면 서울로 보내시는 게 좋지 않을까요?"

그때는 내가 가르치고 싶다는 뜻은 아니었고 진서가 서울의 좋은 환경에서 바둑에 전념하기를 바라는 마음이었다.

하지만 진서 아버지는 부산에서 자신이 운영하는 바둑 교실에서 홈 스쿨을 하겠다고 했다.

그것이 진서와의 첫 만남이었다.

2008년이 밝으면서 《바둑신문》 김수광 기자가 나를 찾아왔다.

나의 제자 박지은 양이 한국 바둑 역사상 최초로 여류 9단이 되어 인터뷰를 하자고 했다.

나는 솔직하게 그의 물음에 답했다.

"지은이가 입단에 실패할 때마다 죽음을 생각했습니다. 지은이도 고통스러웠겠지만 나는 더 아팠습니다. 그 당시 지은이의 인생이 곧 저의 인생보다 더 중요하다고 생각했으니까요. 지은이가 여류 최초로 9단이 되어 꿈만 같습니다. 제게 소원이 하나 더 있다면 이세돌 9단을 능가하는 남자 최고 기사를 탄생시키는 것입니다."

그로부터 3년 뒤인 2011년 1월.

아바사의 홍 감독을 다시 만났다.

그때 홍시범 감독은 전국의 바둑대회를 세팅하며 분주하게 보내면서 자비를 들어 아마추어 강자들을 위한 실전대국을 많이 제공했다.

"정 사범님, 이번에 제가 아마 강자들을 위해서 바둑대회를 기획하고 있어요. 요즘 대회도 없고 얼마 후면 일반인 입단대회를 하는데 입단대회와 같은 방식으로 아마 강자들에게 훈련할 기회를 만들어 주려고 합니다."

"아, 좋은 기획입니다. 어떤 방식으로 하실 건가요?"

"아마바둑사랑회가 주최하고 바둑 팬들이 후원을 해주셔서 아바사 초청 2011년 신예 초청전을 준비 중입니다. 다음 달인 2월 19~20일에 할 겁니다. 부제는 여명의 검이죠."

여명의 검, 아주 멋진 타이틀이었다. 날이 밝기 전 희미한 새벽에 칼을 가는 이미지는 신예들의 승부를 압축한 말이었다.

바둑 천재들의 베이스캠프

"제가 여명의 검이라는 대회를 만들고 각 도장에다가 전화를 한 거예요. 도장에서 내보낸다고 받아주는 게 아니고, 각 도장에서 2명만 보내시라고 했어요. 양천 도장에서 2명, 장수영 도장에서 2명 이런 식으로요. 이렇게 전국 각지에 전화해서 15명을 채워놓고 제가 부산에 진서 엄마한테 전화를 했어요."

신진서의 이름이 나오자 나는 깜짝 놀랐다. 몇 년 전 문경에서 만난 뒤로 진서를 예의주시했는데 아니나 다를까 진서는 전국대회에서 많은 우승컵을 들어 올렸다.

2010년 진서는 5월에 정현산배, 7월에 대한생명배, 9월에 이창호배, 10월에 전국체전, 11월에 제9회 조남철국수배를 우승하면서 초등 역사상 최초로 전국대회 전관왕, 일명 싹쓸이를 했다.

그런 진서를 홍 감독도 예의주시하고 있었다.

그 사이 서울의 명문도장에서 진서 집에 많은 연락이 왔다고 했다.

그들이 서울로 올려 보내라고 권유했지만 진서의 아버지는 정중하게 사양했다.

홍 감독은 그런 진서 부모의 마음을 잘 알고 있었다.

공부 삼아 서울에 올라와서 '여명의 검' 대회를 통해 다른 경쟁자들의 바둑을 맛보라고 권했다.

진서의 엄마는 흔쾌하게 응했다.

아마바둑사랑회에 온 신진서(맨 오른쪽의 작은 아이)

2011년 2월 응암동 아바사 회관에서 바둑 영재 16명이 스위스 리그 방식
으로 대국을 했다.

진서는 4전 4패를 당했다.

그도 그럴 만했다.

아마추어 랭킹 1~4위인 이호승, 이상헌, 박영롱, 송홍석 등이 참가한 대회
이므로 아직 어린 진서가 참패한 건 당연했다.

진서는 물론 진서의 부모들까지 충격에 휩싸여 말을 잃고 앉아 있었다.

대회가 끝나고 홍 감독은 진서 부모에게 다가갔다.

"어떻습니까? 서울 아이들 엄청 강하지요? 부산 바둑 한계가 있습니다.
제가 전국의 바둑 행사 다 돌아다니는데 지역에서 공부하는 건 한계가 있습
니다. 사람이 제대로 크려면 역시 서울로 올라와야 됩니다."

바둑 천재들의 베이스캠프

"저희도 그건 압니다만 어느 곳에 아이를 맡겨야 옳은 건지 분간을 할 수 있어야지요."

진서의 부모들이 난감해하자 홍 시범 감독이 나섰다.

"서울에 바둑 도장 많습니다. 유명한 프로 기사들이 운영하는 도장 몇 군데 있는데 아무데나 들어가도 진서가 잘 배울 겁니다. 그런데 제가 소개해주고 싶은 사범이 한 사람 있습니다."

홍 감독의 말에 부모들의 눈이 반짝 뜨였다.

"지난번 문경에서 만났던 정경수 사범 기억나죠?"

"아, 네 기억합니다. 박지은을 가르쳤다는."

"그 양반이 바둑 미치광이예요. 약간 정신 나간 사람이죠. 사회성이나 인맥 같은 건 완전히 빵점인데 바둑 하나는 묘하게 잘 가르칩니다. 특히 크게 될 재목을 가르치는 데 자신만의 노하우가 있는 사람이지요."

그러면서 홍 감독은 자신도 아들 맑은샘을 정경수 사범에게 맡겼다며 설득했다.

"제가 보증할 테니 진서를 맡겨 보세요. 그렇게 공부해보실래요? 지금 당장 결정하지 않아도 되니까 나중에라도 제 말이 일리 있다고 생각되면 언제든지 연락하세요."

여명의 검을 계기로 진서와 부모님은 주말마다 응암동 아바사 회관을 찾았다. 부산에서 매주 올라온다는 건 결코 쉬운 일이 아니었다.

진서의 부모는 홍시범 감독이 진서에게 쏟는 관심과 배려를 익히 알고 있었다.

아마추어의 한을 간직한 아들 홍맑은샘의 아버지인 까닭에 진서의 장래가 남의 일 같지 않았으리라.

아들을 바둑계에 내보낸 부모들의 마음은 서로 통하는 법이다.

그로부터 얼마 뒤 진서 아버지의 전화가 걸려왔다.

"정 사범님, 진서 아빠입니다."

"아, 네. 안녕하세요."

"정 사범님 며칠 후면 지역 연구생 입단대회를 하는데 진서를 맡아주셨으면 해서요. 제가 부산 사상구 주례동에서 수련 바둑 교실을 운영하는데 비울 수도 없고 해서 부탁드립니다."

"예, 알겠습니다. 사실 이런 감정 처음이지만 진서가 마음에 쏙 듭니다. 세계 일인자가 될 재목입니다."

솔직히 나는 진서를 기다리고 있었다.

"아닙니다. 아직 갈 길이 먼 아이예요."

"물론 갈 길은 멀지만 제가 장담합니다. 진서는 앞으로 10년 안에 세계 일인자가 될 겁니다. 두고 보세요."

그런 장담 함부로 해서는 안 되지만 나는 그렇게 믿었다.

신진서가 내게로 온 건 바로 홍시범 감독이 이렇게 인연의 끈을 묶어주었기 때문이다.

신진서가 내게로 오다

초등학교 5학년 꼬마 신진서가 응암동 나의 집으로 왔다.

작은 가방 하나만 달랑 메고 들어오는 꼬마.

가방을 열어 보니 옷가지 몇 벌과 홍이장군 홍삼액이 들어 있었다. 정관장에서 나온 상품이었다. 어린 소년의 기력을 보충해주기 위해 부모가 넣어 보냈는데 훗날 신진서가 프로가 되어 정관장 팀 주장이 된 것도 우연은 아니다.

그날부터 응암동 집에서 진서와 함께 숙식을 하며 공부를 시작했다.

내제자인 셈이었다.

아내는 진서를 무척 예뻐했다.

진서의 입맛과 취향을 세세하게 파악해서 밥상을 차려주었다.

아내는 식당을 운영한 경험도 있어서 손맛이 좋은 편이었다.

진서는 특히 튀긴 통닭을 좋아했다.

아내는 정성 들여 튀긴 통닭을 진서가 맛있게 먹으면 무척 좋아했다.

그러나 그때까지만 해도 아내는 바둑을 몰랐고 진서가 어떤 가능성을 지닌 천재인지 전혀 몰랐다. 그냥 부산에서 올라온 꼬마가 귀여웠을 뿐이라고 했다.

훗날 진서가 언론에 자주 등장하고 세계 챔피언이 되자 아내는 기절초풍했다. 진서의 존재에 놀랐고, 막노동을 해 돈을 벌던 남편이 그런 세계 챔피언의 사부라는 사실에 더 놀랐다.

지금도 진서는 사부인 나보다 아내를 더 좋아한다.

큰 대회 시상식에 아내를 초청하고 어쩌다 시간이 나면 응암동에 찾아와 사모님을 부르곤 한다.

나는 진서를 위해 아이가 최근에 둔 모든 바둑을 분석했다.

진서는 어리지만 바둑을 풀어 가는 데 자기만의 독특한 재능을 갖고 있었다. 모양과 틀에 구애받지 않고 발상이 자유로웠다.

수읽기 훈련을 강화하고 능률의 극대화를 추구하는 트레이닝을 시키기로 했다.

나에게로 올 때 이미 타이젬 9단으로 아마추어 정상급 기력을 보유하고 있었는데 수읽기 강화 훈련을 통해 아주 조금씩 강해지는 게 보였다.

바둑 천재들의 베이스캠프

이따금 망원동 장수영 도장을 찾아가 프로 기사나 아마 강자들과 스파링을 했는데 시간이 흐를수록 승률이 높아졌다.

2011년 6월 7일.

진서와 한국기원 첫 입단대회에 출전했다.

우리는 응암동에서 버스를 타고 녹번역까지 간 다음 지하철을 탔다.

을지로3가역에서 2호선으로 환승하여 왕십리로 향했다.

왕십리역에서 10분 정도 걸어야 했다.

과거 지은이도 그랬던 것처럼 진서를 데리고 한국기원을 찾을 때마다 사부로서 복잡한 대중교통을 이용한 게 가슴 아팠다.

지하철에서 사활을 푸는 신진서

가난한 것이 죄는 아니지만 무척 불편했다.

입단대회처럼 큰 바둑을 둘 때 승용차로 편하게 데려다주면 제자들이 힘을 얻을 텐데….

1차 예선은 3조에 편성됐다.

신진서, 김현동, 강태민 3명이 한 조인데 이 중 1명만 올라간다.

나는 하루 종일 가슴이 두근거려 견딜 수 없었다.

행여나 진서가 코피를 흘리지 않을까 휴지를 주머니에 잔뜩 넣고 대국장 바깥 복도에서 대기했다.

오전과 오후 각 한 판씩 두어 진서가 2승을 거두었다.

우리는 의기양양하게 응암동으로 개선했다.

아바사 회관으로 가서 홍시범 감독께 승전보를 알렸다.

"잘했다. 진서야. 입단대회쯤이야 아무것도 아니다. 너는 더 멀리 내다봐야 해. 바둑에 인생을 올인했으니까 뒤돌아보지 말고 '돌격 앞으로!' 하는 거야. 알았지?"

"네, 열심히 할게요."

부산에서 올라온 꼬마에게는 응암동에 응원군이 많았다.

정경수와 그의 아내, 아바사의 홍시범 감독, 그리고 A7의 가족들이 전부 팬클럽 회원이었다.

진서도 처음에는 숫기가 없어 입을 잘 열지 않는데 조금씩 밝아졌다.

탱탱볼을 튕기면서 운동도 곧잘 했다.

진서는 부산 출신인데도 비린내 나는 생선을 싫어했다.

아내는 매일 대림시장에서 생닭을 사와 집에서 튀겼다. 소스도 직접 만들었다. 통닭은 진서의 소울푸드라고 해도 좋았다.

입단대회 2차 예선

6명씩 2개 조로 나뉘고 각 조에서 2명이 올라간다.

2조에 속한 진서 그룹에 강유승, 김지인, 이동휘, 김준석, 양우석이 포진했다.

1	신진서	패	승	패	승	승
2	강유승	승	승	승	패	패
3	김지인	패	패	승	승	패
4	이동휘	승	패	패	패	-
5	김준석	패	승	패	패	-
6	양우석	패	승	승	승	승

진서는 2차 예선을 통과하지 못했다.

우리 사제는 우울한 얼굴로 돌아왔다.

나는 대회가 열릴 때 한국기원 연구실 입구에 진서가 벗고 간 신발을 한쪽 구석으로 정리했다. 행여 누군가 신발을 밟을까 봐 조바심이 났다.

그런 간절함으로 지켜봤는데 아직 바둑의 신은 문을 열어주지 않았다.

내 가슴이 이리 아픈데 어린 진서는 얼마나 괴로울까?

한국기원 연구생실 현관에 놓인 신진서의 신발

집으로 돌아와 식탁 앞에 앉았는데 진서가 아내에게 말했다.

"사모님, 저 오늘 치킨 반 마리만 먹을게요."

"왜? 갑자기?"

"오늘 1승 1패를 했거든요. 한 마리 먹을 자격이 없어요."

승부사는 역시 뭔가 달랐다. 스스로 패배에 책임지는 오기가 보였다.

진서는 어려서부터 승부욕이 아주 강했다.

5살 때 유치원 대신 아버지의 바둑 교실에 나가 바둑을 시작했는데 돌을 잡는 재미에 빠져 심취했고, 1년 만에 모든 원생들을 이겨버렸다.

나와 함께 공부를 할 때도 그랬다.

타이젬에서 강자들과 바둑을 두다 9단에서 8단으로 강등되면 잠을 이루지 못했다. 다시 9단으로 승단되려면 14연승인가를 해야 했는데 밤을 새워 목표를 달성하고 9단 타이틀을 확인하고 잠들었다.

아내는 그런 진서를 이해할 수 없었다.

"그게 무슨 말이야? 어떻게 매일 다 이기냐? 질 수도 있는 거지. 다음에 이기면 되지 않아? 그런 거 신경 쓰지 말고 한 마리 남기지 말고 다 먹어!"

그러면서 아내가 파란색 탱탱볼을 선물했다.

진서는 유난히 파란색을 좋아했다.

신발도 파란색, 셔츠도 파란색을 선호했다.

그래서 아내가 파란색 탱탱볼을 사준 것이다.

진서가 파란색을 좋아한 것도 훗날 AI의 블루 스폿과 연관해 보면 우연은 아니라는 생각이 든다.

2011년 6월 15일, 입단대회 셋째 날.

아내가 간단한 아침 식사를 차려줬다.

메론 4조각과 밥, 반찬.

바둑 천재들의 베이스캠프

"진서야. 바둑 둘 때 코피 흘리지 않으려면 아침밥을 잘 먹어야 해."

진서는 바둑 두다가 코피를 자주 흘렸다. 아내는 그 점을 늘 염려했다.

다시 버스 타고 전철 타고 환승해서 한국기원으로 나갔다.

한국기원 5층 연구생실.

진서가 강력한 입단 후보 우석이를 이기고 유승이랑 동률재대국을 만들었다. 진서는 늘 위기에서 힘을 낸다.

나는 차마 진서의 대국을 지켜보지 못하고 옆방 여성기우회에서 기웃거렸다. 이럴 때마다 가슴이 뜨거워진다. 제자가 진다는 생각은 해본 적이 없다.

바둑이 몹시 길어진다.

서로 최선을 다해 바둑을 두고 있다.

바둑이 끝나고 진서가 활짝 웃으며 나에게로 걸어왔다.

나는 진서를 번쩍 안고 들어 올렸다.

드디어 진서가 최종 본선 4강에 들어갔다.

"잘했다. 진서야. 나는 네가 꼭 해낼 줄 알았어!"

"네, 어려운 바둑이었는데 역전승했어요."

이날 저녁은 바비큐 치킨을 만들어 먹으면서 자축했다.

입단대회 최종본선은 닷새 후에 열린다. 그 사이 부족한 것을 더 채워야 한다. 아바사에서 송홍석 아마 국수가 진서를 위해 기꺼이 스파링 상대가 돼 주었다. 송홍석 국수는 진서를 무척 아꼈다.

돌의 능률에 대해 깊은 이야기를 나누다. 왼쪽부터 신진서, 필자, 송홍석.

응암동 아마바둑사랑회 회관에서 2011년 '여명의 검' 바둑대회가 열렸다.

입단을 눈앞에 둔 주니어 강자들을 위해 A7 홍시범 감독이 사비를 털어 마련한 대회였다.

그는 아들 홍맑은샘이 겪었던 아픔을 너무 잘 알기에 프로 지망생들을 모두 아들처럼 귀하게 여겼다.

그 무렵 일본에서 바둑 도장으로 자리를 잡은 홍맑은샘도 일본 최고의 유망주 이치리키 료를 데리고 대회에 참가했다.

현재 국제무대를 누비는 신진서와 이치리키 료를 보면 10년 전에 어린 재목들을 위해 가슴과 지갑을 열어 대회를 준비한 홍 감독의 예지력과 정성에

바둑 천재들의 베이스캠프

감탄할 수밖에 없다.

이치리키 료는 신진서보다 세 살 위였다.

한일 유망주의 시험대국이 준비됐다.

신진서와 이치리키 료는 초반부터 팽팽하게 맞섰다.

바둑은 계속 난해하게 진행됐다. 흑돌을 쥔 진서는 집 부족을 직감하고 맹렬하게 공격을 전개했다.

이치리키 료는 부드럽게 진서의 공세를 막아냈다.

어리지만 진서는 한국에서 가장 강한 초등학생이었다. 이치리키 료가 세 살 위라고 해도 일본 바둑은 그때까지 화초바둑이라 여겨 진서가 이길 줄 알았다.

그런데 이치리키 료의 기풍이 독특했다. 모양을 중시하는 일본 바둑이 아니었다. 균형감각도 뛰어났고 대세를 내다보는 눈이 날카로웠다. 그만큼 일본의 청년들도 열심히 공부를 하고 있다는 증거였다.

결과는 신진서의 반 집 패.

반 집으로 결정 난 승부가 아주 치열하고 끈적끈적했다.

지켜보는 우리 모두 박수를 쳐주었다.

지고는 견디지 못하는 진서지만 이치리키 료와의 바둑이 흥미로웠던 모양이었다. 서로 언어가 달라 말은 통하지 않았다. 두 소년은 오래도록 바둑판에 돌을 움직이며 복기를 나누었다.

참 아름다운 대결이었다.

진서와 이치리키 료의 기념대국

소년 신진서는 바둑에 지면 곧잘 울었다.

어린아이의 가슴에 어떤 불길이 있어 패배를 견디지 못하는 것일까?

온라인 바둑을 둘 때도 강자를 만나 지면 이길 때까지 두곤 했다.

생활계획표에도 슬로건처럼 '이길 때까지 둔다!'라는 글귀가 적혀 있었다.

바둑은 예도의 정신도 깃들어 있어서 상대와 수담을 나누는 것만으로도 충분히 가치가 있지만 프로의 세계에서 승부를 통해 우열을 가려야 하는 기사는 그런 호승심도 필요한 법이다.

홍맑은샘이나 아마 바둑 강자들 모두 신진서를 무척 예뻐했다.

바둑 천재들의 베이스캠프

아바사 골방에서 진지하게 대화하는 신진서와 홍맑은샘

사부인 나뿐만 아니라 홍시범 감독을 비롯한 모든 이들이 진서가 큰 바둑인이 될 것을 확신했다.

진서는 누가 시키지도 않았는데 스스로 일일계획표를 벽에 붙여놓고 시간관리를 철저하게 했다.

아침에 일어나서 심야에 잠들 때까지 진서의 일상은 바둑이 전부라고 해도 좋았다.

사활 문제를 풀고, 기보를 보고, 인터넷 바둑을 두는 반복의 연속.

질릴 법도 한데 잘 견뎠다.

그렇다고 바둑이 미치도록 좋고 즐거운 것만은 아니었다.

신진서 1일 계획표

1. 오전 9시 잠에서 깸

2. 기보 감상 2개

3. 아침 겸 점심

4. 씻으면 11시 정도

5. 인터넷 바둑

6. 기보 감상

7. 사활

8. 기보 감상

9. 인터넷 바둑

10. 사활

11. 3시 정도에 간식

12. 인터넷 바둑(지면 이길 때까지 둘 것)

13. 기보 감상 후 휴식

14. 인터넷 바둑

15. 저녁 6시쯤 저녁밥 먹고 휴식 후 7시에 기보 감상

16. 또 인터넷 바둑

17. 가끔 밖에 나감

18. 기보 감상

19. 휴식

20. 인터넷 대국(지면 또 둘 것)

21. 마지막 인터넷 대국(지면 새벽 1시에 자고 이기면 12시에 잠)

바둑 천재들의 베이스캠프

진서는 그저 바둑 두는 숙명에 따라 제 갈 길을 알아서 걸어가고 있었다.

"바둑은 저에게 그냥 공기와도 같은 것이라고 생각해요. 바둑이 미치도록 좋거나 싫거나 그런 감정은 없어요."

훗날 진서는 입단 인터뷰를 통해 이런 말을 했다. 아마도 진심에서 우러나온 자기 고백일 것이다.

진서는 TV를 자주 보진 않았다. 그렇지만 유일하게 투니버스 애니메이션 〈고스트 바둑왕〉 프로그램은 빼놓지 않고 시청했다.

〈고스트 바둑왕〉은 일본 원작 만화이지만 전 세계의 바둑 지망생들을 열광케 만든 작품이다.

진서는 〈고스트 바둑왕〉에 푹 빠졌다.

"사범님. 저도 〈고스트 바둑왕〉의 주인공이 되고 싶어요."

"다른 사람이라면 몰라도 진서 너는 〈고스트 바둑왕〉보다 훨씬 더 강한 고수가 될 거야."

"정말요?"

"그럼. 사이는 유령이지만 너는 현실 세계에서 최고의 일인자가 될 거야. 훗날 너를 모델로 바둑 만화나 드라마가 만들어질 수도 있지. 나는 굳게 믿는단다."

우리는 만화영화를 보고 만화 같은 이야기를 나누었다. 하지만 나는 그때나 지금이나 한결같이 진서의 성공을 믿는다.

진서와 24시간 함께 생활하면서 나는 바둑을 위해 태어난 천재를 지켜보았다. 진서는 하루 종일 바둑을 두면서도 허투루 시간을 낭비하질 않았고, 무서운 집중력을 보여주었다.

심지어 꿈에서도 바둑을 두었는지 잠꼬대에 바둑 용어가 튀어나오기도 했다.

지능과 재능, 상상력, 감각, 승부 근성, 게다가 인성까지 괜찮은 아이 신진서는 바둑 미치광이 정경수에게 너무나도 사랑스러운 바둑 천재였다.

나는 잠든 진서의 이마와 등을 자주 쓸어주었다. 그리고 이런 천재를 내 곁에 보내준 신께 감사의 기도를 올리곤 했다.

2011년 사활 문제를 푸는 소년 신진서와 필자

바둑 천재들의 베이스캠프

자기 전에 사활을 푸는 신진서   2020년 LG배 대회에서 우승한 신진서

신진서, 한국기원 연구생
랭킹 1위에 오르다

그때까지 진서는 부산 지역 연구생 신분이었다.

웅암동 내 집에서 머무르며 바둑 공부를 했지만 아직 학교 문제나 지역 연구생 문제가 깔끔하게 정리되지 않은 상태였다.

진서 아버지와 오래 상의했다.

"진서 아버님, 진서를 위해서 생활 근거를 아예 서울로 옮기시죠. 지금 진서에게는 시간이 황금입니다."

진서 아버지도 큰 결단을 내렸다.

진서는 부산 연구생을 반납하고 서울 연구생 선발전에 출전했다.

2011년 9월 3일과 4일 이틀에 걸친 연구생 선발전. 진서는 박건호, 최영찬에 이어 3위를 했다.

바둑 천재들의 베이스캠프

9월 24일부터 한국기원 연구생 리그전이 시작됐다.

이 출발선에서 신진서는 128명 중 94위였다. 그냥 최하위권이었다. 역시 세상은 넓고 고수는 엄청나게 많았다. 이 경쟁을 뚫고 올라서야 프로가 된다. 원생들의 기력은 이미 어지간한 프로 기사들을 능가한다. 실제로 온라인 바둑에서 원생들에게 밀리는 프로들이 많았다.

리그전 방식이 완전히 바뀌었다. 맥마흔이라는 방식이다.

랭킹 순으로 32명씩 1그룹부터 4그룹으로 나눈다.

기본 점수가 부여된다. 1그룹은 3점, 2그룹은 2점, 3그룹은 1점, 4그룹은 0점이다.

룰은 복잡하지만 결국 많이 이기면 된다.

첫 리그가 끝났을 때 진서는 47위로 올라갔다.

3그룹 하위에서 2그룹 중상위로 올라갔다.

12월 3일. 바둑 캐스터로 활동하는 김여원의 결혼식에 초대받아 구기동 하림각에 아내와 함께 갔다.

식장에서 이창호 9단을 만났다. 아내가 팬을 자처하며 사진을 찍었다.

결혼식을 마치고 전철역으로 내려오다 박정환 9단과 조우했다.

그와 악수를 나누고 헤어지면서 아내에게 말했다.

"저 사람이 바로 박정환이야. 조만간 세계 1위가 될 프로 기사야."

"어머, 그래요?"

"응, 이창호, 이세돌 뒤를 이을 재목이지. 먼 훗날 우리 진서가 넘어서야 할 목표이자 라이벌이 될 거야."

"진서는 아직 입단도 못 했는데요, 뭐."

"두고 봐. 진서는 멀지 않아 금방 입단할 거야. 그리고 박정환의 뒤를 이어 세계를 제패할 거야."

"진서가 정말 그렇게 바둑을 잘 둬요?"

아내는 그때까지도 바둑의 세계를 몰랐고, 프로 기사의 승부도 몰랐으며 진서의 재능도 전혀 몰랐다.

그저 귀여운 소년이 바둑을 배우겠다고 우리 집에 들어왔으니 자식처럼 잘 대해주고 있었다.

아내는 진서를 참으로 아꼈다.

치킨을 좋아하는 진서를 위해 튀김 기계를 구입해 부엌에 설치할 정도였다.

"진서가 잘되면 너무 좋지. 당신의 마지막 꿈이잖아?"

"그렇지."

우리 부부는 그런 대화를 나누며 전철을 기다리고 있었다.

그때 전화벨이 울렸다. 진서였다.

"사범님! 저 오늘 한승주와 김치우 형을 이기고 연구생 공동 1위 됐어요."

나는 그 소리에 소름이 확 돋았다. 등줄기에 전율이 스쳤다.

"잘했다! 잘했어!"

한국기원 연구생에 들어간 지 채 3개월도 안 돼 진서가 94위에서 1위로

도약한 것이었다. 이런 성장세라면 프로에 입단해서 정상에 오르는 것도 시간문제이리라.

그날 저녁 진서가 응암동에 개선장군으로 돌아왔다.

"사모님!"

진서가 손가락으로 브이 자를 그리며 아내에게 달려왔다.

아내는 진서를 꽉 끌어안고 얼굴을 비볐다.

삼겹살 파티를 하면서 진서 아버지와 기쁨을 나눴다.

"진서 아버님. 제가 처음부터 장담했었지요? 진서는 반드시 세계 일인자가 될 겁니다. 강자들이 득실대는 원생들의 리그전에서 이 짧은 기간에 1위로 올라서는 걸 보세요."

"이게 다 사범님 덕분입니다."

"아닙니다. 저는 가르친 게 없어요. 진서 혼자 길을 찾아갈 수 있도록 내비게이션 역할만 했습니다."

"그게 지도 아닙니까."

"겸양이 아니라 진서 혼자 잘해 가고 있어요. 지금 중요한 건 진서가 마음 편하게 바둑에만 전념할 수 있도록 가족들이 서울로 이사하시는 겁니다."

"저도 그러고 싶습니다만, 만만치 않네요. 부산에 생활 근거가 있어서."

"다 정리하고 진서에게 올인하셔야 합니다. 진서는 하늘이 내린 재능을 스스로의 노력으로 발전시키고 있습니다. 가족들이 심리적 안정감을 주면 삼박자가 딱 들어맞아 훨씬 더 빨리 목표를 달성하게 될 겁니다."

"알겠습니다. 깊이 생각해보겠습니다."

"저만 믿고 올라오세요. 학교도 바둑부가 있는 충암초등학교로 전학하세요. 서울로 와서 강한 상대들과 실전 훈련을 해야 합니다."

2012년 2월 27일.

진서 아버지 신상용 씨의 전화가 왔다.

"모레 응암동으로 이사하겠습니다."

아주 짧은 한마디로 결단을 알려왔다.

응암동은 진서에게 아주 좋은 둥지가 될 것이었다.

아마바둑사랑회의 회관이 있고 충암학교가 있으며 A7 홍시범 감독과 정경수 부부가 뒤를 받칠 테니 말이다.

그렇게 신진서는 충암초등학교로 전학했고 그로부터 4개월 만에 제1회 영재입단대회에서 12전 12승을 거둬 프로 입단에 성공했다.

입단 직후 아바사에서

신진서의 프로 데뷔전

2012년 10월 15일.

제8기 원익배 십단전 예선 1회전에서 김승재를 만났다.

당시 김승재는 랭킹 9위 강자였다.

아쉬운 패배였다.

나는 진서 프로 데뷔 전날 한국기원에 갔다.

밖에서 기다리고 있다가 진서를 맞았다.

"데뷔전 하느라 수고했어."

바둑 천재들의 베이스캠프

"사범님, 졌어요."

"내용은?"

"서로 만만치 않았는데 제가 승부처에서 경솔하게 둬서 졌어요."

"그랬구나. 랭킹 9위 강자인데 둬 보니까 어때?"

"아주 강하다는 느낌은 없었어요."

"그래도 부족해서 졌으니 부족함을 꾸준히 채워 더 강해져야 한다."

"네, 알겠습니다."

"진서야. 너는 바둑 재능으로는 세계 일인자가 될 수 있어. 먼 훗날 진서가 일인자가 안 돼 있으면 그건 진서가 노력을 안 했기 때문이다. 진서는 노력만 하면 세계 일인자는 무조건 되고 바둑 역사상 최강자가 될 수 있다. 현실에서 〈고스트 바둑왕〉이 되는 거야. 나하고 약속하자. 꼭 열심히 꾸준히 부족함을 채워서 세계 일인자가 되어다오. 그리고 진서는 어느 날부터 내가 어디서든 진서 바둑을 바둑 방송을 통해서 볼 수 있게 해다오. 3년 안에 본격 기전에서 우승하고 7년 안에 세계대회에서 우승해야 한다. 세계 일인자 코스다. 진서가 세계대회에서 우승하는 날 그 현장에 무슨 일이 있어도 꼭 갈게. 그때 꼭 보자."

"네, 열심히 공부해서 꼭 약속을 지키겠습니다."

"고맙다."

2020년 2월 12일 LG배에서 우승한 신진서

바둑 천재들의 베이스캠프

죽어도 여한이 없다

진서는 그렇게 내 품을 떠나갔다.

진서가 응암동에 와서 나에게 무엇을 배웠는지 표현하기는 어렵다.

아마 진서만이 알고 있으리라.

내가 진서에게 준 것보다 진서가 나에게 준 것이 훨씬 더 많다.

나는 지금도 진서의 바둑을 지켜보는 재미로 살고 있다.

진서의 승리가 곧 나의 승리이니까.

진서가 떠난 뒤로 또 오래 앓았다. 지은이와 맑은샘을 떠나보낼 때도 사지가 떨어져 나가는 듯한 통증으로 시달렸는데…….

진서는 내 가슴에 큰 구멍을 뚫어놓고 파랑새처럼 포르르 날아가 버렸다.

진서에게 모든 걸 던졌기에 진서가 떠난 뒤로 일이 없었다.

다시 건설 현장에 나가 덕트 일을 했다.

진서가 프로 입단했을 때 축하 파티를 상암동에서 했는데 나는 건설 현장을 빠져나갈 수 없어서 아내만 보냈다. 참석하고 싶은 마음은 굴뚝 같았지만.

응암동의 건배! 왼쪽부터 홍시범 감독, 필자, 신상용 씨

홍맑은샘의 아버지 홍시범 감독과 신진서의 아버지 신상용 씨, 그리고 필자는 가끔 응암동에서 만나 술잔을 기울이는 사이다.

우리는 바둑에 미친 사람들이다. 홍시범 감독과 나는 신진서를 막내아들로 생각한다. 우리는 평생 바둑계의 아웃사이더로 배회했으나 지금 신진서로 인해 인사이더가 되었노라 자부한다.

바둑 천재들의 베이스캠프

나는 신진서 9단을 2007년 12월 22일에 만났다. 그가 부산 개림초등학교 1학년일 때였다.

아버지 신상용 씨는 자신이 부산에서 직접 운영하는 수련 바둑 교실에서 진서에게 바둑을 가르쳤다. 5살 때부터 가르친 결과 2010년 전국대회 전관왕으로 만들었다.

홍시범 감독님의 소개로 응암동에서 다시 진서를 만났다.

이때가 2011년 2월이다.

진서는 초등학교 6학년 때인 2012년 7월에 프로가 되었고 2020년에 세계 랭킹 1위가 되었으며 알파고를 뛰어넘었다.

진서야, 고맙고 대견하구나. 존경받는 프로 기사가 되거라.

세상은 과거에도 나를 몰랐고, 미래에도 나를 모를 것이다.

하지만 누군가를 기다리는 나는 정경수다.

초일류가 되는 바둑 공부 방법

1. 바둑 교실, 방과 후 수업, 문화 센터 등 어디에서든 누구에게든 바둑의 기초를 배우고 한 판의 바둑을 두고 계가를 마칠 정도 실력이 되면 사활 공부를 체계적으로 해야 한다.

2. 실전대국은 최선을 다해서 두되 인공지능 프로그램으로 복기를 해보자. 무엇이 부족한지 어디서 잘못 두었는지를 정확히 보여준다(인터넷 대국을 두면 기보가 저장되어서 복기하는 데 아주 편리하다). 부족한 부분을 정확히 체크한다. 수읽기, 계산, 형세 판단, 능률, 부분 전술, 전체적인 작전에 대해서 조목조목 체크할 것.

3. 바둑 인터넷 사이트에 들어가면 수많은 대국자가 항상 기다리고 있으며 실력이 올라가면 초일류 클래스에서 세계 초일류 프로 선수들이 기다리고 있다. 본인만 열심히 공부하면 초일류가 될 수 있다.

3. 포석에서 귀 변화는 인공지능 프로그램이 아주 자세히 알려준다. 귀 변화를 숙지하는 게 중요하다.

4. 인터넷 바둑으로 1~2단 정도 둘 줄 알게 되면 본격적인 사활공부(수읽기 훈련)와 계산 공부를 해야 한다.

5. 수읽기 공부(수읽기 훈련)의 목적은 상대의 노림수를 정확하게 파악하는 것이다.

6. 계산 공부의 목적은 정확한 형세판단과 가장 큰 곳을 찾는 것이다.

7. 실전에서는 수읽기와 계산을 바탕으로 형세판단을 자주 해보고 돌의 능률을 생각하면서 작전을 짜는 훈련을 해야 한다.

사활 공부 방법

1. 사활 해결의 열쇠는 자충과 궁도이다.
2. 전체 크기, 한 수 가치를 계산하고 숨어 있는 집(형세판단에 사용)을 찾아낸다.

1992년 10월 23일부터 30년 가까이 제자들을 본격적으로 지도해온 결과 굉장히 중요한 사실을 깨달았다. 바둑은 집이 많은 사람이 이긴다는 불변의 사실이었다. 그 때문에 사활 풀이 공부로 수읽기를 강하게 만든 다음에 계산 훈련이 절대적으로 중요하다는 것이다.

수읽기와 계산이 되면 누구나 지금보다 더욱더 강해진다. 하루 공부량의 50% 이상은 반드시 수읽기와 계산공부로 채워야 한다. 바둑의 본질은 집이기 때문이다.

수읽기와 계산이 되면 형세판단이 가능해지고 돌의 능률과 효율성을 생각하면서 작전을 짤 수가 있다.

그동안 애매모호했던 사활 풀이와 계산에 대해서 자세히 설명해 보기로 한다. 실전 바둑에서 가장 까다로운 패 발생 시 패 대가의 크기에 대해서도 다루어 본다.

사활 문제 공부 방법

　사활 책 공부 순서는 입문 기초 사활을 공부한 후『기경중묘』,『현현기경』,『사활묘기』,『현람』,『관자보』,『발양론』순으로 반복해서 꾸준히 공부하는 것이 효과적이다. 이 정도만 사활 공부를 해도 초일류가 되는 데 충분하다. 가장 중요한 것은 본인의 난이도에 맞추어서 공부하는 것이다.

　사활 공부의 핵심은 정확성이다. 왜냐면 실전에서는 기회가 한 번밖에 없기 때문이다.

1. 사활 문제를 본인의 난이도에 맞게 선택한다. 한 문제를 10분 안에 풀 수 있는 난이도가 적절하다.

2. 바둑판이나 컴퓨터 화면(바둑 프로그램 사용)에 사활 문제를 만든다.

3. 혼자 힘으로 사활 문제를 풀어본다. 정답은 반드시 다른 사람이 체크해 주어야 한다.

4. 사활은 반드시 흑, 백 양쪽 편에서 생각한다.

5. '잡았을 때 몇 집 + 살았을 때 몇 집 = 전체 크기'를 계산한다.

6. 전체 크기를 A라고 했을 때 'A/2 = 한 수 가치'를 계산한다.

7. '잡았을 때 - 한 수 가치 = 숨어 있는 집'을 계산한다. 숨어 있는 집은 서로 건드리지 않을 때 사활 문제 속에 있는 집이다. 형세 판단에 사용한다.

8. 사활 관계와 연관해서 어디까지 선수가 듣는지를 생각한다.

9. 팻감이 가장 적게 나오게 잡는다.

10. 팻감이 가장 적게 나오게 산다.

11. 크기가 같을 경우는 숨어 있는 집이 작을수록 크다(숨어 있는 집을 형세판단에 사용했을 경우).

패 문제 공부 방법

1. 수읽기로 패 문제를 해결한다.

2. 패를 이기는 쪽은 패를 이겨서 얻는 집과 선수를 얻고 상대에게 패 대가를 지불한다.

3. 패 발생 상황이 종료되는 시점을 정리해 보면 패를 이길 경우와 패를 질 경우 두 가지뿐이다.

   1) 패를 이길 경우는 상대에게 패 대가를 지불하고 선수를 얻는다.

      ① 형세가 비슷할 경우

      패를 이겨 얻는 집 > 패 대가

      ② 형세가 A집만큼 불리할 경우

      패를 이겨서 얻는 집 > 패 대가 - A집

      ③ 형세가 A집만큼 유리할 경우

      패를 이겨서 얻는 집 > 패 대가 + A집

   2) 패를 질 경우는 패 대가를 얻고 후수, 상대는 패를 이겨서 얻는 집과 선수를 얻는다.

      ① 형세가 비슷할 경우

      상대가 패를 이겨서 얻는 집 < 패 대가

② 형세가 A집만큼 불리할 경우

상대가 패를 이겨서 얻는 집 < 패 대가 + A집

③ 형세가 A집만큼 유리할 경우

상대가 패를 이겨서 얻는 집 < 패 대가 - A집

처음엔 어렵지만 꾸준히 반복 훈련하면 누구나 할 수 있다.

누구나 지금보다 더 강해지리라 확신한다.

전체 크기가 같을 때는 숨어 있는 집이 작은 것부터 두어야 한다.

이해를 돕기 위해 살리기, 잡기, 패 문제를 해결해 보면서 집 크기

가 어떻게 되는지를 자세히 분석해 보자.

살리기·패·잡기
문제 풀이와 설명

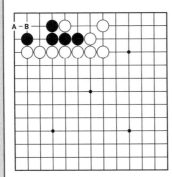

흑이 둘 차례 살리기

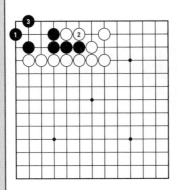

흑이 먼저 둘 경우 흑1, 3이 좋은 수로 흑이 3집
내고 산다.

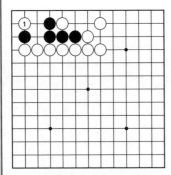

1. 백이 먼저 둘 경우 백1로 흑을 잡는다.
2. 백은 19집이 생긴다.
3. 전체 크기: 백19집 + 흑3집 = 22집
4. 한 수 가치: 22/2 = 11집
5. 숨어 있는 집: 백19집 - 한 수 가치 11집 = 백8집
6. 백8집이 숨어 있는 집이다. 숨어 있는 집은 형세판
   단 때 사용한다.

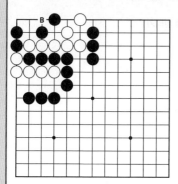

백 차례 살리기

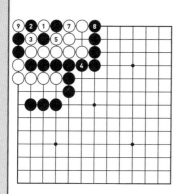

1. 백이 먼저 둘 경우 6 = 1
2. 백1이 좋은 수로 백9로 동시에 따내서 백이 산다.
3. 백이 얻은 것 = 백10집

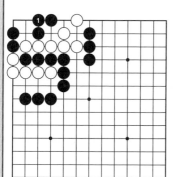

1. 흑이 먼저 둘 경우 흑1로 백을 잡는다.
2. 흑이 얻는 것: 흑34집
3. 이 문제의 전체 크기: 흑34집 + 백10집 = 44집
4. 한 수 가치: 44/2 = 22집
5. 숨어 있는 집(이곳을 서로 건드리지 않을 때)
   흑34집 - 한 수 가치 22집 = 흑12집
6. 숨어 있는 집은 형세판단 때 사용한다. 형세판단할
   때 흑12집을 인정했다면 백이 먼저 두어서 10집 내
   고 살아도 전체 형세에는 2집밖에 차이가 안 난다.
7. 전체 크기는 44집인데 실제로 이렇게 계산이 된다.
8. 이것을 계산하고 형세판단을 하면 초일류가 된다.

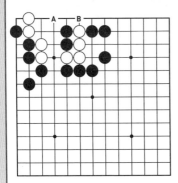

백이 둘 차례 살리기

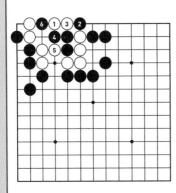

1. 백이 먼저 둘 경우 7 = 3
2. 백1로 한 간 뛰는 수가 좋은 수로 7까지 백이 산다.
3. 백이 얻은 것: 백6집

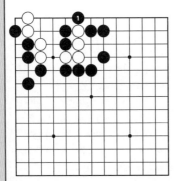

1. 흑이 먼저 둘 경우
   1) 흑1로 먼저 두면 백을 잡는다.
   2) 흑이 얻은 것: 흑28집
2. 이 문제의 전체 크기: 흑28집 + 백6집 = 34집
3. 한 수 가치: 34/2 = 17집
4. 숨어 있는 집(이곳을 서로 건드리지 않을 때)
   흑28집 - 한 수 가치 17집 = 흑11집
   흑11집이 숨어 있는 집이다. 형세판단할 때 사용한다.

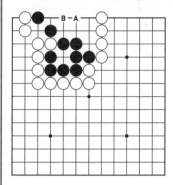

흑이 둘 차례 살리기

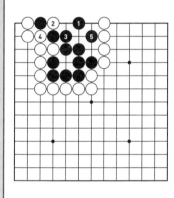

1. 흑이 먼저 둘 경우 흑1, 3, 5로 흑은 산다.
2. 흑은 1집 내고 산다.

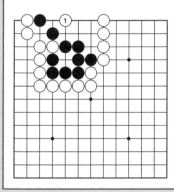

1. 백이 먼저 둘 경우
   1) 백1로 흑을 잡는다.
   2) 백은 29집이 생긴다.
2. 이 문제의 전체 크기: 백29집 + 흑1집 = 30집이다.
3. 한 수 가치: 30/2 = 15집
4. 숨어 있는 집: 백29집 - 한 수 가치 15집 = 백14집
5. 이곳을 서로 건드리지 않을 때 계산 방법
   백29집 - 한 수 가치 15집 = 백14집
   백14집이 숨어 있는 집이다. 형세판단할 때 사용한다.

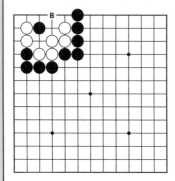

백이 둘 차례 살리기

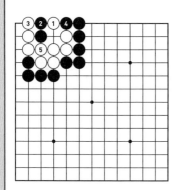

백이 먼저 둘 경우 백1, 3, 5로 백은 7집 내고 산다.

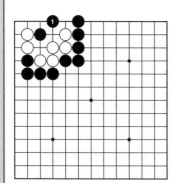

1. 흑이 먼저 둘 경우
  1) 흑1로 백을 잡는다.
  2) 흑은 23집이 난다.
2. 전체 크기: 흑23집 + 백7집 = 흑30집
3. 한 수 가치: 30/2 = 15집(매우 중요)
4. 숨어 있는 집: 흑23집 - 한 수 가치 15집 = 흑8집
5. 숨어 있는 집은 형세판단할 때 사용한다.

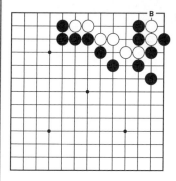

백이 둘 차례 살리기

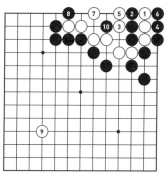

1. 흑이 먼저 둘 경우
   1) 흑10으로 두면 백을 잡는다.
   2) 흑이 얻는 것 = 흑24집
2. 전체 크기: 흑24집 + 백2집 = 26집
3. 한 수 가치: 26/2 = 13집
4. 숨어 있는 집(이곳을 서로 건드리지 않을 때)
   흑24집 - 한 수 가치 13집 = 숨어 있는 집 11집
   형세판단에 사용한다.

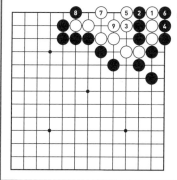

백이 먼저 둘 경우 백1 이하 백9까지 2집 내고 산다.

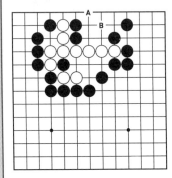

백이 둘 차례 살리기

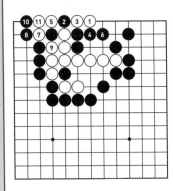

1. 백이 먼저 둘 경우 백1이 좋은 수로 이하 백11까지
   5집 내고 산다.
2. 흑2, 4, 6, 8, 10은 팻감으로 쓰면 좋다.

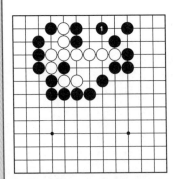

1. 흑이 먼저 둘 경우 흑1로 백을 잡으면 흑은 41집이
   난다.
2. 전체 크기: 흑41집 + 백5집 = 46집
3. 한 수 가치는 46/2 = 23집
4. 숨어 있는 집: 흑41집 - 한 수 가치 23집 = 숨어 있는
   집 18집
   흑18집은 숨어 있는 집이다. 형세판단할 때 사용한다.

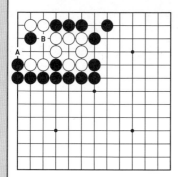

백이 둘 차례 살리기

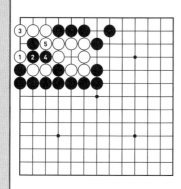

1. 백이 먼저 둘 경우 백1, 3, 5가 좋은 수로 백이 산다.
2. 백이 3집 난다.

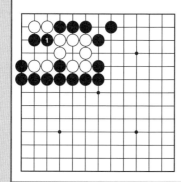

1. 흑이 먼저 둘 경우 흑1로 백을 잡으면 흑은 28집 난다.
2. 전체 크기: 흑28집 + 백3집 = 31집
3. 한 수 가치: 31/2 = 15집 반
4. 숨어 있는 집: 흑28집 - 15집 반 = 흑12집 반
   숨어 있는 집은 이곳을 서로 건드리지 않을 때 형세
   판단에 사용한다.
5. 실전에서는 한 수 가치가 큰 곳부터 두면 된다.
6. 한 수 가치를 계산하고 숨어 있는 집을 찾아내면 형
   세판단에 큰 도움이 되고 정확해진다.

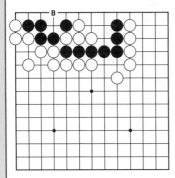

흑이 둘 차례 살리기

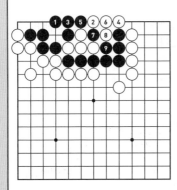

1. 흑이 먼저 둘 경우
   1) 흑1, 3, 5가 좋은 수로 자충을 이용하여 산다.
   2) 흑은 8집이 난다.

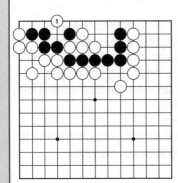

1. 백이 먼저 둘 경우
   1) 백1로 치중하여 흑을 잡는다.
   2) 백은 38집이 생긴다.
2. 전체 크기: 백38집 + 흑8집 = 46집
3. 한 수 가치: 46/2 = 23집
4. 숨어 있는 집: 백38집 - 한 수 가치 23집 = 숨은 백15집

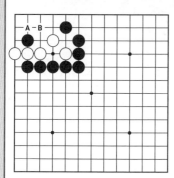

백이 둘 차례 살리기

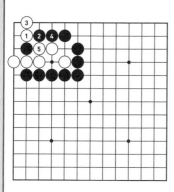

백이 먼저 둘 경우 백1로 붙이는 수가 좋은 수로 5까지 4집 나고 산다.

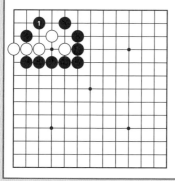

1. 흑이 먼저 둘 경우 흑1로 백을 잡고 흑은 20집을 만든다.
2. 전체 크기: 흑20집 + 백4집 = 24집
3. 한 수 가치: 24집/2 = 12집
4. 숨어 있는 집: 흑20집 - 한 수 가치 12집 = 흑8집 숨어 있는 집
   이곳을 서로 건드리지 않았을 때 숨어 있는 집은 형세판단할 때 사용한다.

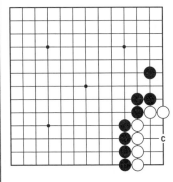

1. 흑 입장에서 이 상태에서 자세히 살펴본다.
2. 실전에서는 바둑판 위에서 실제로 생기는 집이 중요하다.
3. 패를 이기는가, 지는가는 팻감의 개수가 중요한 게 아니고 패 대가의 기준에 맞는 크기의 팻감 개수가 중요하다.
4. 패 발생 시 패 대가의 기준은
   1) 내가 패를 이길 경우
      상대가 얻어가는 패 대가는 '내가 이겨서 생기는 집 + 형세'이다. 불리하면 형세만큼 빼주고, 유리하면 형세만큼 더해준다
   2) 내가 패를 질 경우
      내가 얻어야 할 패 대가의 기준은 '상대가 패를 이겨서 생기는 집 + 형세'이다. 불리하면 형세만큼 더해주고, 유리하면 형세만큼 빼준다.

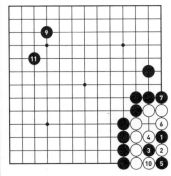

1. 8 = 2
2. 흑1로 치중해서 패를 만든다.
3. 흑이 패를 질 때
   1) 백이 얻는 것 = 백7집 + 선수
   2) 흑이 얻는 것 = 패 대가 흑9, 11
4. 흑 입장에서 보면
   1) 형세가 비슷할 때
      패 대가 > 7집
   2) 형세가 A집만큼 불리할 때
      패 대가 > 7집 + A집
   3) 형세가 A집만큼 유리할 때
      패 대가 > 7집 - A집

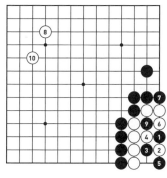

1. 흑이 패를 이길 때
2. 흑7로 패를 만들면 흑은 패를 반드시 이겨야 한다.
3. 흑이 패를 질 경우 흑7이 이상한 수가 된다.
   1) 흑이 얻는 것 = 흑19집 + 선수
   2) 백이 얻는 것 = 백8, 10 패 대가
4. 흑 입장에서 보면
   1) 형세가 비슷할 때
      패 대가 < 19집
   2) 형세가 A집만큼 불리할 때
      패 대가 < 19집 - A집
   3) 형세가 A집만큼 유리할 때
      패 대가 < 19집 + A집

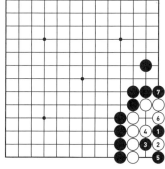

1. 한 수 가치 계산하기
   1) 흑7의 가치를 계산해보면
      흑이 2수 들여 패를 이기면 흑19집
      백이 2수 들여 패를 이기면 백7집
2. 전체 크기는 흑19 + 백7집 = 26집
3. 한 수 가치는 26/4 = 6집 반
4. 흑7로 패를 만든 장면에서 형세판단하는 방법
   1) 흑은 1수로 흑19집을 만들 수 있다.
   2) 백은 2수를 들여 백7집을 만들 수 있다.
   3) 총 3수가 개입이 된다.
5. 전체 크기: 흑19집 + 백7집 = 26집
6. 한 수 가치: 26/3 = 약 9집 반
7. 숨어 있는 집: 흑 19집 - 한 수 가치 9집 = 흑 10집

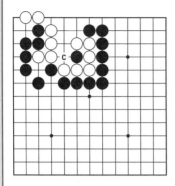

백이 둘 차례 패

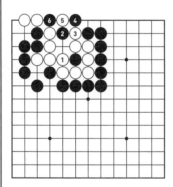

1. 백선패
2. 백1로 두어 흑6까지 패가 난다.

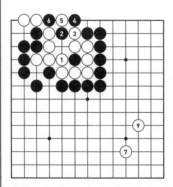

1. 8 = 5
2. 흑 입장에서 생각할 것
3. 흑6으로 때린 상태에서 백이 팻감을 써야 되는
   장면
4. 각자 생기는 집
   1) 흑이 1수 두어서 얻는 집 = 흑37집
   2) 백이 2수 두어서 얻는 집 = 백5집
5. 전체 크기 계산 방법
   흑37집 + 백5집 = 42집

6. 한 수 가치 계산 방법

　42집에 3수가 관여되니까 42/3 = 14집이 한 수 가치

7. 숨어 있는 집 계산 방법(반드시 형세판단에 사용할 것)

　흑37집 - 한 수 가치 14집 = 숨은 집 흑23집

8. 흑8로

　1) 흑이 얻는 것 = 흑37집(한 수 가치 14집 + 숨은 집

　　23집) + 흑선수

　2) 백이 얻는 것 = 백7, 9 패 대가

9. 패 대가의 기준은 37집이다.

10. 흑이 패를 이길 경우 실전이라면 형세에 따라 패 대가

　의 크기가 달라진다.

11. 흑 입장에서

　1) 형세가 비슷할 경우 : 패 대가 < 37집

　2) 형세가 A집만큼 불리할 경우, 패 대가가 A집만큼 작

　　아진다.

　　패 대가 < 37집 - A집

　3) 형세가 A집만큼 유리할 경우, 패 대가가 A집만큼 커

　　진다.

　　패 대가 < 37집 + A집

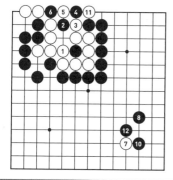

1. 9 = 5

2. 백9로 때린 상태에서 흑은 팻감을 써야 한다.

3. 팻감의 크기가 중요하다.

4. 흑이 패를 질 경우(팻감은 예를 든 것이다)

　1) 흑이 얻은 것 = 흑10, 12 패 대가

　2) 백이 얻은 것 = 백5집 + 선수

5. 흑 입장에서 보면

　1) 형세가 비슷할 경우 : 패 대가 > 5집

　2) 형세가 A집만큼 불리할 경우 : 패 대가 > 5집 + A집

　3) 형세가 유리할 경우 : 패 대가 > 5집 - A집

6. 실전 대국에서는 형세에 따라 패 대가의 크기가 달라진다.

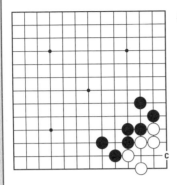

흑이 둘 차례 패 문제

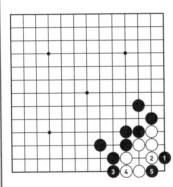

1. 흑1로 치중하여 흑5까지 패가 된다.
2. 흑이 생각해야 할 것
   1) 수읽기를 정확하게 해야 한다.
   2) 패를 만들면 성공이다.

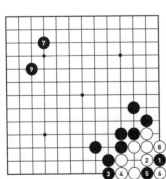

1. 흑이 패를 질 경우(백이 패를 이길 경우)
   1) 흑이 팻감을 써야 되는 장면에서 계산을 정확하게 해
      야 한다.
   2) 백6을 때린 장면에서 계산.
2. 백이 8로 때리면 백은 1수에 4집이 난다.
   흑은 2번 두어서 17집이 난다.
3. 전체 크기: 흑17집 + 백4집 = 21집
4. 한 수 가치: 백은 1수, 흑은 2수
   21/3 = 7집이 한 수 가치

5. 숨어 있는 집을 찾는다(형세판단에 반드시 사용).

　　흑17집 - 흑이 두 번 두어서 흑14집 = 흑3집(숨어 있는 집)

6. 백8로 때리는 가치가 7집이다.

　　백4집 + 흑의 숨어 있는 3집을 없앤다.

7. 흑이 패 대가로 얻을 것

　　1) 형세가 비슷할 경우: 패 대가 ＞ 4집

　　2) 형세가 A집만큼 불리할 경우: 패 대가 ＞ 4집 + A집

　　3) 형세가 A집만큼 유리할 경우: 패 대가 ＞ 4집 - A집

8. 실전 대국에서는 형세에 따라 패 대가의 크기가 변한다.

9. 흑이 패를 질 경우

　　1) 흑이 얻는 것 = 패 대가(형세에 따라 달라진다)

　　2) 백이 얻는 것 = 4집 + 선수

1. 백이 팻감을 써야 되는 장면에서 계산을 정확하게 한다.

2. 흑5 때 계산한다.

3. 흑은 1번 두어서 16집이 난다.

4. 백은 2번 두어서 5집이 난다.

5. 전체 크기: 흑16집 + 백5집 = 21집

6. 한 수의 가치: 21/3 = 7집이다.

7. 숨어 있는 집을 찾는다(형세판단에 반드시 사용).

　　흑16집-한 수 가치 7집 = 흑9집(숨어 있는 집)

8. 흑7의 가치는 7집이다.

9. 흑이 패를 이길 경우

　　1) 흑이 얻는 것 = 16집 + 선수

　　2) 백이 얻는 것 = 패 대가(형세에 따라 크기가 달라진다)

　　　　패가 진행돼서 바꿔치기가 이루어지면 생기는

　　　　집으로 패 대가를 정하는 게 편하다.

10. 흑 입장에서 백의 패 대가의 기준은 16집이다.

　　1) 형세가 비슷할 경우 : 패 대가 ＜ 16집

　　2) 형세가 A집만큼 불리할 경우 : 패 대가 ＜ 16집 - A집

　　3) 형세가 A집만큼 유리할 경우 : 패 대가 ＜ 16집 + A집

11. 실전에서는 형세에 따라 패 대가의 크기가 달라진다.

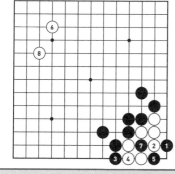

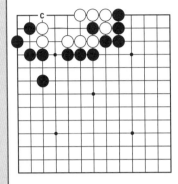

흑이 둘 차례

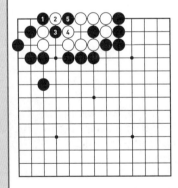

흑1, 3, 5로 흑선패가 된다.

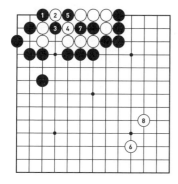

1. 흑이 패를 이길 경우
   1) 흑이 얻는 것: 흑29집 + 선수
   2) 백이 얻는 것: 백6, 8 패 대가
3. 전체 크기: 흑29집 + 백6집 = 35집
4. 한 수 가치: 35/3 = 약 12집
5. 숨어 있는 집: 17집 = 흑29집 - 한 수 가치 12집
6. 흑 입장에서 패 대가의 기준은 29집
   1) 형세가 비슷할 때
      백의 패 대가 < 흑29집
   2) 형세가 A만큼 불리할 때
      백의 패 대가 < 흑29집 -A
   3) 형세가 A만큼 유리할 때
      백의 패 대가 < 흑29집 + A
7. 형세에 따라서 패 대가의 크기가 달라진다.
8. 3가지 경우만 따지면 된다.

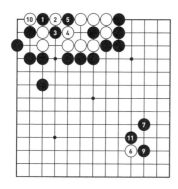

1. 8 = 2
2. 흑이 패를 질 경우
   1) 흑이 얻는 것 = 흑9, 11 패 대가
   2) 백이 얻는 것 = 백6집 + 선수
3. 흑 입장에서
   1) 형세가 비슷할 경우
      흑의 패 대가 > 백6집
   2) 형세가 A만큼 불리할 경우
      흑의 패 대가 > 백6집 + A
   3) 형세가 A만큼 유리할 경우
      흑의 패 대가 > 백6집 - A
4. 형세에 따라서 패 대가의 크기가 달라진다.
5. 3가지 경우만 따지면 된다.

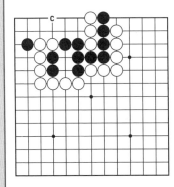

백이 둘 차례

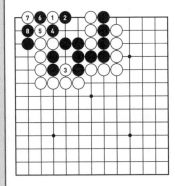

1. 9 = 1
2. 백1이 좋은 수로 백9로 패를 만든다.

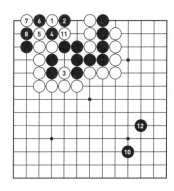

1. 9 = 1
2. 흑이 패를 질 경우
   1) 흑이 얻는 것 = 10, 12 패 대가
   2) 백이 얻는 것 = 백40집
3. 패 대가의 기준
   1) 형세가 비슷할 경우
     패 대가 > 40집
   2) 형세가 A집만큼 불리할 경우
     패 대가 > 40집 + A집
   3) 형세가 A집만큼 유리할 경우
     패 대가 > 40집 - A집
4. 형세에 따라 패 대가의 크기가 달라진다.

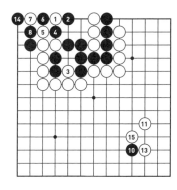

1. 9 = 1 12 = 6
2. 흑이 패를 이길 경우
   1) 흑이 얻는 것 = 흑14집
   2) 백이 얻는 것 = 백13, 15 패 대가
     실전이라면 중요한 것은 패 대가의 크기이다.
3. 흑 입장에서
   1) 형세가 비슷할 경우 : 패 대가 < 14집
   2) 형세가 A집만큼 불리할 경우 : 패 대가 < 14집 + A집
   3) 형세가 유리할 경우 : 패 대가 < 14집 - A집
4. 형세에 따라 패 대가의 크기가 달라진다.
5. 3가지 경우만 따지면 된다.
6. 남아 있는 잔끝내기는 끝내기 때 계산해서 해야 한다.

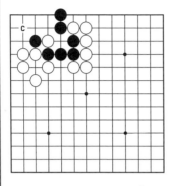

흑이 둘 차례

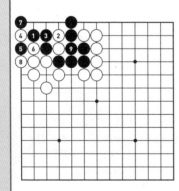

1. 흑1 이하 9까지 패를 만들 수 있다.
2. 흑9는 패를 꼭 이기겠다는 의지의 한 수
3. 흑9는 패를 지면 손해수

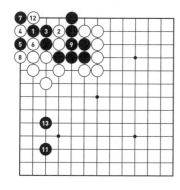

1. 10 = 4
2. 흑이 패를 질 경우
   1) 흑이 얻는 것 = 흑11, 13 패 대가
   2) 백이 얻는 것 = 26집 + 선수
3. 흑 입장에서 패 대가의 기준은 26집
   1) 형세가 비슷할 경우
     패 대가 > 26집
   2) 형세가 A집만큼 불리할 경우
     패 대가 > 26집 + A집
   3) 형세가 A집만큼 유리할 경우
     패 대가 > 26집 - A집
4. 형세에 따라 패 대가의 크기가 달라진다.

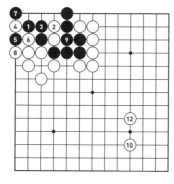

1. 11 = 4
2. 흑이 패를 이길 경우
   1) 흑이 얻은 것 = 흑7집 + 선수
   2) 백이 얻은 것 = 백14, 16 패 대가
3. 흑 입장에서
   1) 형세가 비슷할 경우 : 패 대가 < 7집
   2) 형세가 A집만큼 불리할 경우
     패 대가 < 7집 - A집
   3) 형세가 A집만큼 유리할 경우
     패 대가 < 7집 + A집
4. 형세에 따라 패 대가의 크기가 달라진다.
5. 실전에서는 팻감의 개수가 중요하다.
6. 흑9로 단패를 만들 경우 흑은 반드시 패를 이겨야 한다.
7. 패를 질 경우 흑9가 대손해이다.

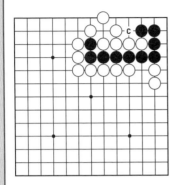

흑이 둘 차례

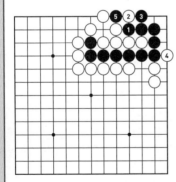

흑1이 좋은 수로 흑5로 따내는 패가 난다.

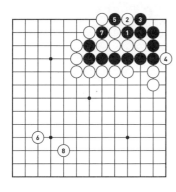

1. 흑이 패를 이길 경우
  1) 흑이 얻는 것 = 흑15집 + 선수
  2) 백이 얻는 것 = 백6, 8 패 대가
     실전이라면 패 대가의 크기가 중요하다.
2. 흑 입장에서
  1) 형세가 비슷할 경우
     패 대가 < 15집
  2) 형세가 A집만큼 불리할 경우
     패 대가 < 15집 - A집
  3) 형세가 A집만큼 유리할 경우
     패 대가 < 15집 + A집

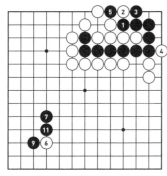

1. 8 = 2 10 = 5
2. 흑이 패를 질 경우
  1) 흑이 얻은 것 = 흑9, 11 패 대가
  2) 백이 얻은 것 = 백30집 + 선수
3. 흑 입장에서
  1) 형세가 비슷할 경우
     패 대가 > 30집
  2) 형세가 A집만큼 불리할 경우
     패 대가 > 30집 + A집
  3) 형세가 A집만큼 유리할 경우
     패 대가 > 30집 - A집
4. 실전대국에서는 형세에 따라 패 대가의 크기가 달라진다.

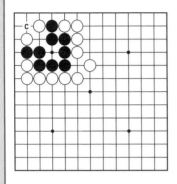

흑이 둘 차례

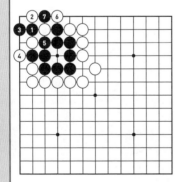

흑1로 집는 수가 좋은 수로 흑7까지 패가 된다.

바둑 천재들의 베이스캠프

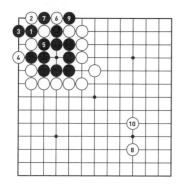

1. 흑이 패를 이길 경우
   1) 흑이 얻는 것 = 흑9집 + 흑선수
   2) 백이 얻는 것 = 백8, 10 패 대가
2. 흑 입장에서
   1) 형세가 비슷할 경우
      패 대가 < 9집
   2) 형세가 A집만큼 불리할 경우
      패 대가 < 9집 - A집
   3) 형세가 A집만큼 유리한 경우
      패 대가 < 9집 + A집
3. 실전에서는 형세에 따라 패 대가의 크기가 달라진다.

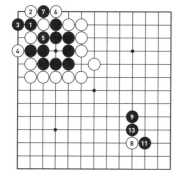

1. 10 = 7 아래, 12 = 7
2. 흑이 패를 질 경우
   1) 흑이 얻는 것 = 패 대가 흑11,13
   2) 백이 얻는 것 = 백29집 + 백선수
3. 흑 입장에서
   1) 형세가 비슷할 경우 : 패 대가 > 29집
   2) 형세가 A집만큼 불리할 경우
      패 대가 > 29집 + A집
   3) 형세가 A집만큼 유리할 경우
      패 대가 > 29집 - A집
4. 실전에서는 형세에 따라 패 대가의 크기가 달라진다.
5. 실전에서는 팻감의 크기와 개수가 중요하다.
6. 한 수 가치는 패는 흑, 백3수가 개입된다.
7. 백29집 + 흑9집 = 38집
8. 38집/3 = 약 13집

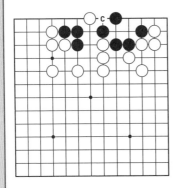

백이 둘 차례

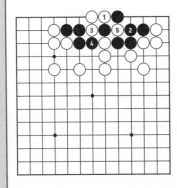

백1이 좋은 수로 백5까지 패가 된다.

바둑 천재들의 베이스캠프

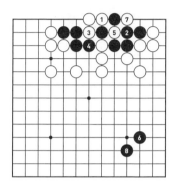

1. 흑이 패를 질 경우
   1) 백이 얻는 것 = 백25집 + 선수
   2) 흑이 얻는 것 = 흑6, 8 패 대가
2. 흑 입장에서
   1) 형세가 비슷할 경우
      패 대가 > 25집
   2) 형세가 A집만큼 불리할 경우
      패 대가 > 25집 + A집
   3) 형세가 A집만큼 유리할 경우
      패 대가 > 25집 - A집
3. 실전에서는 형세에 따라서 패 대가의 크기가 달라진다.

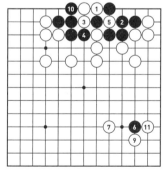

1. 8 = 1 아래
2. 흑이 패를 이길 경우
   1) 흑이 얻은 것 = 흑8집 + 선수
   2) 백이 얻은 것 = 백9, 11 패 대가
3. 흑 입장에서
   1) 형세가 비슷할 경우
      패 대가 < 8집
   2) 형세가 A집만큼 불리할 경우
      패 대가 < 8집 - A집
   3) 형세가 A집만큼 유리할 경우
      패 대가 < 8집 + A집
4. 실전에서는 형세에 따라 패 대가의 크기가 달라진다.

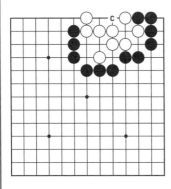

흑이 둘 차례

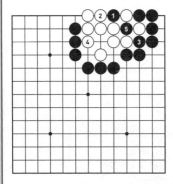

흑1로 먹여치는 수가 좋은 수로 흑5까지 패가 된다.

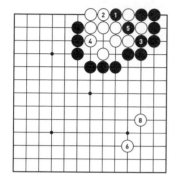

1. 7 = 3위
2. 흑이 패를 이길 경우
   1) 흑이 얻은 것 = 흑24집 + 선수
   2) 백이 얻은 것 = 백6, 8의 패 대가
3. 흑이 허용해야 하는 패 대가는? 흑 입장에서 작아야 좋다.
   1) 형세가 비슷할 경우
      패 대가 < 24집
   2) 형세가 A집만큼 불리할 경우
      패 대가 < 24집 - A집
   3) 형세가 A집만큼 유리할 경우
      패 대가 < 24집 + A집
4. 실전에서는 형세에 따라 패 대가의 크기가 달라진다.

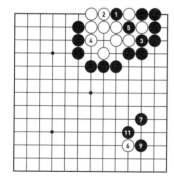

1. 8 = 3위 10 = 5
2. 흑이 패를 질 경우
   1) 흑이 얻은 것 = 흑9, 11의 패 대가
   2) 백이 얻은 것 = 백4집 + 선수
3. 흑 입장에서 패 대가는 커야 한다.
   1) 형세가 비슷할 경우
      패 대가 > 4집
   2) 형세가 A집만큼 불리할 경우
      패 대가 > 4집 + A집
   3) 형세가 A집만큼 유리할 경우
      패 대가 > 4집 - A집
4. 실전에서는 형세에 따라 패 대가의 크기가 달라진다.

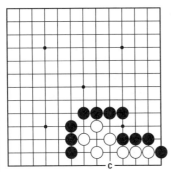

흑이 둘 차례

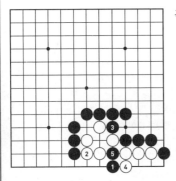

흑1, 3, 5가 좋은 수로 패를 만들어낸다.

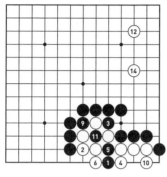

1. 7 = 5 / 8 = 1 / 13 = 11위
2. 흑1 이하 흑11까지 흑선패가 된다.
3. 흑이 패를 이길 경우 패싸움 과정에서 백이 흑사석 3개
   취한다.
4. 흑이 얻는 것 = 흑25집 + 선수
5. 백이 얻는 것 백12, 14 패 대가
   1) 형세가 비슷할 때
      패 대가 < 25집
   2) 형세가 A집만큼 불리할 때
      패 대가 < 25집 - A집
   3) 형세가 유리할 때
      패 대가 < 25집 + A집

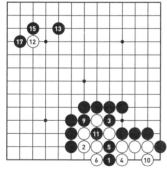

1. 7 = 5 / 8 = 1 / 14 = 11위 / 16 = 11
2. 흑이 패를 질 경우
   1) 흑이 얻는 것 = 흑15, 17 패 대가
   2) 백이 얻는 것 = 백5집 + 선수
3. 흑의 패 대가의 기준은 5집이다.
   1) 형세가 비슷할 때
      패 대가 > 5집
   2) 형세가 A집만큼 불리할 때
      패 대가 > 5집 + A집
   3) 형세가 유리할 때
      패 대가 > 5집 - A집

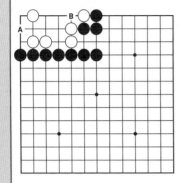

1. 흑이 둘 차례 백 잡기
2. 흑이 생각해야 할 것
   1) 수읽기를 정확하게 해야 한다.
   2) 흑이 두면 백을 잡고 흑21집을 만든다.
3. 백이 두면 백4집을 내고 산다.
4. 전체 크기를 계산한다.
   흑21집 + 백4집 = 합25집
5. 한 수 가치를 계산한다. 흑1수, 백1수 해서 2수가 들어간다.
   25집/2 = 12집 반
6. 숨어 있는 집을 찾는다(형세판단할 때 반드시 사용).
   흑21집 - 한 수 가치 12집 반 = 흑8집 반
7. 흑이 두면 실제로 바둑판 위에 생기는 집
   한 수 가치 12집 반
8. 백이 두면 실제로 바둑판 위에 생기는 집
   숨어 있는 흑8집 반 - 백4집 = 흑4집 반
9. 이곳을 두는 것은 한 수 가치 12집 반이 제일 클 때
10. 잡을 때 팻감 적게 나오게 할 것.
11. 살 때도 팻감 적게 나오게 할 것.
12. 수읽기도 중요하지만 계산도 매우 중요하다.
13. 결국 집 많은 사람이 이긴다.
14. 바둑은 한 수 가치가 가장 큰 곳을 정확하게 찾는 사람이 이긴다.
15. 처음에는 어렵지만 공부하면 쉬워진다.
16. 전체 크기, 한 수 가치, 숨어 있는 집을 찾아야 한다.
17. 이렇게 공부하면 초일류가 될 수 있다.
18. 초일류가 되려면 남들보다 계산이 정확해야 한다.
19. 모든 바둑인이 더 강해지기를 바란다.

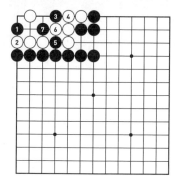

1. 흑이 먼저 둘 경우 흑1, 3, 5로 백을 잡는다.
2. 전체 크기
    1) 흑21 + 백4집 = 25집
    2) 흑, 백1수씩 2수가 들어가니까 한 수 가치는 12집 반
    3) 이곳을 서로 건드리지 않을 때 계산법(형세판단 때 사용)
        흑21집 - 한 수 가치12집 반 = 흑8집 반
        흑8집 반이 숨어 있는 집으로 인정한다.
        흑은 실제로 얻은 것은 한 수 가치 12집 반 집이다.
        숨어 있는 흑8집 반 집 + 흑12집 반 집 = 흑21집
3. 모든 사활은 흑, 백 한 수 가치만큼만 집이 늘어난다.
   패도 마찬가지이다. 숨어 있는 집들이 변하는 것이다.
   끝내기 때는 당연히 한 수 가치가 큰 곳부터 둔다.

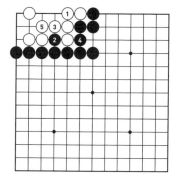

1. 백이 먼저 둘 경우 백이 두면 1, 3, 5로 산다.
2. 백이 얻은 것 = 흑8집 반 - 백4집 = 흑4집 반
3. 백이 살아도 흑이 4집 반이 많다.

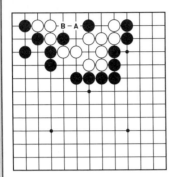

흑이 둘 차례 백 잡기

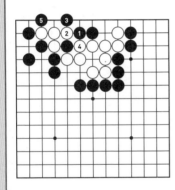

1. 흑이 먼저 둘 경우
   1) 흑1, 3, 5가 좋은 수로 백을 잡는다
   2) 흑은 백을 잡고 36집을 만든다.

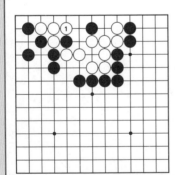

1. 백이 먼저 둘 경우 백1로 두면 백13집을 내고 산다.
2. 흑이 두면 흑36집을 만든다.
3. 전체 크기: 백13집 + 흑36집 = 49집
4. 한 수 가치: 전체 크기 49집/2 = 24집 반
   실전에서는 한 수 가치가 큰 곳을 둔다.
5. 숨어 있는 집: 흑11집 반 = 흑36집 - 한 수 가치 24집 반
   숨어 있는 집은 이곳을 서로 건드리지 않을 때 형세
   판단할 때 사용한다.

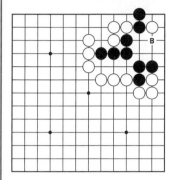

백이 둘 차례 최선은?

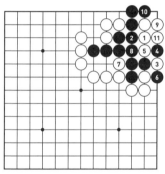

1. 백이 먼저 둘 경우 백1, 3, 5가 좋은 수로 백11까지 오궁도화로 흑을 잡는다.
2. 오궁도화는 8수이다(수상전관계).
3. 백이 얻는 것 = 백35집

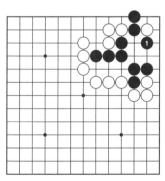

1. 흑이 먼저 둘 경우 흑1로 두면 흑은 10집 내고 산다.
2. 전체 크기: 백35집 + 흑10집 = 45집
3. 한 수 가치: 45/2 = 22집과 1/2집
4. 이곳을 서로 건드리지 않을 때 숨어 있는 집(형세판단에 사용)
   백35집 - 한 수의 가치 22집 반집 = 백12와1/2집
5. 흑1의 가치: 22집 반 = 숨어 있는 백12와 1/2집 + 흑10집
6. 숨어 있는 집: 백12와 1/2집 + 흑10집
7. 실전에서는 흑1로 살아도 백이 2집 반 유리하다. 백이 흑을 잡으면 백22집 반 유리하다. 백35집 - 흑10집 = 백25집 차이와 같다.

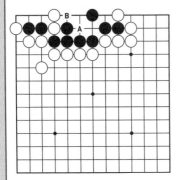

백이 둘 차례 최선은?

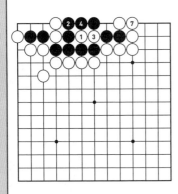

백이 먼저 둘 경우
1. 5 = 3, 6 = 1
2. 백1, 3, 5, 7로 흑을 잡는다
3. 백이 얻는 것 = 백29집

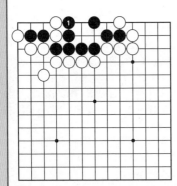

1. 흑이 먼저 둘 경우 흑이 흑1로 두면 7집 나고 산다.
2. 이 문제의 전체 크기: 백29집 + 흑7집 = 36집
3. 한 수 가치: 36/2 = 18집
4. 이곳을 서로 건드리지 않을 때 숨어 있는 집(형세판
   단할 때 사용): 백29집 - 한 수 가치 18집 = 11집

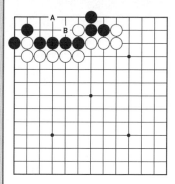

백이 둘 차례 최선은?

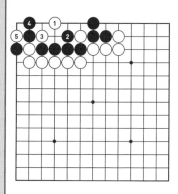

1. 백이 먼저 둘 경우 백1, 3, 5로 좋은 수로 상대의 자충을 이용해 흑을 잡는다.
2. 백이 얻는 것 = 백28집

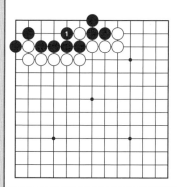

1. 흑이 먼저 둘 경우 흑1로 살면 흑은 7집이 생긴다.
2. 전체 크기: 백28집 + 흑7집 = 35집
3. 한 수 가치: 35/2 = 17집 반
4. 숨어 있는 집: 백10집 반 = 백28집 - 한 수 가치 17집 반
5. 숨어 있는 집에 대한 자세한 설명 추가
   1) 이곳을 서로 건드리지 않을 때 계산 방법
     백28집 - 한 수 가치17집 반 = 백10집 반
     백10집 반이 숨어 있는 집
   2) 숨어 있는 집은 형세판단에 사용

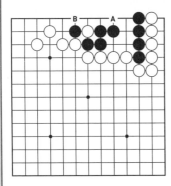

백이 둘 차례

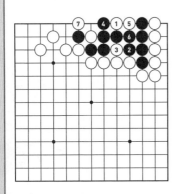

1. 백이 먼저 둘 경우 백1로 붙이는 수가 좋은 수로 백7
   까지 흑을 잡는다.
2. 백이 얻는 것 = 백27집

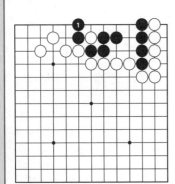

1. 흑이 먼저 둘 경우 흑1로 두면 5집 내고 산다.
2. 전체 크기: 백27집 + 흑5집 = 32집
3. 한 수 가치: 32/2 = 16집
4. 숨어 있는 집: 백27집 - 한 수 가치 16집 = 숨어 있는
   집 11집(형세판단 때 사용)

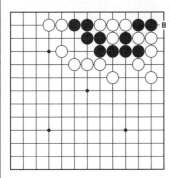

백이 둘 차례 최선은?

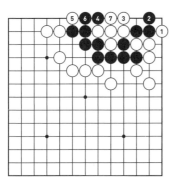

1. 백이 먼저 둘 경우 백1로 젖히고 백3으로 꼬부리는 수가 좋은 수이다.
2. 결국 매화육궁으로 흑을 잡는다.
3. 백이 얻은 것 = 백35집
4. 수상전 요령
   1) 매화6궁은 12수이다
   2) 5궁도화는 8수이다.
   3) 4궁은 5수이다.
   4) 3궁은 3수이다.

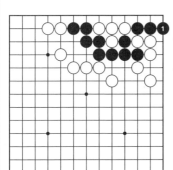

1. 흑이 먼저 둘 경우 흑1로 두면 흑11집 내고 산다.
2. 이 문제의 전체 크기: 백35집 + 흑11집 = 46집
3. 한 수 가치: 46/2 = 23집
4. 숨어 있는 집: 백35집 - 한 수 가치 23집 = 백12집 숨어 있는 집

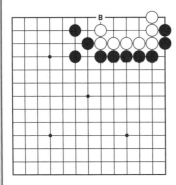

흑이 둘 차례 최선은?

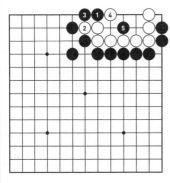

흑이 먼저 둘 경우
1. 흑1, 3, 5로 백을 잡는다.
2. 흑은 25집이 생긴다.

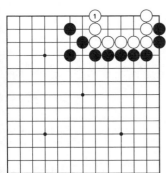

1. 백이 먼저 둘 경우 백이 두면 백1로 6집을 내고 산다.
2. 전체 크기: 흑25집 + 백6집 = 31집
3. 한 수 가치: 31/2 = 15집 반
4. 숨어 있는 집: 흑25집 - 한 수 가치 15집 반 = 흑9집 반
5. 이곳을 서로 건드리지 않을 때 숨어 있는 집: 흑25집
   - 한 수 가치 15집 반 = 흑9집 반
   흑9집 반 집이 있는 것으로 인정하고 형세판단을 해
   야 한다.

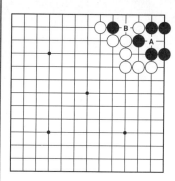

백이 둘 차례 최선은?

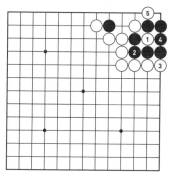

백이 먼저 둘 경우

1. 백1, 3, 5로 자충을 이용해서 흑을 잡는다.
2. 백이 얻는 것 = 백21집

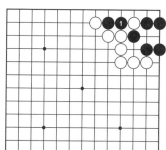

1. 흑이 먼저 둘 경우 흑이 1로 살면 흑은 6집이 생긴다.
2. 전체 크기: 백21집 + 흑6집 = 27집
3. 한 수 가치: 27/2 = 13집 반
4. 숨어 있는 집: 백21집 - 한 수 가치 13집 = 백8집
5. 이곳을 서로 건드리지 않을 때 숨어 있는 집(형세판
   단에 사용): 백21집 - 한 수 가치 13집 = 백8집

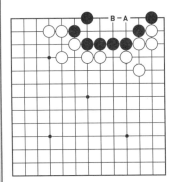

백이 둘 차례

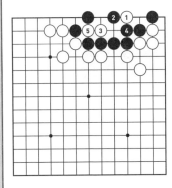

1. 백이 먼저 둘 경우
2. 백1, 3으로 치중하는 수가 좋은 수로 자충을 이용하여 흑을 잡는다.
3. 백이 얻는 것 = 27집

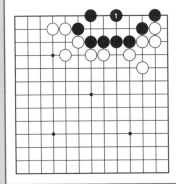

1. 흑이 먼저 둘 경우 흑1로 흑이 6집 내고 산다.
2. 이 문제의 전체 크기: 백27집 + 흑6집 = 33집
3. 한 수의 가치: 33집/2 = 16집 반
4. 이곳을 서로 건드리지 않을 때 숨어 있는 집은 형세 판단 때 사용한다.
   1) 백27집 - 한 수 가치 16집 반 = 백10집 반(숨어 있는 집)
   2) 숨어 있는 백집이 10집 반 > 흑이 살 때 생기는 집 흑 6집
   3) 숨어 있는 백집이 흑이 살 때 생기는 집보다 크기 때문에 이곳을 흑에게 빼앗겨도 백이 4집 반 유리하다.

정경수 바둑 베이스캠프 기보 모음

고수들의 실전 기보

박지은

백 윤광선

흑 박지은 3점

- 1993년 4월 28일
- 복사골 바둑 교실
- 단판 치수 고치기
- 총보 1~161수 끝 백 불계승
- 108=104
- 바둑 감상: 첫 제자, 첫 기보. 둘이 열심히 둔 바둑이다.

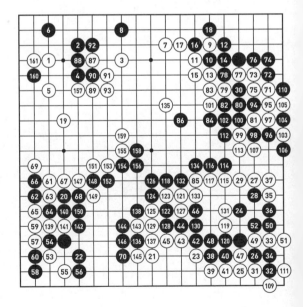

바둑 천재들의 베이스캠프

백 오다케 히데오(大竹英雄) 9단

흑 서봉수 9단 덤 8점

- 제2회 응씨배 결승 5국
- 1993년 5월 20일
- 싱가포르 마리나만다린호텔
- 총보 1~219수 끝 흑 불계승
- 88=59
  103=66
  136, 158=96
  139, 160=105
  175, 187, 205, 213=27
  180, 190, 210, 217=172
  200=173
- 바둑 감상: 순국산파 응씨배 첫 우승

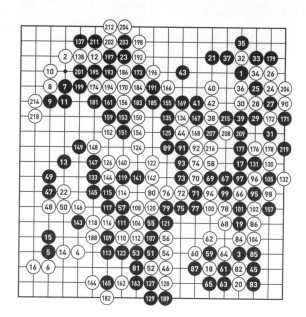

백 유창혁 6단(왕위)

흑 조훈현 9단(도전자)

- 제27기 왕위전도전 5국
- 1993년 5월 25일
- 한국기원(관철동) 특별대국실
- 각 5시간, 덤 5집 반
- 총보 1~260수 끝 백 반 집 승
- 170=164
  217=34
  229=76
  253=167
  257=164

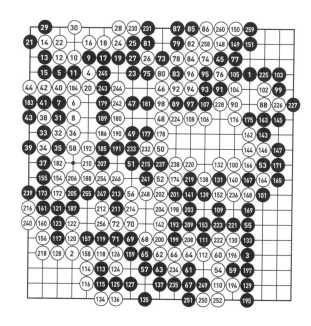

윤광선

 박지은

- 단판 치수 고치기
- 1993년 9월 8일
- 복사골 바둑 교실
- 총보 1~195수 끝 백 불계승
- 166=161

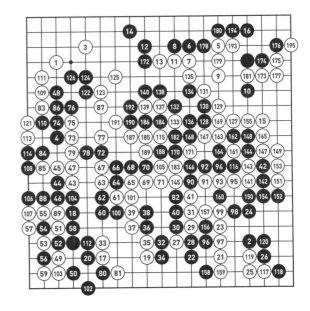

박지은의 약점	박지은의 강점
1. 사활이 약하다.	1. 바둑을 좋아한다.
2. 계산이 안 된다.	2. 열심히 둔다.
3. 형세판단이 안 된다.	3. 승부욕이 강하고 근성이 보인다.
4. 능률은 조금 생각한다.	4. 싸움을 피하지 않는다.
5. 작전이 일관성이 없다.	

공부 방법

1. 사활 공부에 집중할 것. 『기경중묘』 풀어볼 것.
2. 하루 공부량의 80%는 사활, 20%는 대국.

백 박지은

흑 권효진 덤 5집 반

- 롯데호텔 토파즈룸 소공동
- 1994년 5월 7일
- 총보 1~76수 이하 줄임 흑 불계승
- 지은이가 바둑 한 지 1년 1개월 7일

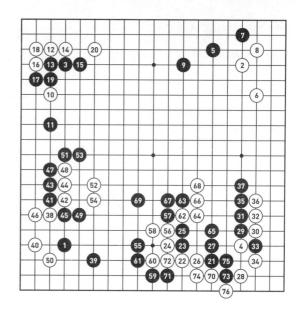

박지은의 약점	박지은의 강점
1. 불리한 곳에서 무리하게 싸운다. 백66으로 움직인 것 2. 상대가 강한 곳에서 싸우면 불리한 것을 잘 모른다. 3. 부분 접전에서 행마가 엉성하다. 4. 귀 변화에서 대응이 부족하다.	1. 포석이 발전했다. 2. 시합 바둑인데 씩씩하게 소신껏 열심히 둔다. 3. 상대를 신경 안 쓰고 자기 바둑을 둔다(가장 맘에 든다).

공부 방법

1. 좌하귀 변화 공부가 필요하다
2. 초일류 기보를 보면서 행마를 자세히 보도록 한다.
3. 대국 시 전체를 자세히 살피고 싸울 건지 고민하도록 한다.
4. 사활은 꾸준히 풀 것(하루 공부량 70%, 『기경중묘』, 『현현기경』)

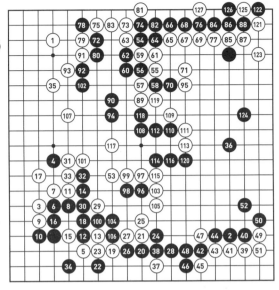

백 차수권 3단(현 8단)

흑 박지은(바둑 배운 지 1년 2개월 10일)

- 2점 지도대국
- 1994년 6월 11일 오후 3시경 시작
- 일산 차수권 바둑 교실
- 프로 사범님과 첫 대국
- 127수 끝 백 불계승

박지은의 바둑 분석

1. 포석(1~54)
   1) 좌하귀 변화
   2) 대세점을 놓친다.
   3) 급한 곳을 놓친다(사활 관계).
2. 중반전(55~127)
   1) 상변 전투에서 망했다. 역전당했다.
   2) 상대가 강하니까 수읽기에서 확실히 밀린다.
   3) 시야가 좁다. 전체를 살펴야 한다.

공부 방법

1. 사활 공부에 집중해서 수읽기를 더 강하게 해야 한다. 공부량의 70%를 할애한다.
2. 실전 대국에서 접근전 때 집중이 요구된다.
3. 초일류 기보를 감상하면서 시야를 넓혀야 한다.
4. 중요한 것은 부족함을 채워서 바둑이 발전해야 한다는 것이다.
5. 바둑은 유불리를 떠나 결국 부족한 사람이 진다.

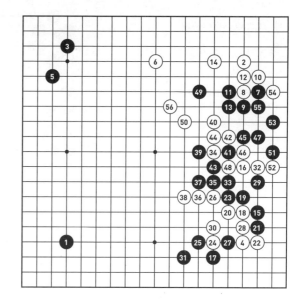

백 박지은(55분 사용)

흑 김선희(1시간 사용)

- 제6회 여류입단대회
- 1994년 11월 5일 토요일
- 박지은 여류입단대회 첫 출전, 첫판
- 덤 5집 반, 각 1시간 30초, 3개
- 총보 1~56수 이하 줄임 흑 불계승

박지은의 약점

1. 우상귀 변화에 약하다.
2. 우하귀 변화에 이은 우변 변화에 약하다.
3. 한 수 한 수 전체 상황을 파악하는 능력이 약하다.

공부 방법

1. 본인에게 맞는(10분 안에 해결할 수 있는) 난이도의 사활 문제를 선택한다.
2. 문제를 해결하고 계산까지 하도록 한다.
3. 접근전이 발생하면 승부처다. 돌의 능률을 세밀하게 따지도록 한다.

백 이후자(1시간 사용)

흑 박지은(35분 사용) 덤 5집 반

- 제6회 여류입단대회 예선 1국
- 1994년 11월 5일 토요일
- 총보 164수 끝 백 불계승
- 18, 158=4
  153=12

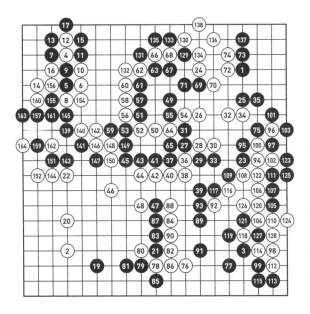

박지은의 약점	박지은의 강점
1. 대세점을 놓친다.	1. 수읽기가 계속 발전하고 있다.
2. 수읽기가 약해 결정타를 놓친다.	2. 시야도 넓어졌다.
3. 우변에서 수읽기가 약해서 백을 살려줬다.	3. 입단대회 첫판인데도 대담하게 두었다.
4. 형세판단이 부정확해서 작전실패가 보인다.	4. 자기 스타일이 있다.
5. 수읽기가 약해 좌변 흑일단이 잡혀 역전패(반면승부)한다.	5. 중앙에서 감각이 좋다.
6. 진 것도 아쉽고, 시간을 덜 사용한 것도 아쉽다.	

공부 방법

1. 사활을 더 독하게 풀고 계산해보도록 한다(공부량의 70%).
2. 초일류 바둑을 보면서 대세점, 작전구상 등 유심히 살펴보도록 한다.
3. 대국할 때 불리한 바둑은 시간을 다 사용하도록 한다.
4. 선수는 최선을 다하고 승패는 스승이 책임져야 한다.

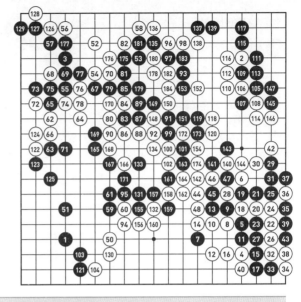

백 박지은

흑 윤광선 덤 5집 반

- 정맥회 리그전
- 1994년 12월 17일 토요일
- 총보 184수 끝 백 불계승
- 41=36
  49=28

박지은의 바둑 분석

1. 포석(1~58)
   1) 백이 5집 정도 불리하다.
2. 중반전(59~130)
   1) 백18집 불리하다.
   2) 백이 두터움을 잘 활용해야 하는 중반전이다.
   3) 백74는 대악수. 92까지 좌변을 지웠지만 소득이 전혀 없다.
   4) 차이가 더 벌어졌다.
3. 끝내기(131~184)
   1) 수읽기의 무서움. 한 수로 대역전당했다.
   2) 흑177이 마지막 패착이었다.
   3) 백178 이하 184까지 흑이 잡혀서는 대역전당했다.

공부 방법

1. 본인에게 맞는 난이도의 사활문제 공부하도록 한다.
2. 한 문제를 10분 안에 해결해야 한다.
3. 문제 해결하고 계산까지 해야 한다.
4. 하루 공부량의 60%를 투자하도록 한다.

(백) 박지은(한국기원 연구생 3조)

(흑) 윤명철(천재 바둑 교실 원장)

- 지도대국
- 1996년 3월 9일 토요일
- 영등포 화랑기원
- 덤 5집 반 173수 이하 줄임 흑3집 반 승
- 41=34
  111=75

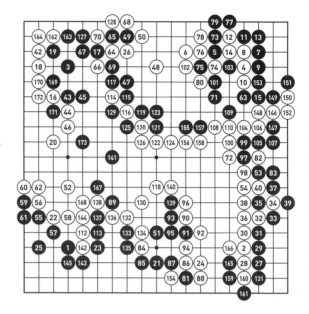

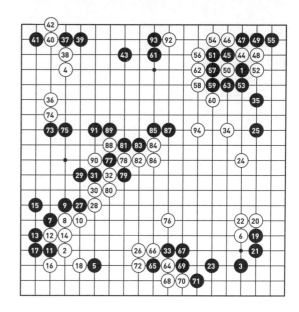

백 현미진

흑 박지은 덤 5집 반

- 제22회 여류국수전 본선 16강
- 1995년 2월 25일
- 63빌딩 별관 3층
- 94수 이하 줄임 백11집 반 승

박지은의 약점	박지은의 강점
1. 급한 곳을 모른다(사활 관계). 2. 백62의 곳 양선수 자리를 놓쳤다. 집으로 1집 반 손해 봤다. 3. 하변에서 상대의 약점을 정확히 추궁하지 못했다. 4. 88, 9으로 빵때림을 허용해서 어려운 형세가 되었다.	1. 상대를 의식하지 않는다. 2. 자기만의 스타일로 둔다.

공부 방법

1. 우상귀 변화를 공부하도록 한다.
2. 형세판단 후에 능률을 생각하면서 작전을 세우는 데 주력한다.
3. 사활을 더 집중적으로 풀어서 수읽기를 더 강하게 만들고 하루 공부량의 60%를 사활에 투자한다.
4. 끝내기까지 가는 걸 대비해 계산 훈련을 꼭 하도록 한다.

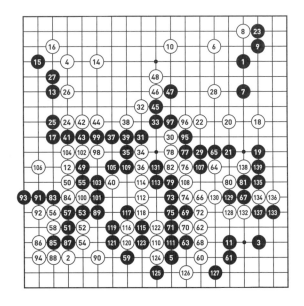

백 최유나

흑 박지은 덤 5집 반

- 제7회 여류입단대회 1차 예선
- 1995년 4월 8일 토요일
- 한국기원 4층
- 제한 시간 각 1시간
- 139수 끝 흑 불계승

박지은의 약점	박지은의 강점
1. 혼자만의 수읽기를 한다. 상대의 의도를 파악한 후 해야 한다. 2. 형세판단이 부정확하다. 3. 끊는 타이밍을 놓친다. 끊을 때 못 끊으면 집으로 큰 손해를 본다. 백8 때 흑17로 못 끊어서 17집 손해. 백88 때도 백94로 끊을 곳이었다.	1. 손을 뺄 줄 안다. 상대의 실착을 응징하기 시작한다. 2. 수읽기가 좋아져서 바둑에 자신감을 얻었다. 과감해졌다. 3. 본인의 스타일 전투바둑으로 이끌어낸다.

공부 방법

1. 상대의 의도를 정확히 파악하는 데 집중한다.
2. 수읽기가 강해지면 상대의 의도를 쉽게 파악한다.
3. 사활 공부에 공부량의 60%를 투자한다.
4. 형세판단 후 작전을 세울 때 능률을 생각한다.
5. 바둑판 위의 돌들을 어떻게 활용할 것인가를 생각한다.

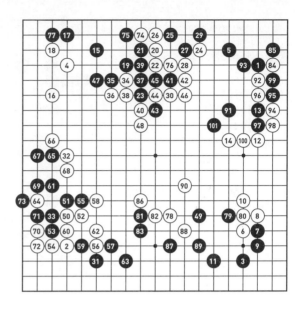

백 김현정(35분 사용)

흑 박지은(40분 사용) 덤 5집 반

- 제7회 여류입단대회 예선
- 1995년 4월 8일 토요일
- 한국기원 4층
- 각 1시간 30초 3개
- 1~101수 끝 흑 불계승

박지은의 약점	박지은의 강점
1. 계산이 안 되어서 큰 곳을 모른다.	1. 자기 스타일의 바둑을 둔다. 상변 백의 근거를 뺏어 미생으로 만든 장면이 좋았다. 2. 형세판단도 좋아졌다. 3. 작전도 향상됐다. 4. 수읽기가 좋아져서 전체적으로 발전됐다. 5. 사활에 신경을 많이 쓴다. 　아생연후살타(我生然後殺他). 6. 시간을 상대보다 더 사용했다.

공부 방법

1. 사활 풀면서 수읽기와 계산을 병행하는 공부에 60% 투자한다.
2. 나머지 40%는 대국 후 부족함을 더 정확하게 느끼는 데 투자한다.

백 박지은(20분 사용)

흑 김예슬(25분 사용) 덤 5집 반

• 제7회 여류입단대회 2차 예선
• 1995년 4월 9일 일요일
• 한국기원 4층
• 총보 132수 끝 백 불계승
• 각 1시간 30초 초읽기 3개
• 바둑 한 지 2년 7일째
• 이 바둑을 이겨서 8명이 올라가는 입
  단대회 본선에 처음 진출했다. 감동
  적이다.

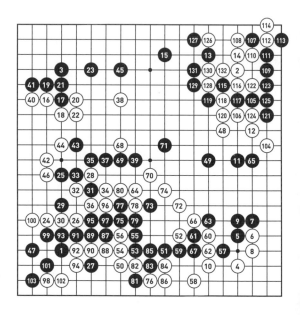

박지은의 약점	박지은의 강점
1. 형태상의 급소를 못 찾는다.	1. 바둑이 대담해졌다.
	2. 백52는 훌륭한 감각이다.
	3. 수읽기가 좋아져서 공격력이 효과를 본다.

공부 방법

1. 사활 풀면서 수읽기와 계산 훈련은 계속한다. 공부량의 60% 정도를 할애한다.
2. 노림수가 강력할 것. 상대가 손빼는 데 고민하게 만든다.
3. 집으로 손해 안 보면서 팻감이라고 생각하고 둔다.

바둑 천재들의 베이스캠프

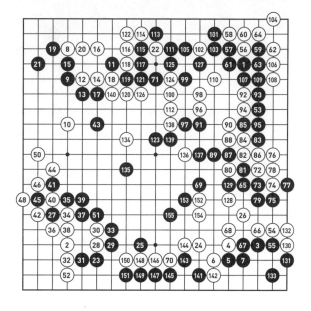

백 이후자(59분 사용)

흑 박지은(51분 사용) 덤 5집 반

- 제7회 여류입단대회 2차 예선
- 1995년 4월 9일 일요일
- 한국기원 4층
- 각 1시간 30초 초읽기 3개
- 총보 1~155수 이하 줄임 흑 반 집 승
- 47=27
  49=4

박지은의 약점

1. 상대가 손뺐을 때 응징이 약하다.
2. 좌상귀 변화를 정확히 모른다.
3. 흑67로는 백68 자리에 붙일 곳. 주변에 본인 돌이 많으면 무조건 끊어야 한다.
4. 접전에서 수읽기 정교하지 못하다.
5. 공격할 때 확실한 계획이 없다.
6. 작전에 일관성이 없다.
7. 능률을 생각하지 않는다.

공부 방법

1. 좌상귀 변화를 확실히 공부한다.
2. 돌의 가치, 즉 어떻게 활용할 것인가를 생각해본다.
3. 형세판단을 자주 해 보고 작전을 세운다.
4. 작전 세울 때 능률과 돌의 활용을 꼭 생각해본다.
5. 사활 풀고 계산해보는 데 공부량의 50%를 할애한다.

ⓑ 강나연(45분 사용)

⬤ 박지은(50분 사용) 덤 5집 반

- 제7회 여류입단대회 본선 1국
- 1995년 4월 11일 화요일
- 한국기원 4층
- 각 1시간 30분 30초 초읽기 3회
- 처음으로 시간을 많이 사용했다.
- 169수 이하 줄임 흑8집 반 승
- 바둑 한 지 2년 10일째에 거둔 여류입
  단대회 본선 첫 승이다.

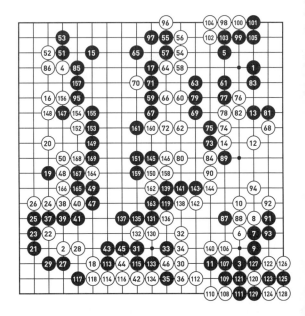

박지은의 약점	박지은의 강점
1. 좌하귀 변화를 잘 모른다.	1. 포석이 좋아졌다.
2. 불필요한 수를 가끔 둔다(집으로 손해 보는 수).	2. 꾸준히 공부한다.
3. 끝내기 부분에서 계산이 안 되어 손해를 본다.	3. 실전에서 사활이 조금씩 강해진다.
4. 형세판단이 약하다.	4. 전체적으로 많이 발전하고 있다.
5. 작전이 안 된다.	
6. 능률에 대한 생각이 별로 없다.	

공부 방법

1. 좌하귀 변화를 확실히 공부한다.
2. 사활을 풀면서 계산을 꼭 해본다. 계산은 습관이 되어야 한다.
3. 실전 대국할 때 형세판단을 계속해본다.
4. 부분 접전 때마다 능률을 생각한다(수 나누기).
5. 이 정도 능력으로 세계 여류 일인자는 아직 멀었다.

백 조혜연(1시간 15분 사용) 덤 5집 반

흑 박지은(45분 사용)

- 제7회 여류입단대회 본선 2국
- 1995년 4월 11일 화요일
- 한국기원 4층
- 각 1시간 30분 30초 3개
- 총보 1~167수 끝 흑 불계승
- 143=121

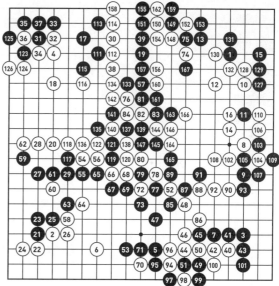

박지은의 약점	박지은의 강점

1. 포석
  1) 백40 때 우하귀 변화, 흑49, 51이 큰 손해. 우하귀에 당하는 게 남았다.
2. 중반전
  1) 계산이 안 되어 큰 곳을 못 찾는다.
  2) 선후수 처리를 생각하지 않고 후수이지만 수를 내려고 한다.
  3) 형세판단이 부정확하다.
  4) 안정감이 떨어진다.
  5) 승부처라고 느낄 때 시간을 아끼지 않고 충분히 사용해야 한다.
	1. 상대의 실착을 잘 응징한다. 수읽기가 발전했다.
	2. 승부처에서 집중력이 좋다.
	3. 대범하게 두고 자기 스타일 바둑을 고집한다.
	4. 접전에서 수읽기의 정교함이 좋아지고 있다.

공부 방법

1. 백40으로 침입 때 우하귀 변화를 확실히 공부한다.
2. 사활 풀고 수읽기, 계산 훈련을 꾸준히 한다. 공부량의 50%를 할애한다.
   나머지는 대국 및 기보 감상할 때 형세판단 계속해본다. 능률을 생각하면서 작전구상을 해본다.
3. 초일류 기보를 감상할 때 선후수 관계, 응수타진, 능률을 유심히 본다.
4. 수읽기, 계산, 능률이 같이 발전해야 작전의 정확도가 올라간다.
5. 부분적인 접전에서 선후수 관계 능률을 생각한다.

(백) 현미진

(흑) 박지은 덤 5집 반

• 제7회 여류입단대회 본선 4국
• 한국기원 4층
• 1995년 4월 12일 수요일
• 제한 시간: 각자 1시간 30분 초읽기
  3회
• 91수 이하 줄임 백9집 반 승

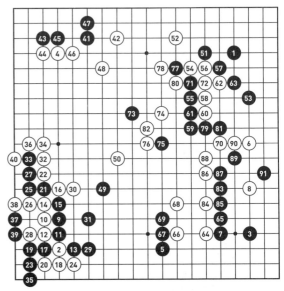

박지은의 약점	박지은의 강점
1. 포석(1~63) 　1) 포석은 성공했다(흑1집 반 유리). 　2) 좌하귀 변화를 모른다. 　3) 상대 모양을 의식한다. 2. 중반전(67~91) 　1) 중앙 전투에서 역전했다(흑4집 반 불리). 　2) 중앙에서 수읽기에 착오가 나왔다. 　3) 상대가 받아줄 거라는 안일한 생각이 문제다. 　4) 손 따라 두는 경향이 있다. 손 따라 두면 진다. 　5) 상대가 손 뺐을 때 응징이 약하다. 　6) 접전은 승부처라 더 집중하고 상대 입장에서 많이 생각해야 한다.	1. 포석이 좋아졌다. 2. 시야도 넓어졌다.

공부 방법

1. 좌하귀 변화를 완벽하게 공부한다.
2. 사활 풀고 계산 공부하는 데 공부량의 50%를 할애한다.
3. 상대가 손 빼면 강력한 응징을 해야 한다.
4. 내가 두는 수를 팻감으로 생각하고 둔다. 상대가 손 빼면 당연히 응징해야 한다.
5. 이 장면에서 4집 반 정도 불리한데 4집을 더 졌으니 계산 공부도 필요하다.

백 우승아

흑 박지은 덤 5집 반

- 제7회 여류입단대회 본선 5국
- 1995년 4월 13일
- 한국기원 4층
- 제한 시간: 각자 1시간 30분 초읽기
  3회
- 총보 135수 끝 흑 불계승

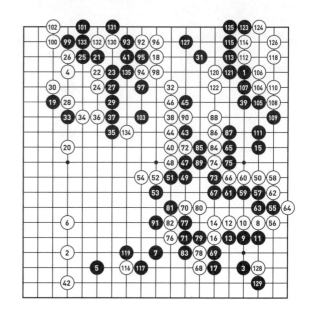

박지은의 바둑 분석

1. 포석(1~50)
   1) 흑은 무난한 포석이었다.
   2) 포석에서 귀 변화에 약하다.
2. 중반전(51~135)
   1) 우하귀를 공격하여 큰 성과를 얻었다.
   2) 실리를 주고 공격하는 바둑은 승률이 떨어진다.
   3) 승률을 올리려면 안정감이 있어야 한다.
   4) 집 균형을 맞추면서 두텁게 두어야 한다. 결국 전투는 일어난다.
   5) 수읽기와 계산은 전투가 일어나면 그때 발휘한다.

공부 방법

1. 사활 풀기와 계산 공부에 공부량의 50%를 할애한다.
2. 돌의 능률, 활용에 대한 사고력을 키워야 한다.

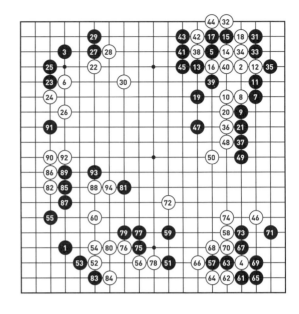

백 박지은(1시간 사용)

흑 이정희(45분 사용) 덤 5집 반

• 제7회 여류입단대회 본선 7국
• 1995년 4월 14일 금요일
• 제한 시간: 각 1시간 30분 초읽기 3개
• 94수 이하 줄임 흑 불계승

박지은의 바둑 분석	
1. 포석(1~60)	2. 중반전(61~94)
1) 백4집 반 불리했다.	1) 흑이 5집 유리했다..
2) 우상귀 양걸침에 대한 귀 변화를 모른다.	2) 우하귀에서 반발이 좋았다.
3) 좌상귀 변화를 모른다.	3) 백72로 공격해서 주도권을 잡았다.
4) 계산을 잘못한다.	4) 백80이 나약한 수여서 계속 공격할 곳이었다.

공부 방법

1. 우상귀 변화를 자세히 공부한다.
2. 좌상귀 변화(고목)를 자세히 공부한다. 주변 상황에 맞는 변화를 생각해본다.
3. 공격의 목적을 확실히 한다.
4. 바둑판 위의 돌들을 활용하는 공격을 생각한다.
5. 사활 풀고 계산한다. 공부량의 50%를 할애하고 난도를 올린다.
6. 사활과 계산은 매일 공부해야 한다. 평생 큰 자산이다.

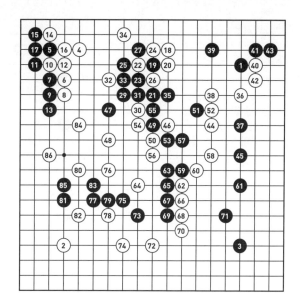

백 김혜순

흑 박지은

- 제7회 쌍용여왕배 예선 1국
- 1995년 6월 3일
- 여의도 쌍용빌딩
- 덤 5집 반
- 백 판정승
- 28=19
- 대국 당시 심정: 현 국면에서 흑이 9집
  이상 좋은데 왜 판정패를 당한 걸까?

박지은의 약점

1. 부분 접전할 때 행마에 신경 써야 한다.

공부 방법

1. 좌상귀 변화를 확실히 공부한다.
2. 꾸준히 사활을 공부한다.
3. 수읽기가 강해져야 계산, 형세판단, 능률, 작전이 자연스럽게 좋아진다.

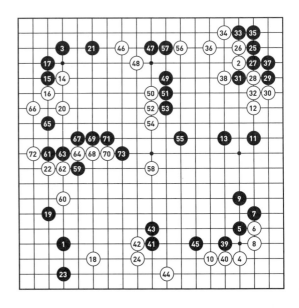

(백) 박지은

(흑) 이후자 덤 5집 반

- 제7회 쌍용여왕배 예선 1국
- 1995년 6월 3일 토요일
- 여의도 쌍용빌딩
- 73수 이하 줄임 흑 불계승

박지은의 약점

1. 형세판단이 약하다.
2. 작전구상이 안 된다.
3. 백72는 흑73으로 무조건 늘 곳이다.

공부 방법

1. 초일류 기보를 감상하면서 형세판단을 자주 해보고 작전구상을 해본다.
2. 사활 풀고 계산해본다. 하루 공부량의 60%를 할애한다.

바둑 천재들의 베이스캠프

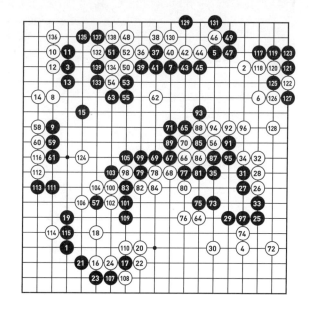

백 박지은

흑 송태곤 덤 5집 반

- 제16회 해태배 전국어린이바둑왕전 32강
- 한국기원 2층 대회장
- 1995년 6월 25일 일요일
- 139수 끝 흑 불계승
- 90=85

박지은의 약점

1. 상변 침투 후 처리 과정이 불만족스럽다.
2. 상대 세력을 의식한다(형세판단하면 된다).
3. 백72로 우하귀를 지켜 반면으로도 3집 정도 유리하다.
4. 상변 대마를 허무하게 죽였다. 정말 아쉬운 바둑이다.
5. 백136이 패착. 흑137로 살았으면 백의 2집 반 승 결과가 유력했을 것이다.

공부 방법

1. 수읽기는 난이도에 맞는 문제를 풀고 계산해서 훈련한다.
2. 『발양론』을 시작한다.
3. 사활 풀이에 70%를 할애한다.
4. 대국 후 귀 변화 연구에 30%를 할애한다.
5. 실전 대국할 때 상대의 의도를 정확히 파악한다.

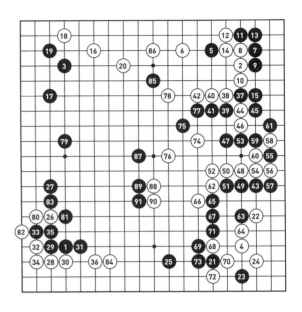

백 박지은

흑 최민식 덤 5집 반

- 제8회 이봉배 국가대표선발전
- 1995년 7월 23일
- 해운대구 송정 해양유스타운
- 총보 1~91수 이하 줄임 흑8집 반 승
- 2집 반 정도 불리한데 끝내기에서 손 해를 많이 봤다.

박지은의 바둑 분석

1. 포석(1~36)
   1) 포석은 성공
2. 중반(37~91)
   1) 변, 중앙에서 행마와 수읽기에 오판이 있다.
   2) 계산이 많이 부족하다.
   3) 형세판단이 많이 부족하다.
   4) 능률을 생각은 하는데 안 된다.
   5) 작전능력을 보자면 형세판단과 능률을 생각하는 게 안 돼서 작전에 실패가 많다.
   6) 상대의 노림수를 정확하게 읽어내지 못한다.

공부 방법

1. 사활을 승부처라고 생각하고 풀고 계산한다. 하루 공부량의 60%를 할애한다.
2. 형세판단을 자주 해본다. 집이 많으면 '상대의 세력을 몇 집으로 줄이는가?'
   집이 적으면 '세력을 몇 집까지 만들어 내야 하는가?'를 생각한다.
3. 부분적인 접전에서 돌의 능률을 생각한다.
4. 실전 대국할 때 상대의 노림수를 파악하는 데 주력한다.

(백) 윤재웅

(흑) 박지은 덤 5집 반

- 제8회 이붕배 국가대표선발전 예선
- 해운대구 송정 해양유스타운
- 1995년 7월 23일 일요일
- 흑 불계승(1~87수 이하 줄임)
- 흑이 전체적으로 잘 둔 바둑이다.

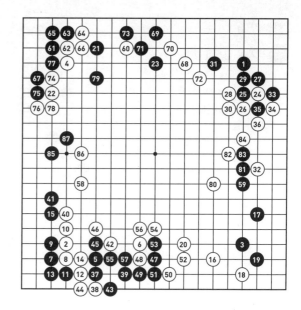

(백) 송태곤

(흑) 박지은 덤 5집 반

- 제8회 이붕배 국가대표선발전 16강
- 1995년 7월 23일
- 해운대구 송정 해양유스타운
- 1~57 흑 불계승
- 바둑 배운 지 2년 3개월 23일째
- 53=46
- 바둑 감상: 흑이 잘 둔 바둑이었다.
  이 바둑을 이겨서 국가대표가 되었지
  만 결국 못 되었다.

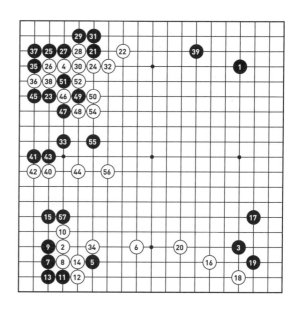

백 박진솔

흑 박지은 덤 5집 반

- 제11회 오리온배 32강
- 1995년 10월 22일 일요일
- 보라매공원
- 126수 이하 줄임 백1집 반 승

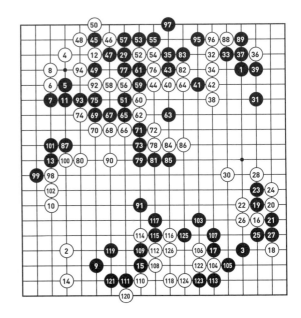

박지은의 약점

1. 우상귀 3, 3 침입에 대한 변화에 약하다.
2. 행마가 안 좋다.
3. 양선수 자리를 놓친다.
4. 패가 발생했을 때 바꿔치기에 대한 계산을 모른다. 패를 결행하지 못한다.
5. 아직 수읽기가 약하다.

공부 방법

1. 3, 3 침입할 때의 변화를 공부한다.
2. 패가 났을 때 바꿔치기에 대한 집 크기를 전체 형세에 맞게 계산하는 훈련이 필요하다.
3. 사활(패 문제 포함)을 풀고 계산을 아주 정밀하게 해본다.
4. 실전 대국할 때 형세판단 후 작전 짜는 것을 선수 잡을 때마다 해본다.

백 김예슬

흑 박지은 덤 5집 반

- 제8회 여류입단대회 1차 예선
- 1995년 11월 4일 토요일
- 한국기원 4층
- 133수 끝 흑 불계승
- 79=72
- 바둑 감상: 중앙 전투에서 수읽기로
  상대를 제압했다. 흑의 3연성 포석은
  어려운데 나름대로 잘 두었다.

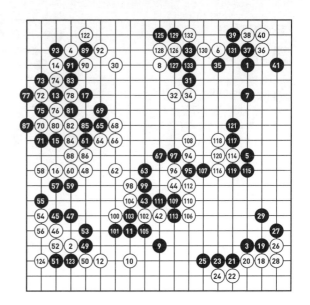

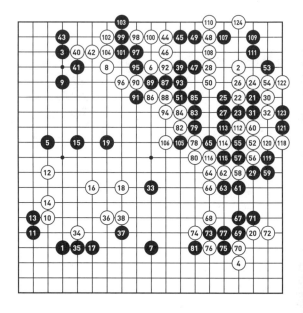

백 박지은(20분 사용)

흑 도은교(40분 사용)

- 제8회 여류입단대회
- 1995년 11월 4일 토요일
- 한국기원 4층 본선대국실
- 덤 5집 반 각 1시간 30초 3개
- 124수 끝 백 불계승
- 117=114

박지은의 바둑 분석

1. 포석(1~39)
   1) 포석은 실패했다.
   2) 낮은 중국식 포석 대응법이었다.
2. 중반전(40~124)
   1) 위험한 고비를 넘기고 역전했다.
   2) 백86은 백88로 막을 자리였다.
   3) 흑99를 백100으로 끼웠으면 백이 곤란했을 것이다.
   4) 접근전에서 수읽기가 부정확하다.
   5) 상대의 큰 실수로 이긴 바둑이다.

공부 방법

1. 낮은 중국식 타파법을 공부한다.
2. 사활을 풀면서 수읽기 훈련을 더 한다(60%).

백 김혜민(35분 사용)

흑 박지은(30분 사용)

• 제8회 여류입단대회
• 1995년 11월 4일 토요일
• 한국기원 4층
• 122수 이하 줄임 백 불계승
• 덤 5집 반

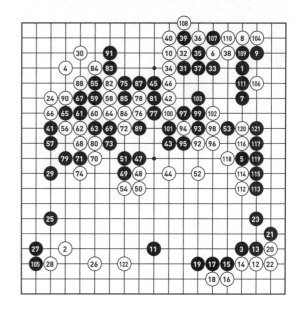

박지은의 바둑 분석

1. 포석(1~43)
    1) 포석은 성공이었다.
2. 중반전(44~122)
    1) 중반전은 대실패였다.
    2) 수읽기를 보자면 상대가 싸움을 안 한다.
    3) 계산력이 부족하다. 계산하기를 싫어한다.
    4) 형세판단이 잘 안 된다.
    5) 능률을 생각하는 것이 잘 안 된다.
    6) 형세판단이 부정확해서 작전 오류가 생긴다.
    7) 상대가 계가바둑으로 가면 어려워한다.

공부 방법

1. 사활을 집중해서 한번에 풀게 하고 계산한다.
    형세판단을 잘하기 위해서 하루 공부량의 80%를 투자한다.
2. 초일류 바둑 기보를 감상하면서 포석을 연구한다.
3. 실전에서 3연성은 아주 위험하다. 두터움을 잘 활용해야 한다.

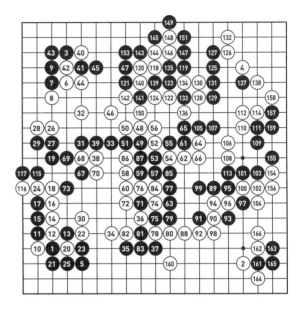

백 박지은

흑 김효정

- 제8회 여류입단대회 예선
- 1995년 11월 4일 토요일
- 덤 5집 반
- 한국기원 4층
- 164수 끝 백 불계승
- 152=141

박지은의 바둑 분석

1. 포석 없이 전투(1~166)했다.
2. 좌변 변화에 약하다.
3. 좌변에서 시작된 전투에서 수읽기의 힘을 제대로 보여준 한판이다.

공부 방법

1. 좌변 변화를 자세히 공부한다.

바둑 천재들의 베이스캠프

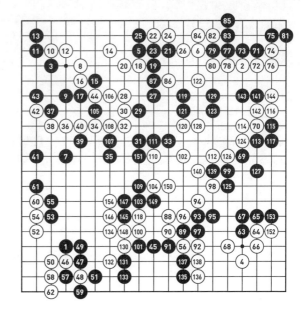

백 박지은(40분 사용)

흑 손경진(50분 사용)

- 제8회 여류입단대회 2차 예선 1국
- 1995년 11월 5일 일요일
- 한국기원 4층
- 덤 5집 반
- 각 1시간 30초 3개
- 154수 이하 줄임 백 불계승

박지은의 바둑 분석

1. 포석(1~45)
   1) 포석은 실패했다.
   2) 좌상귀 변화에 약하다.
   3) 부분 접전에서 능률을 생각하는 정밀한 수읽기가 안 된다.
2. 중반전(46~154)
   1) 흑63 때 주변 상황을 자세히 살필 것.
   2) 주변이 상대가 두터운 곳에서 행마를 조심해야 한다. 끊어지면 위험하다.
   3) 사활이 흑, 백 모두 해결된 다음에 어디가 큰 곳인지 계산이 안 된다.
   4) 강자들하고 만나면 사활이 안 걸리기 때문에 계산 싸움이 된다. 계산에서 밀리면 무조건 진다.
   5) 초일류 반열에 올라가려면 수읽기, 능률, 계산, 형세판단, 돌을 활용하는 작전구상능력이 다 강해야 한다.
      하나라도 뒤떨어지면 못 견딘다.

공부 방법

1. 사활을 풀면서 계산에 집중한다. 공부량의 70%를 투자한다.
2. 수읽기와 계산이 강해지면 능률, 형세판단, 작전능력은 자연스럽게 좋아진다.

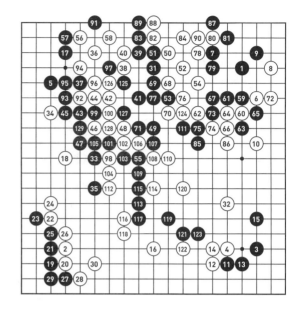

백 윤성혜(50분 사용)

흑 박지은(20분 사용) 덤 5집 반

- 제8회 여류입단대회 2차 예선 2국
- 1995년 11월 5일 일요일
- 한국기원 4층
- 각 1시간 30초 3개
- 129수 다음 줄임 흑 불계승
- 이겼지만 아주 위험했다.

박지은의 약점

1. 포석(1~35)
   1) 포석은 성공했다.
2. 중반전(36~129)
   1) 공격을 너무 심하게 해서 상대에게 기회를 준다.
   2) 공격하면서 상대의 반격을 생각하지 않는다.
   3) 대마 싸움에서 쓸데없이 건드려 후수를 잡는다.
   4) 시간을 너무 안 쓴다.

공부 방법

1. 공격하면서 이득을 보면서 형세판단을 자주 해야 한다.
2. 쥐도 막다른 골목에 몰리면 고양이를 문다. 도망갈 길을 주고 능률로 이기는 생각을 해야 한다.
3. 100%로 잡는 길이 아니면 이득 보는 걸 생각해야 한다.
4. 사활은 걸리면 끝이니 집중한다.

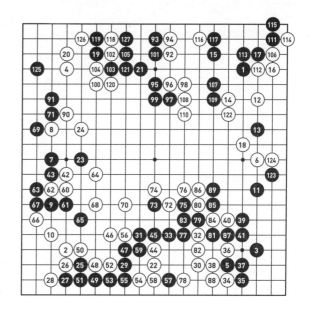

백 강나연(1시간 21분 사용)

흑 박지은(50분 사용) 덤 5집 반

- 제8회 여류입단대회 본선 1국
- 1995년 11월 6일 월요일
- 한국기원 4층
- 각 1시간 30분 30초 3개
- 127수 이하 줄임 흑1집 반 승
- 현재 상황이 2집 반 정도 유리한데 잘 마무리했다.
- 지은이가 바둑 한 지 2년 7개월 6일째

박지은의 바둑 분석	박지은의 강점
1. 포석(1~30) 1) 포석은 만족스러웠다. 2. 중반전(31~127) 1) 흑39는 흑51로 이을 곳. 큰 곳보다 급한 곳(사활 관계)을 놓친다. 2) 흑41은 작은 곳. 상대의 사활을 너무 노린다.	1. 수읽기가 발전했다. 좀 더 정밀해져야 한다. 2. 부분적인 능률은 안 되고 전체적으로 돌의 활용을 생각한다. 3. 계산력은 멀었다. 4. 형세판단이 안 된다. 5. 작전구상은 나름대로 한다. 6. 전체적으로 약간 발전됐다. 7. 시간 사용이 조금 늘었다.

> **공부 방법**
>
> 1. 급한 곳(사활이 관계된 곳)을 신경 써야 한다.
> 2. 전체를 보는 눈을 키워야 한다.
> 3. 사활 풀고 계산한다. 하루 공부량의 60%를 할애한다.

백 정애경(1시간 29분 사용)

흑 박지은(50분 사용)

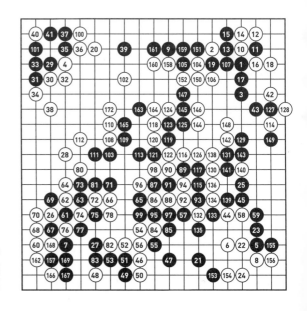

- 제8회 여류입단대회
- 1995년 11월 7일 화요일
- 한국기원 4층
- 덤 5집 반
- 각 1시간 30분 30초 3개
- 172수 이하 줄임 백11집 반 승
- 79=61
  137=132
  170=76
  171=74
- 바둑 감상: 이 바둑을 어떻게 진 거야? 우변에서 수가 날 수가 있나? 마지막에 집중력 저하로 인한 덜컥수 같다. 체력 보강이 필수다.

백 박지은(1시간 10분 사용)

흑 김선희(1시간 29분 사용)

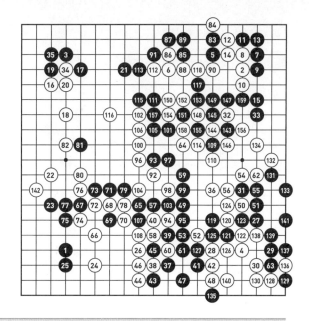

- 제8회 여류입단대회 본선
- 1995년 11월 8일 목요일
- 덤 5집 반
- 각 1시간 30분 30초 3개
- 한국기원 4층
- 160수 이하 줄임 백 불계승
- 160=148

박지은의 바둑 분석

1. 포석(1~35)
   1) 포석은 성공했다.
   2) 포석 부분에서 방향 미스가 많다.
2. 중반전(36~141)
   1) 공격의 목적을 확실히 해야 한다.
   2) 접근전 수읽기에서 능률(수 나누기)과 수순에서 착오가 자주 보인다.
   3) 형세판단에 차분히 시간을 들일 필요가 있다.
   4) 우하귀 흑사활을 놓쳤다.
3. 끝내기(142~160)
   1) 수읽기로 해결해야 한다. 계산이 절대적으로 필요하다.

공부 방법

1. 사활 풀면서 수읽기, 계산 훈련에 공부의 50%를 할애한다.
2. 형세판단 후 작전 짜는 데 공부의 50%를 할애한다.
3. 초일류 바둑을 복기하면서 한다.
4. 실전에서 접근전 때 신중을 기한다.

백 조혜연(1시간 5분 사용)

흑 박지은(1시간 15분 사용) 덤 5집 반

- 제8회 여류입단대회 본선
- 1995년 11월 8일 수요일
- 각 1시간 30분 30초 3개
- 한국기원 4층
- 122수 이하 줄임 백10집 반 승

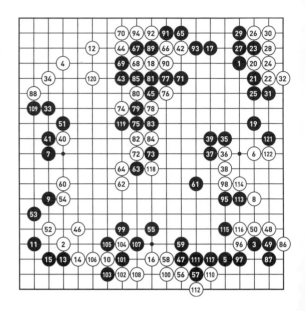

박지은의 약점

1. 귀 변화를 숙지하지 못했다.
2. 수읽기가 부족하다.
3. 계산 능력이 부족하다.
4. 형세판단이 잘 안 된다.
5. 능률을 생각하는 게 잘 안 된다.
6. 형세판단이 잘못돼서 작전도 잘 안 된다.

공부 방법

1. 난이도를 올려서 사활에 집중하고 계산도 같이 한다. 훈련의 60%를 할애한다.
2. 계산이 안 되면 형세판단이 안 돼서 작전 수행 시 실패할 확률이 높다.

바둑 천재들의 베이스캠프

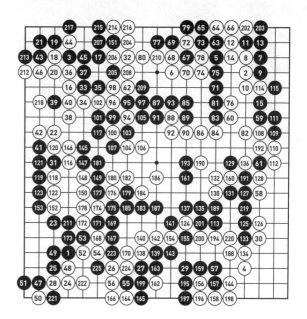

백 박지은(45분 사용)

흑 김세영(55분 사용) 덤 5집 반

- 제8회 여류입단대회 본선
- 1995년 11월 9일 수요일
- 각 1시간 30분 30초 3개
- 한국기원 4층
- 223수 끝 흑 불계승
- 마지막에 대마횡사. 기초 사활부터 다시 해야 한다.
- 백222를 흑225 아래로 살았으면 백2집 반 승 했을 것. 아쉬운 바둑이다.

박지은의 약점

1. 포석(1~59)
   1) 포석까지는 성공했다.
2. 중반전(60~143)
   1) 끊을 곳(백92는 흑93으로 찌를 곳)을 놓친다. 찬스를 놓쳤다.
   2) 상변에서 처리가 미흡하다.
   3) 돌이 붙어 있을 때 연결을 확인하고 행마할 것. 흑95로 백80 아래로 붙였으면 백이 위험했다.
   4) 수읽기가 약하다. 백116으로 흑117 자리로 나갔으면 필승국면이었다.
   5) 기초 사활을 소홀히 한다.
3. 끝내기(144~225)
   1) 계산이 약하다.
   2) 마지막에 백222, 사활 착각은 아쉽다.

공부 방법

1. 기초 사활부터 다시 할 것. 하루 공부량의 60%를 할애한다.
2. 대국 시 승부처라고 느낄 때 시간을 충분히 다 쓰도록 한다.

백 박지은(55분 사용)

흑 김종성(50분 사용) 덤 5집 반

• 제73회 일반인 입단대회
• 1995년 11월 18일
• 한국기원 1층
• 각 1시간 1분 초읽기 1개
• 137수 이하 줄임 흑2집 반 승
• 94=83
• 잘 두었다. 포석에선 앞서고 끝내기
  에 추월했다.

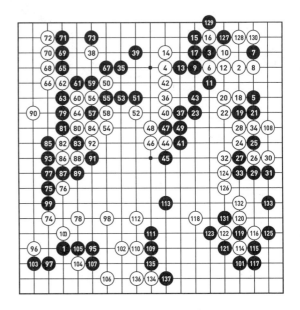

박지은의 바둑 분석

1. 포석
   1) 포석 없이 시작부터 싸움바둑을 뒀다.
   2) 우상귀 접전에서 백이 잘 두었다. 백36까지 반면으로도 4집 정도 유리하다.
   3) 전체적으로 미세한 부분 접전에서 정밀함이 떨어진다.
   4) 돌의 가치, 능률에 대해서 깊이 생각해야 한다.

공부 방법

1. 아마 강자하고 두어도 수읽기는 밀리지 않는다.
2. 국면 운영에서 밀린다.
3. 사활 공부를 하면서 수읽기와 계산 능력만 키우면 좋은 바둑이 될 가능성이 보인다.
   사활 공부, 계산에 60%를 투자한다.
4. 능률, 돌의 활용에 대해서 깊은 생각을 가지도록 한다.

바둑 천재들의 베이스캠프

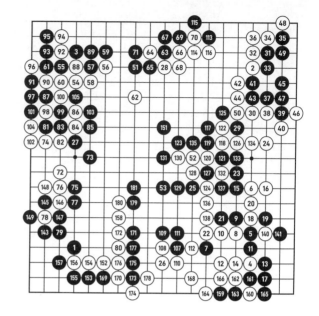

백 박지은

흑 안현석 덤 5집 반

- 제73회 일반인 입단대회
- 1995년 11월 18일 토요일
- 한국기원 1층
- 각 1시간 1분 초읽기 1개
- 181수 이하 줄임 흑3집 반 승
- 106=98
  139, 144=127
  142=132
  150=91
  167=160

박지은의 약점

1. 포석(1~51)
   1) 포석에서는 백이 2집 반 정도 불리했다.
   2) 포석에서 귀 변화에 약하다. 우하귀에서 망했다 (능률에서).
2. 중반전(51~144)
   1) 좌상에서 잘 두었다. 수읽기는 많이 발전했다.

   2) 패가 발생했을 때 패 대가의 크기를 정확히 모른다.
   3) 형세판단도 약하다.
   4) 형세판단이 부정확해서 이기는 작전이 안 나온다.
3. 끝내기(145~181)
   1) 중앙 패를 이겨서 8집 반 정도 우세했다.
   2) 계산력이 약해 역전패당했다.

공부 방법

1. 실전에 나온 귀 변화를 완벽하게 숙지할 것. 주변 상황을 잘 살펴야 한다.
2. 우하귀 요도 변화를 완벽하게 공부한다.
3. 사활을 풀면서 계산을 치밀하게 한다. 하루 공부량의 60%를 할애한다.
4. 수읽기 전에 돌의 가치를 자세히 살핀 후 돌들이 전체적으로 활용돼서 살아 움직이는 수읽기를 생각한다.
5. 패 대가의 크기에 대한 연구가 필요하다. 감각으로 바꿔치기하면 안 된다.

백 박종욱

흑 박지은

- 제4회 문화체육부장관배 32강
- 1995년 11월 26일 일요일
- 보라매공원
- 덤 5집 반
- 124수 이하 줄임 백 불계승
- 35=28
- 기회가 많았는데 아쉽게 졌다.

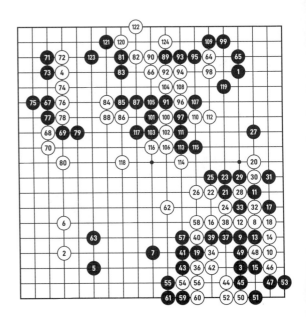

박지은의 약점

1. 우하귀 변화에 대해 잘 모른다.
2. 수읽기가 약해 우하귀에서 결정타를 놓쳤다.
3. 형세판단이 안 돼서 무리한 싸움을 한다.
4. 상변에서 기회가 왔는데 수읽기가 약해서 기회를 놓쳤다.

공부 방법

1. 우하귀 변화를 자세히 공부한다.
2. 사활을 풀면서 수읽기를 더 강하게 만든다.
3. 실전 대국할 때 형세판단을 하고 작전을 꼭 짠다.

바둑 천재들의 베이스캠프

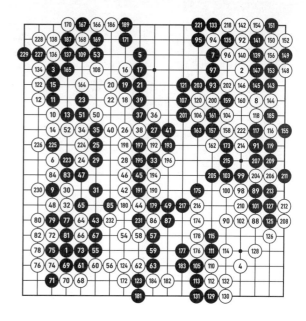

백 박지은

흑 김병희 덤 5집 반

- 한국기원 연구생 리그
- 1995년 12월 17일 일요일
- 제한 시간 없음
- 1~232 끝 백 불계승
- 188=167
  199=192
  219=159
  220=94

박지은의 약점

1. 흑13은 과수인데 응징하지 못했다. 수읽기가 부족하다. 백14는 흑15로 단수칠 곳이었다.
2. 백22 행마가 무겁다.
3. 좌변 흑대마를 잡을 수 있는 걸 살려줬다. 수읽기가 부족하다는 증거다. 살려줘서 43집을 손해 봤다.
4. 우상귀 흑 사활을 깔끔하게 처리하지 못했다. 수읽기가 부족하다.
5. 바둑은 이겼지만 부족한 게 많다.

공부 방법

1. 포석의 귀 접전 때부터 사활에 신경 쓰도록 한다. 미생은 안 좋다.
2. 사활을 풀고 꼭 계산을 해보도록 한다(50%).
3. 돌이 부딪히면 능률을 생각한다.
4. 형세판단은 계속 해야 한다.
5. 확정가를 세어놓고 세력을 집으로 환산하여 작전을 세운다.
6. 실리바둑이면 상대세력을 견제한다.
7. 실리가 부족한 세력바둑이면 부족한 실리만큼 세력에서 집을 만들어낼 작전을 세운다.

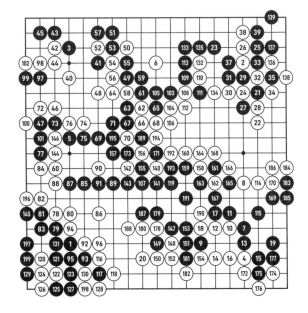

백 박지은

흑 김선미 덤 5집 반

- 한국기원 연구생 리그
- 1995년 12월 17일
- 199수 이하 줄임 백9집 반 승
- 36=21

박지은의 약점

1. 우하귀 변화에 약하다.
2. 우상귀 변화에 약하다.
3. 백132로 흑145로 젖혔으면 좌하귀 흑을 잡았다.

공부 방법

1. 사활 풀고 계산 훈련을 한다. 하루 공부량의 60%를 할애한다.
2. 우하귀 변화를 완벽하게 공부한다.
3. 초반부터 사활에 신경 쓴다.
4. 수읽기, 계산, 형세판단, 전략, 능률. 작전 구상에 대해서 깊은 생각을 해본다.
5. 본인 스스로 무엇이 부족한가를 생각해본다.

바둑 천재들의 베이스캠프

백 박지은

흑 윤승기 덤 5집 반

- 한국기원 연구생 리그
- 1995년 12월 23일 토요일
- 1~188수 끝 백 불계승
- 82=73
  166, 172, 178, 186=160
  169, 175, 181, 188=163

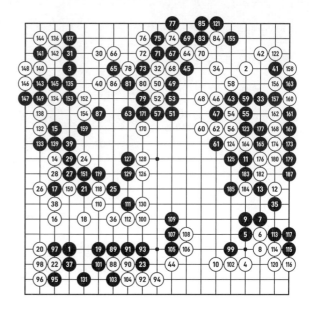

박지은의 약점

1. 우하변 백12의 침투에 대한 변화에 약하다.
2. 돌이 붙었을 때 행마. 흑47을 잡아서 백이 우세해졌다.
3. 형세판단이 부정확하다.
4. 계산이 부정확해서 끝내기에서 위험하다.

공부 방법

1. 사활 풀고 계산 훈련을 한다. 하루 공부량의 60%를 할애한다.
2. 형세판단을 꾸준히 해본다.
3. 형세판단 후에 돌의 능률을 생각하면서 작전구상을 한다.
4. 사활이 해결되면 계산에 집중한다.
5. 바둑은 결국 집 많은 사람이 이긴다.

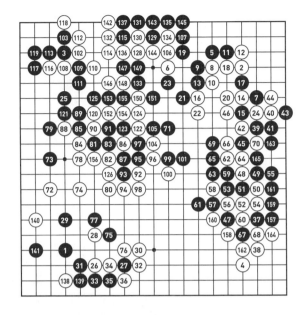

백 박지은

흑 김주호 덤 5집 반

• 한국기원 연구생 리그
• 1995년 12월 23일 토요일
• 165수 이하 줄임 흑5집 반 승

박지은의 약점

1. 포석(1~47)
  1) 백 포석 성공했다.
  2) 백44는 백46으로 때릴 곳. 약간 당했다.
2. 중반전(48~165)
  1) 우변 접전에서 수읽기가 빛을 발한다.
  2) 백70은 백158로 양단수 칠 곳. 이랬으면 흑이 23집 유리했을 것이다.
  3) 수읽기가 통한다. 그동안 고생한 보람이 있다.
  4) 선수를 잡으면 냉정한 형세판단 후에 작전구상을 꼭 해야 한다.
  5) 우변 흑이 사는 맛을 간과했다.
  6) 상변을 너무 방치했다.
  7) 상변에서도 잡혔지만 중앙 흑을 잡아서 성공했다.

공부 방법

1. 사활을 풀면서 수읽기와 계산 공부를 공부량의 60%로 유지한다.
2. 기보를 감상할 때 형세판단 자주 해보고 작전 구상해보고 비교해본다.
3. 수읽기가 먼저다.

백 박지은

흑 김효정

- 한국기원 연구생 리그
- 1996년 1월 10일 오후 4시~7시
- 덤 5집 반
- 1~230수 이하 줄임 백1집 반 승
- 221=216

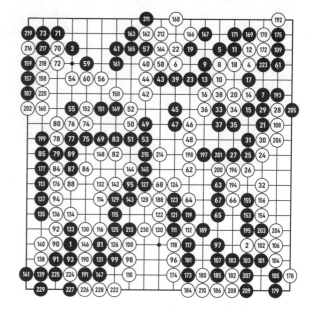

박지은의 약점

1. 우상귀 변화에 약하다.
2. 귀 접전부터 사활에 신경 써야 한다. 미생이면 뒤에 가서 바둑이 힘들어진다.
3. 백46은 흑61 자리로 사활이 해결돼야 바둑이 자유롭다.
4. 아생연후살타(我生然後殺他).
5. 접근전에서 사활, 능률에 대해 생각해야 한다.
6. 살기 전에 이득 볼 게 있나 생각해야 한다.

공부 방법

1. 포석에서 귀 변화를 확실히 공부해야 한다.
2. 항상 사활에 신경 써야 한다.
3. 전체적으로 많이 발전했으나 부족한 부분을 공부로써 채워야 한다.

백 염정훈

흑 박지은 덤 5집 반

• 한국기원 연구생 리그
• 1996년 1월 11일 목요일 오전 11시
  ~12시
• 1~183 이하 줄임 흑8집 반 승
• 27=20

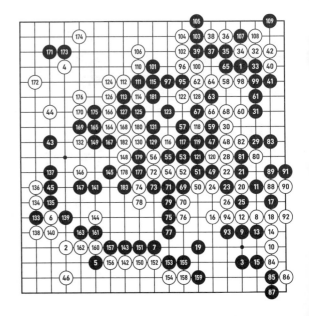

박지은의 바둑 분석

1. 포석(1~46)
   1) 성공했다.
   2) 흑이 1집 반 유리했다.
2. 중반전(47~183)
   1) 흑이 8집 반 유리했다.
   2) 흑53은 119로 쌍립할 곳이다.
   3) 강력한 수읽기가 돋보인 바둑이었다.

공부 방법

1. 사활 풀고 계산하기에 공부량의 50%를 투자한다.
2. 바둑은 이겨야 재밌다.
3. 재미있으면 공부를 더 한다.
4. 바둑 공부의 목적은 자신의 부족함을 채워서 바둑을 완성하는 것이다.

바둑 천재들의 베이스캠프

백 강나연

흑 박지은 덤 5집 반

- 제16회 롯데배 여류최고위전
- 1996년 1월 14일 일요일
- 부산일보사 10층
- 총보 1~159수 이하 줄임 흑11집 반 승
- 102=93
  119,125=101
  122,128=116

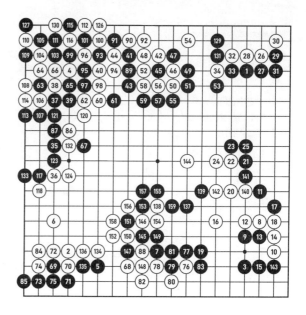

박지은의 약점	박지은의 강점
1. 우하귀 변화 2. 우상귀 백이 3, 3 들어왔을 때 변화(주변 상황 파악)에 약하다.	1. 전체적으로 발전하고 있다.

공부 방법

1. 사활을 풀고 계산 훈련을 한다. 하루 공부량의 50%를 할애한다.
2. 돌의 능률을 생각하면서 수읽기한다.
3. 사활이 해결된 후에는 끝내기이므로 계산에 주력한다.

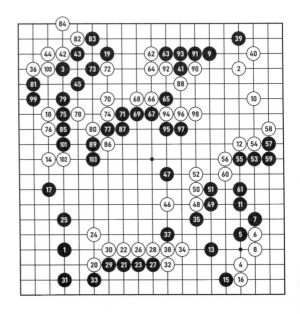

백 박지은

흑 김혜순 덤 5집 반

- 제16회 여류룻데배 최고위전
- 1996년 1월 14일 일요일
- 부산일보사 10층
- 103수 이하 줄임 흑 불계승

박지은의 약점

1. 우하귀 변화에 약하다.
2. 초반에 상대에게 실리를 많이 허용했다.
3. 두터움을 활용하는 방법을 모른다.
4. 큰 자리, 작은 자리, 급한 곳을 놓친다.

공부 방법

1. 사활 풀면서 수읽기를 더 강하게 만든다.
2. 사활 풀고 계산할 것. 전체 크기, 한 수 가치, 숨어 있는 집을 계산할 줄 알아야 한다.
3. 능률에 대해 많은 생각을 해본다.
4. 바둑은 집이 많아야 이긴다.

백 조혜연

흑 박지은 덤 5집 반

- 제16회 여류룻데배 최고위전 8강
- 1996년 1월 14일
- 부산일보사 10층
- 130수 이하 줄임 백3집 반 승

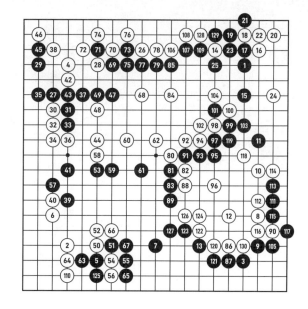

박지은의 약점

1. 선수 뽑을 생각이 부족하다.
2. 돌의 가치에 대한 생각이 부족하다.
3. 능률에서 졌다.

공부 방법

1. 돌의 가치, 활용, 능률에 대한 깊은 생각이 필요하다.
2. 사활은 꾸준히 푼다. 하루 공부량의 60%를 할애한다.

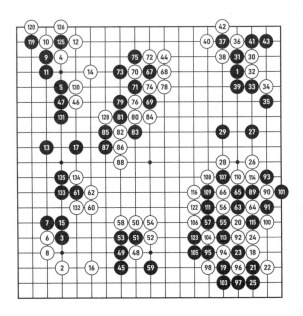

백 한해원

흑 박지은 덤 5집 반

- 제16회 여류롯데배 최고위전 5조 예선
- 1996년 1월 14일 일요일
- 부산일보사 10층
- 135수 이하 줄임 흑6집 반 승
- 현재 반 집 승부인데 끝내기를 잘했다.
- 77=67
  99=23
  102=96
  112=107
  118, 124, 129=64
  121,127=115

박지은의 약점

1. 우상귀 3, 3 침입 때 처리 방법을 모른다.
2. 패가 생겼을 때 처리 방법을 잘 모른다. 감으로 한다.
3. 흑131은 너무 작다.

공부 방법

1. 패가 났을 때 처리하는 방법과 팻감 크기를 정확히 공부한다.
2. 사활을 풀면서 계산을 꼭 한다.
3. 수읽기만큼 계산과 능률이 같이 발전해야 한다. 계산과 능률이 되면 수읽기의 힘은 증가한다.

바둑 천재들의 베이스캠프

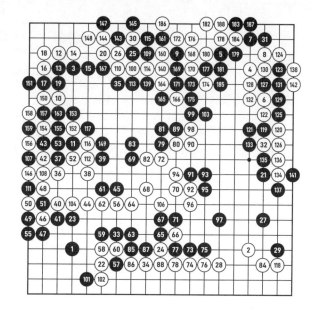

백 박지은

흑 서재학 덤 5집 반

- 한국기원 연구생 리그
- 1996년 1월 17일 일요일
- 1~188수 끝 백 불계승
- 54=46
  105=51
  162=154

박지은의 강점

1. 포석 부분은 많이 발전했다.
2. 중반전 부분도 많이 발전했다. 접근전에서 세심한 수읽기가 요구된다.
3. 전체적으로 집중력이 좋아졌다.

공부 방법

1. 사활 풀고 계산할 것. 하루 공부량의 50%를 할애한다.
2. 초일류의 기보를 보면서 포석을 감상한다.
3. 초일류의 기보를 감상하면서 형세판단 후에 작전구상을 비교해본다.
4. 작전구상할 때 돌의 능률을 깊이 생각한다.

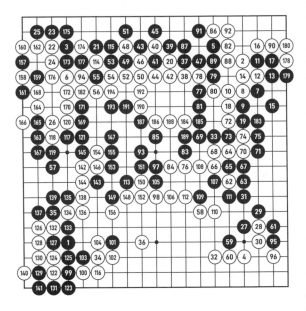

백 박지은

흑 장비 덤 5집 반

- 한국기원 연구생 리그
- 1996년 2월 2일 금요일
- 194수 이하 줄임 백5집 반 승
- 181=55

박지은의 약점	박지은의 강점
1. 우상귀 변화에 약하다. 2. 급한 곳(사활이 관계된 곳)을 놓친다. 　백34는 백82로 지킬 곳이다. 3. 접근전, 수사전 형태에서 수읽기가 정확하지 않다.	1. 우변에서 흑3점을 끊어서 백이 우세해졌다.

공부 방법

1. 사활 풀고 계산할 것(수읽기, 계산력). 본인의 난이도에 맞도록 10분 안에 해결할 수 있는 문제를 선택하여 푼다.
2. 실전에서 사활이 안 걸리면 무조건 손 뺀다.
3. 선수를 잡으면 첫째, 형세판단을 해본다. 둘째, 집이 많으면 상대의 두터움을, 집이 적으면 나의 두터움을 어떻게 활용할 것인가를 깊이 생각한다. 셋째, 돌의 능률을 깊이 생각하고 작전을 구상한다.

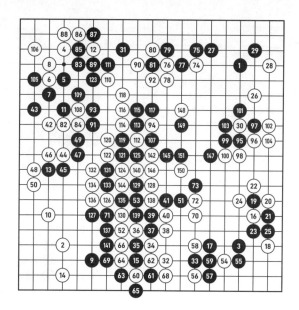

백 박정상

흑 박지은 덤 5집 반

- 한국기원 연구생 리그
- 1996년 2월 5일 월요일
- 한국기원 연구생실 4층
- 151수 이하 줄임 백6집 반 승
- 67=60, 143=112
- 지기 어려운 바둑을 졌다.

박지은의 약점

1. 우하귀 변화에서 백22 때 무조건 나갈 곳이었다. 백한테 선수로 당했다. 우하귀가 맛이 나쁘다.
2. 하변에서 성공했다.
3. 유리한 바둑을 못 지켜낸다.
4. 승부처에서 수읽기 오류가 있다.
5. 형세판단도 부정확하다.
6. 끝내기에서 무너졌다.
7. 수읽기는 어느 정도 되는데 계산이 부족해 후반에 가면 불안하다.

공부 방법

1. 실전 대국할 때 형세판단을 자주 해보고 작전을 세운다.
2. 사활을 풀고 계산 훈련을 한다.

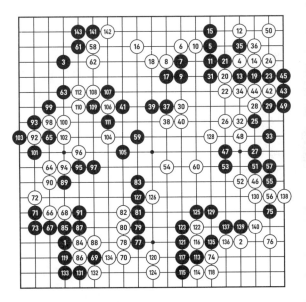

백 박지은

흑 김정환

- 한국기원 연구생 리그
- 한국기원 4층 연구생실
- 1996년 2월 11일 일요일
- 덤 5집 반
- 143수 이하 줄임 흑2집 반 승

박지은의 약점

1. 우상귀 변화에 약하다.
2. 백50은 백48 아래 화점으로 뚫을 곳이었다.
3. 줄곧 앞서나갔으나 수읽기와 계산 부족으로 역전당했다.

공부 방법

1. 사활을 풀면서 수읽기와 계산 공부에 집중한다.
2. 부족함이 안 채워지면 바둑은 발전하지 않는다.
3. 수읽기, 계산, 능률, 형세판단, 작전능력을 키워야 한다.

바둑 천재들의 베이스캠프

백 정현산 프로(한국기원 연구생 사범)

흑 박지은 2점

- 홍익동 한국기원 4층 프로기사실
- 1996년 2월 11일 일요일
- 195수 끝 백 불계승
- 87=73
  98=32
  96, 104, 113, 153=90
  99, 107, 150=93

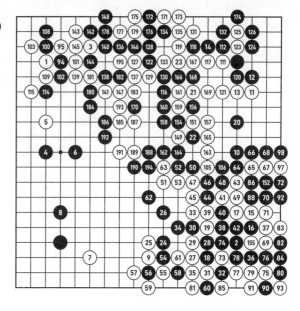

박지은의 바둑 분석

1. 포석(1~26)
    1) 포석은 무난했다.
2. 중반전(27~195)
    1) 흑36은 쌍점할 곳이었다.
    2) 부분 접전에서 수읽기 오류(흑66은 흑86으로 먼저 끊을 곳)를 일으켰다.
    3) 흑13집 정도 우세했다.
    4) 우변 전투에서 2점 위력이 다 없어졌다.
    5) 흑의 부족함이 여실히 드러났다.

공부 방법

1. 수읽기에서 밀리니 바둑이 안 된다.
2. 사활 풀고 계산 공부하는 데 공부량의 70%를 투자한다.

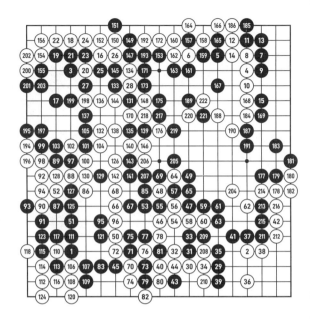

백 박지은

흑 박승철

- 한국기원 연구생 리그
- 1996년 2월 25일 일요일 오전 11시
  ~오후 4시
- 덤 5집 반
- 제한 시간 없음
- 1~222수 끝 백 불계승
- 84=76
  119=113
  122=110
  174=131
- 바둑 감상: 수읽기가 돋보인 한 판이
  었다.

박지은의 약점

1. 좌하귀에서 끝낼 찬스를 놓쳤다. 수읽기가 문제다.

공부 방법

1. 사활을 열심히 푼다.
2. 수읽기가 좋아지면 승률이 좋아진다.

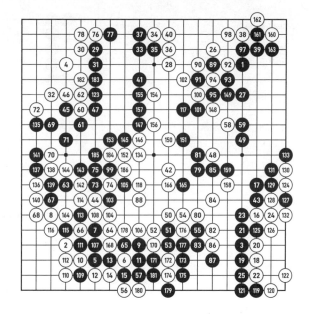

백 옥득진

흑 박지은

- 한국기원 연구생 리그
- 한국기원 4층 연구생실
- 1996년 2월 25일 일요일 오후 4시
  ~5시
- 덤 5집 반
- 186수 이하 줄임 백3집 반 승
- 96=89
  167=66
  169=6

박지은의 바둑 분석

1. 포석(1~40)
   1) 성공적이었다.
   2) 포석에 신경 써야 한다.
2. 중반전(41~108)
   1) 반 집 승부.
   2) 계산이 부족해 방향 착오를 한다.
   3) 돌의 능률을 생각하지 못한다.
   4) 계가로 가는 바둑에 승률이 안 좋다.

공부 방법

1. 초일류 바둑을 놓아보면서 포석 공부를 해야 한다.
2. 사활 풀고 계산 공부를 해야 한다. 공부량의 50%를 할애한다.
3. 집 많은 사람이 이기는 데 계산이 중요하다.

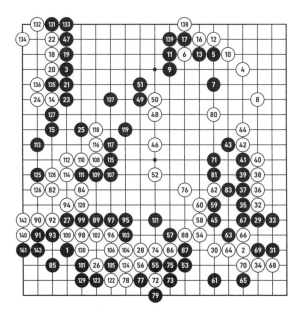

백 박지은

흑 곽계순 덤 5집 반

• 제23회 여류국수전 16강
• 1996년 2월 29일
• 63빌딩 국제회의장
• 총보 1~143수 이하 줄임 백 불계승

백 박지은

흑 승순선 덤 5집 반

• 제23기 여류국수전 32강
• 1996년 2월 29일 목요일
• 63빌딩 국제회의장
• 135수 이하 줄임 백 불계승

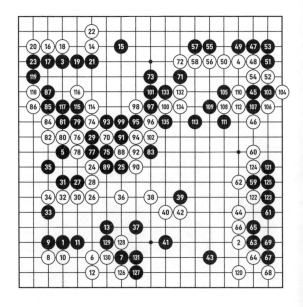

바둑 천재들의 베이스캠프

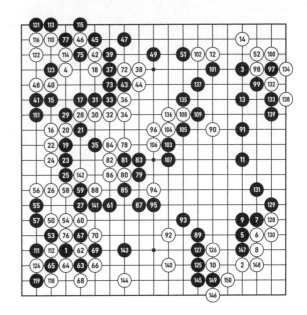

백 박지은(39분 사용)

흑 김세영(39분 사용) 덤 5집 반

• 제23기 여류국수전 8강
• 1996년 3월 1일
• 63빌딩 글로리아 홀
• 각 40분 30초 3개
• 151수 이하 줄임 흑2집 반 승
• 71=63
 74=62
 117=1
 120=112

박지은의 바둑 분석

1. 포석(1~52)
   1) 백이 4집 반 불리했다.
   2) 좌상귀 변화에서 큰 손해를 입었다. 상대 무리수 응징에 실패했다.
   3) 좌상 백7점이 미생이라 부담스럽다.
2. 중반전(53~124)
   1) 백이 5집 반 유리했다.
   2) 좌하귀 접전에서 패가 발생했다. 바꿔치기 이후 절대 우세했다.
   3) 좌상귀 좌하귀 바꿔치기 이후에도 백이 덤 정도 유리했다.
3. 끝내기(125~151)
   1) 크기 계산이 안 돼서 백이 역전패당했다.

공부 방법

1. 좌상귀 변화 완벽하게 공부할 것. 공부량의 20%를 할애한다.
2. 패가 생겼을 때 바꿔치기에 대한 크기를 계산한다.
3. 사활을 풀고 꼭 계산해본다. 공부량의 70%를 할애한다.

정성오

흑 박지은

- 한국기원 연구생 리그전
- 1996년 3월 17일 일요일
- 한국기원 연구생실 4층
- 덤 5집 반
- 140수 이하 줄임 백3집 반 승

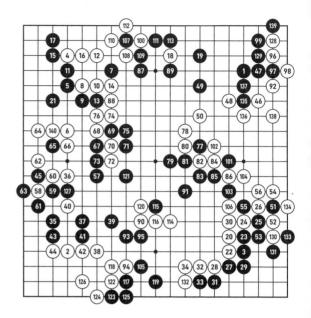

박지은의 바둑 분석

1. 포석(1~50)
    1) 포석에는 성공했다.
    2) 좌상귀 변화에 약하다.
    3) 고정관념을 가지고 있다.
2. 중반전(51~140)
    1) 흑51은 손해, 백52로 늘 곳이다.
    2) 흑71은 백72로 단수치고 75로 밀 곳이다.
    3) 흑99는 선수로 당했다. 손 뺄 곳이다.
3. 끝내기
    1) 끝내기에 들어가서 손해를 봤다.

공부 방법

1. 좌상귀 요도 변화를 공부한다.
2. 사활 풀고 수읽기와 계산 훈련에 60%를 할애한다.
3. 실전에서 형세판단과 작전구상을 많이 해봐야 한다.

백 박지은

흑 이용희 덤 5집 반

- 한국기원 연구생 리그
- 1996년 3월 17일 일요일
- 한국기원 연구생실 4층
- 149수 이하 줄임 흑 불계승
- 36=28
  41=5
- 바둑 감상: 포석의 중요성을 보여준
  바둑이었다.

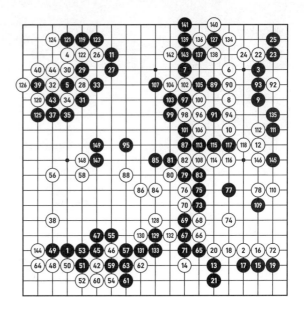

박지은의 바둑 분석

1. 포석(1~56)
   1) 실패했다. 백이 7집 반 불리하다.
   2) 좌상귀에서 많이 당했다.
   3) 포석부터 부족함이 드러났다.
   4) 좌상귀에서 큰 손해를 봐서 어려운 형세가 되었다.
2. 중반전(57~149)
   1) 포석 실패로 계속해서 불리한 싸움을 하게 된다.
   2) 컨디션이 최악 같다. 뭔가 안 풀리는 바둑이다.
   3) 상대가 강하다. 부족함이 드러난다.

공부 방법

1. 초일류 기보를 보면서 포석을 연구한다. 공부량의 50%를 할애한다.
2. 사활 풀면서 수읽기와 계산 훈련은 꾸준히 한다. 공부량의 50%를 할애한다.

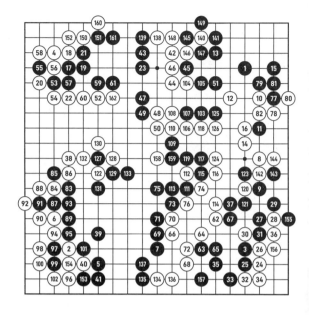

백 김정수

흑 박지은 덤 5집 반

• 한국기원 연구생 리그
• 1996년 3월 31일
• 한국기원 연구생실 4층
• 162수 끝 백 불계승

박지은의 약점

1. 완패. 승부처가 없었다.
2. 사활이 안 걸리고 계산으로 가는 바둑에 약하다.

공부 방법

1. 포석을 연구해야 한다.
2. 계산이 중요해졌다. 하루 공부량의 60%를 계산 공부에 쓴다.
3. 상대들을 수읽기로 압도할 수 없다.
4. 형세로 앞선 후 기회를 잡아 전투를 해야 한다.

바둑 천재들의 베이스캠프

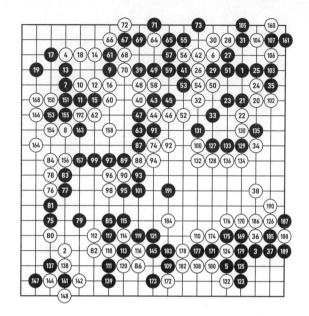

백 김세영

흑 박지은 덤 5집 반

- 한국기원 연구생 리그
- 1996년 4월 11일 목요일
- 192수 끝 백 불계승
- 140, 146, 152, 162, 167=114
  143, 149, 159, 165=113
  181=124

박지은의 약점

1. 우상귀 양걸침 변화
2. 손 따라 두는 경향이 있다. 수읽기와 계산능력이 부족해 손을 못 뺀다.
   사활만 안 걸리면 손을 빼도 된다. 계산 싸움이다.
3. 상대가 강한 곳 상변에서 무리하게 싸운다. 백이 58로 백64로 먼저 치중했으면 흑이 위험했다.

공부 방법

1. 초일류 기보를 감상하면서 포석을 공부한다.
2. 형세판단을 계속 해야 한다.
3. 사활 풀면서 수읽기, 계산 공부에 60%를 할애한다.
4. 수읽기와 계산이 강해져야 나머지가 해결된다.

부록 2 정경수 바둑 베이스캠프 기보 모음

337

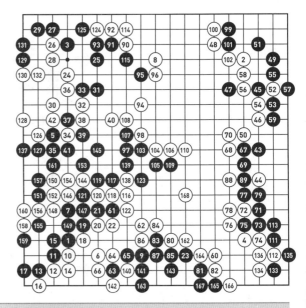

백 박지은

흑 도은교 덤 5집 반

- 제9회 여류입단대회 예선
- 1996년 4월 20일 토요일
- 한국기원 2층 대회장
- 168수 이하 줄임 백12집 반 승

박지은의 바둑 분석

1. 포석(1~66)
   1) 성공했다.
   2) 좌하귀 변화를 숙지하고 사활에 신경 써야 한다.
2. 중반전(67~100)
   1) 능률에 대한 사고력이 부족하다.
   2) 급한 곳을 놓친다(사활 관계).
3. 끝내기(101~168)
   1) 계산이 더 정확해져야 한다.
   2) 반 집 승부에서 이겨내야 한다.

공부 방법

1. 사활 풀고 계산하는 데 공부량의 60%를 할애한다.
2. 초일류 기보를 감상할 때 형세판단 많이 해본다.
   사활이 서로 해결된 시점에서 계속 계산해볼 필요가 있다.
3. 바둑은 집이 많아야 이긴다.
4. 바둑의 본질은 집이다.
5. 수읽기. 계산, 능률은 집을 많이 만들기 위한 기술이다.

바둑 천재들의 베이스캠프

백 김은옥

흑 박지은 덤 5집 반

- 제9회 여류입단대회 1차 예선
- 1996년 4월 20일 토요일
- 한국기원 2층 대회장
- 129수 끝 흑 불계승

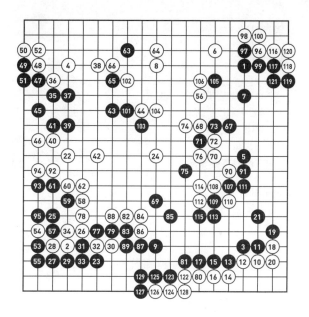

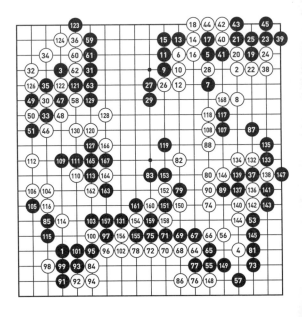

백 박지은

흑 이민진

- 제9회 여류입단대회 2차 예선
- 1996년 4월 21일 일요일
- 한국기원 4층 특별대국실
- 덤 5집 반
- 168수 이하 줄임 백 불계승
- 52=30
  54=33
  125=47

박지은의 바둑 분석

1. 포석(1~45)
   1) 성공했다.
   2) 우상귀 변화에서 대만족했다.
2. 중반전(46~126)
   1) 형세판단이 정확하지 않다.
   2) 차이가 좁혀졌다.
3. 끝내기(127~168)
   1) 계산력이 부족하다.

공부 방법

1. 우상귀 변화를 확실히 공부하는 데 공부량의 20%를 할애한다.
2. 사활 풀고 계산하는 데 공부량의 60%를 할애한다.
3. 능률에 대해 깊은 생각을 해보는 데 공부량의 20% 할애한다.

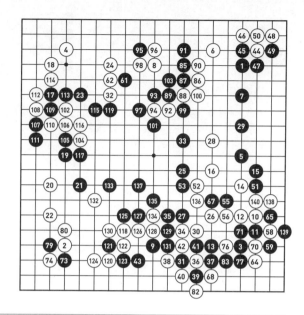

백 김세영

흑 박지은

- 제9회 여류입단대회 2차 예선 3국
- 1996년 4월 21일 일요일
- 한국기원 4층
- 덤 5집 반
- 140수 이하 줄임 백9집 반 승
- 54, 60, 66, 72, 78, 84=36
  57, 63, 69, 75, 81=31

박지은의 바둑 분석

1. 포석(1~50)
   1) 만족스러운 결과이다.
   2) 방향 착오가 나온다.
2. 중반전(51~140)
   1) 우변이 관통당해서 반 집 승부가 되었다.
   2) 패싸움에서 손해를 본다. 손해팻감을 쓴다.
   3) 좌상변에서 잘 처리돼서 흑 필승 국면이었다.
   4) 유리한 국면에서 너무 물러났다. 한 수로 집이 되는 곳이 크다.
   5) 형세판단에 오류가 심하다.
   6) 계산이 안 되어 어디가 큰 곳인지 못 찾는다.

공부 방법

1. 형세판단을 계속하면 방향 착오를 줄일 수 있다.
2. 계산 공부를 꾸준히 해야 한다.
3. 사활 풀면서 수읽기 훈련은 꾸준히 한다. 공부량의 60%를 할애한다.
4. 수읽기와 계산능력이 올라가면 바둑은 전체적으로 발전한다.

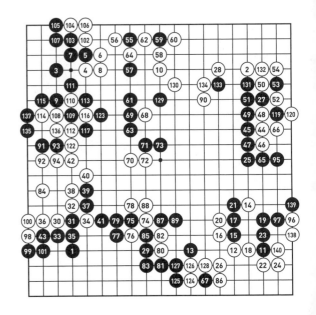

백 박지은

흑 김혜민 덤 5집 반

- 제9회 여류입단대회
- 1996년 4월 21일 일요일
- 한국기원 4층
- 140수 이하 줄임 백5집 반 승

박지은의 바둑 분석

1. 포석(1~43)
   1) 실패했다.
   2) 우하귀 변화에서 손해를 봤다.
2. 중반전(44~140)
   1) 계산력이 부족하다.
   2) 형세판단이 부정확해서 작전 오류가 있다.

공부 방법

1. 사활 풀고 계산하는 데 공부량의 60%를 할애한다.
2. 기보 감상할 때 형세판단을 많이 해본다. 형세판단을 계속하면서 흐름을 파악해봐야 한다.

바둑 천재들의 베이스캠프

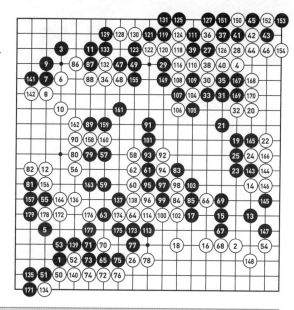

백 박지은(1시간 사용)

흑 한해원(1시간 30분 사용) 덤 5집 반

- 제9회 여류입단대회 본선
- 1996년 4월 22일 월요일
- 각 1시간 30분 30초 3개
- 한국기원 4층
- 179수 이하 줄임 흑 집 승
- 112, 117=104
  115=109
- 당시 대국 심정: 이기려고 두었다. 부득탐승(不得貪勝).

박지은의 바둑 분석

1. 포석(1~49)
   1) 실패
   2) 우상귀에서 백이 좀 당했다.
2. 중반전(50~103)
   1) 백 반 집 불리
   2) 중앙 처리가 잘못돼서 역전
3. 끝내기(104~179)
   1) 상변을 뚫어서는 필승국면
   2) 좌상귀에서 쉬운 결정타를 놓쳤다. 수읽기가 부족하다.
   3) 한 판의 바둑을 살펴보면 시작부터 끝날 때까지 자신의 부족함이 결국 드러난다.
   4) 결국 부족한 사람이 진다.

공부 방법

1. 부족함을 채워야 한다.
2. 사활 풀면서 수읽기, 계산능력을 채워야 한다. 공부량의 50%를 할애한다.
3. 초일류 기보를 보면서 포석, 부분 전투에서 선후수 관계를 살핀다.
   전체를 읽는 시야를 가지고 형세판단을 한 후에 능률, 작전구상 능력을 채워야 한다.
4. 이 정도 바둑으로 밥 먹고 살기 힘들다.

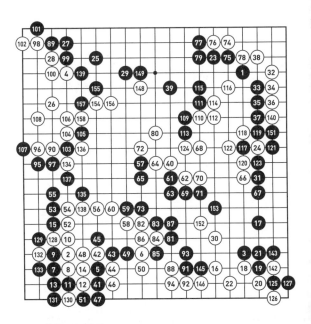

백 김효정(1시간 29분 사용)

흑 박지은(1시간 사용)

- 제9회 여류입단대회
- 1996년 4월 22일 월요일
- 한국기원 4층
- 덤 5집 반
- 각 1시간 30분 30초 3개
- 158수 이하 줄임 백 반 집 승
- 당시 대국 심정: 이기려고 두었다. 부득탐승(不得貪勝).

박지은의 바둑 분석

1. 포석(1~39)
   1) 만족한다.
   2) 중반전 없는 끝내기 바둑이었다.
2. 끝내기(40~158)
   1) 통한의 반 집 패.
   2) 좌하 부근 흑석점을 쉽게 버렸다. 살렸으면 우세한 국면이었다.
   3) 형세판단이 틀렸다. 흑57은 백86으로 젖힐 곳이다. 미세해졌다.
   4) 우변에서 처리가 잘못됐다.
   5) 바둑을 졌는데 시간을 남긴다.

공부 방법

1. 상대가 전투를 피하면 계산바둑으로 간다. 끊임없이 형세판단하고 형세로 앞서야 한다. 형세로 앞서면 전투가 유리해져 수읽기가 빛을 발한다.
2. 사활 풀고 계산 공부하는 데 공부량의 70%를 할애한다.
3. 시합바둑할 때 시간을 다 사용하도록 한다. 이기는 길이 보일 때까지 시간을 써서 생각한다.

바둑 천재들의 베이스캠프

백 이후자(1시간 29분)

흑 박지은(30분)

- 제9회 여류입단대회 본선 3국
- 1996년 4월 23일 화요일
- 한국기원 4층
- 각 1시간 30분 1분 초읽기 3회
- 143수 끝 흑 불계승
- 대국 당시 심정: 열심히 두었다. 공격력이 돋보인 한 판이었다.

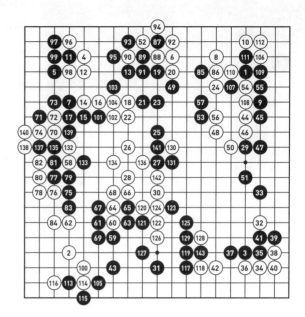

박지은의 바둑 분석

1. 포석(1~43)
   1) 만족스럽다.
   2) 흑이 1집 반 유리하다. 갈 길은 멀다.
   3) 실리도 괜찮고 미생이 없다.
2. 중반전(44~100)
   1) 흑이 11집 유리한 국면이었다.
   2) 흑51, 57은 손 뺄 곳이었다.
   3) 백70으로 반 집 승부였다.

4) 좌변을 75 이하 84까지 선수로 백집을 지워서 흑이 4집 반 유리했다.
3. 끝내기(101~143)
   1) 흑9집 반 유리
   2) 흑135로 백136 자리로 파호할 곳. 패가 나는데 꽃놀이패다.
   3) 계산이 부정확하다.
   4) 유리해도 정확한 수읽기를 보여주어야 한다.

공부 방법

1. 사활 풀고 계산하는 데 공부량의 50%를 할애한다.
2. 형세판단을 한다.
3. 바둑판 위에 놓인 돌들을 활용할 수 있는 작전구상을 해본다.

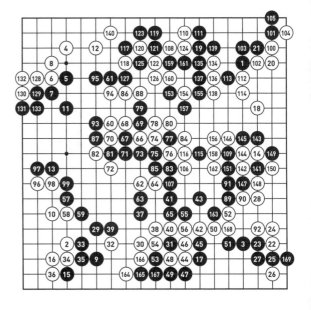

백 김선희(1시간 27분 사용)

흑 박지은(50분 사용)

• 제9회 여류입단대회
• 1996년 4월 24일 수요일
• 한국기원 4층
• 덤 5집 반 각 1시간 30분 30초 3개
• 169수 이하 줄임 흑1집 반 승
• 152=141

박지은의 바둑 분석

1. 포석(1~31)
   1) 만족스럽다.
2. 중반전(32~169)
   1) 집념의 역전승
   2) 하변에서 공격에 실패했다.
   3) 불리하니까 중앙에서 난전을 유도했다.
   4) 중앙전투에 실패했다.

5) 백134가 무리수로 흑이 기회를 얻음. 우하귀를 넘을 곳이다.
6) 흑143이 무리수로 역전했다.
7) 흑155 때 백156으로 흑157 자리로 늘었으면 백이 반면으로 유리했을 것이다.
8) 흑169에 손이 와서는 흑이 유리했다.

공부 방법

1. 포석부터 사활에 신경 쓴다.
2. 실리를 너무 빼앗기지 않는다.
3. 세력을 어떻게 이용할 것인가에 대한 생각이 필요하다.
4. 수읽기를 할 때 넓게 한다.
5. 계산이 약하다. 계산 공부를 열심히 한다.
6. 수읽기와 계산은 평생 자산이다.
7. 수읽기와 계산 공부에 하루 공부량의 60%를 투자해야 한다. 매우 중요한 부분이다.

(백) 박지은(30분 사용)

(흑) 조혜연(1시간 10분 사용) 덤 5집 반

- 제9회 여류입단대회 본선 5국
- 1996년 4월 24일 수요일
- 각 1시간 30분 30초 3개
- 146수 이하 줄임 백 반 집 승
- 바둑 한 지 3년 24일째
- 당시 대국 심정
  1) 대개 편하게 두었다. 반전무인(盤前無人).
  2) 이길 생각이 없었다. 부득탐승(不得貪勝).

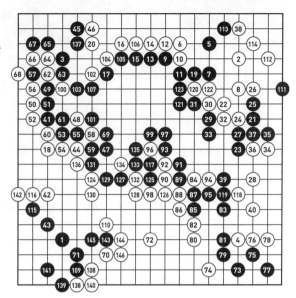

박지은의 바둑 분석

1. 포석(1~47)
   1) 성공적이었다.
2. 중반전(47~107)
   1) 양선수 자리를 타이밍을 놓친다.
   2) 상대 대모양 삭감할 때 행마에 신경 쓸 것. 상대는 가장 강하게 반발한다.
   3) 대모양은 형세판단을 정밀하게 세심하게 한다.
3. 끝내기(108~146)
   1) 계산력이 약해 끝내기에서 손해를 본다.

공부 방법

1. 사활을 풀면서 계산에 치중한다. 공부량의 60%를 할애한다.
2. 초일류 기보를 감상할 때 형세판단을 많이 해본다.

백 박지은(45분 사용)

흑 김세영(1시간 20분 사용) 덤 5집 반

- 제9회 여류입단대회 본선 7국
- 1996년 4월 25일 목요일
- 각 1시간 30분 30초 3개 한국기원 4층
- 총보 292수 끝 백4집 반 승
- 65, 71, 81, 87, 93, 103, 111, 117, 123, 129, 135, 141=57
  68, 74, 84, 90, 100, 108, 114, 120, 126, 132, 138=62
  127=79, 128=77, 226=63
  274=270, 292=271

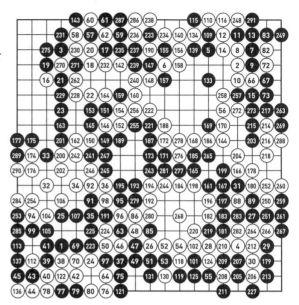

박지은의 바둑 분석

1. 포석(1~56)
   1) 불만족스럽다.
   2) 좌상귀 변화에서 실패했다.
   3) 하변 처리가 불만족스럽다. 백52는 백118로 날 일 자 할 곳이다.
   4) 백54도 흑101곳으로 입 구 자 할 곳. 행마가 살짝 어긋난다.

2. 중반전(57~144까지)
   1) 백이 불리했다.
   2) 상변에서 패가 났는데 바꿔치기에 대한 크기를 계산 못 한다.
   3) 형세판단을 계속해봐야 한다.

3. 끝내기 (145~292)
   1) 역전승
   2) 계산력은 약하지만 집중력이 좋았다.

공부 방법

1. 좌상귀 변화를 확실히 공부한다.
2. 패가 발생했을 때 바꿔치기에 대한 크기를 계산해볼 것. 전체 형세가 중요하다.
3. 사활 풀고 계산 공부에 전념할 것. 하루 공부량의 60%를 투자한다.
4. 상대 입장에서 생각하면 좋은 수가 떠오른다.

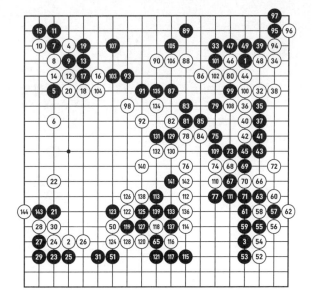

백 김청원

흑 박지은 덤 5집 반

• 한국기원 연구생 리그
• 1996년 4월 28일 일요일
• 한국기원 4층 연구생실
• 144수 끝 백 불계승
• 64=57

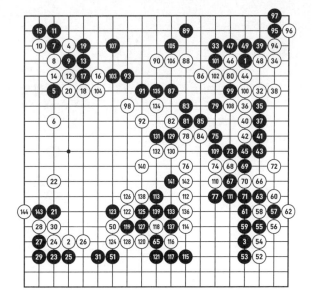

1. 본인 스타일로 판 짜는 공부가 필요하다.
2. 작전의 일관성이 있어야 한다.
3. 사활 풀고 계산할 것. 하루 공부량의 60%를 투자한다.
4. 본인 실전에 나온 귀 변화는 완벽하게 연구한다.

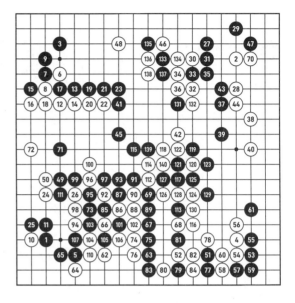

(백) 박지은

(흑) 장비 덤 5집 반

- 한국기원 연구생리그
- 1996년 5월 4일 토요일
- 1~140수 끝 백 불계승
- 66=108
  92=109

박지은의 약점	박지은의 강점
1. 포석에 실패했다, 2. 하변 전투에서 역전에 성공했다. 수읽기의 힘이 돋 보였다.	1. 수읽기가 발전했다. 2. 계산력은 많이 부족하다. 3. 형세판단은 문제가 많다. 4. 작전은 나름대로 구상한다.

공부 방법

1. 시종 불리한 바둑이었는데 하변 전투에서 수읽기로 제압했다.
2. 사활 풀고 계산한다. 하루 공부량의 60%를 할애한다.
3. 실전에서 사활에 신경 쓴다.
4. 형세판단을 자주 하고 돌의 능률을 생각하면서 작전구상을 한다.

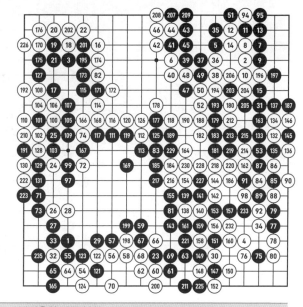

백 박지은

흑 홍슬기

- 한국기원 연구생 리그
- 1996년 5월 24일 금요일
- 한국기원 4층 연구생실
- 덤 5집 반 236수 끝 흑 반 집 승
- 93=85 / 96=8 / 224=191
  231, 236=151 / 234=158

박지은의 바둑 분석

1. 포석(1~53)
   1) 성공
2. 중반전(52~111)
   1) 백이 1집 반 불리했다.
   2) 하변이 깔끔하게 살아서는 성공. 백70의 가일수는 불필요했다.
   3) 백70으로는 백66을 움직였으면 백이 유리한 국면이 되었을 것이다.

4) 바둑은 유불리를 떠나 결국 전체적으로 부족한 사람이 진다.
5) 좌변에서 실리를 탐했다.
3. 끝내기(112~236)
   1) 아쉬운 반 집 패를 당했다.
   2) 계산 능력이 부족했다.

공부 방법

1. 사활 풀면서 수읽기와 계산 능력을 더 키워야 한다.
2. 포석: 초일류 기보를 보면서 공부한다.
3. 수읽기: 난이도를 올려가면서 사활을 푼다. 맥도 공부한다.
4. 계산: 사활 풀고 꼭 계산해본다. 하다 보면 좋아진다. 공부량의 60%를 할애한다.
5. 능률: 부분적인 접전에서 돌의 능률을 꼭 따져봐야 한다.
6. 형세판단: 대국할 때마다 횟수를 늘린다.
7. 작전: 초일류 기보를 감상하면서 작전에 대해 이해한다.
8. 바둑으로 밥 먹고 살려면 부족함을 채우는 공부밖에 없다. 실전 대국은 부족함을 알기 위한 것이다.
   일인자가 될 자신이 없으면 바둑은 취미로 해야 한다. 세계 일인자는 초등학생 시절에 입단했다.

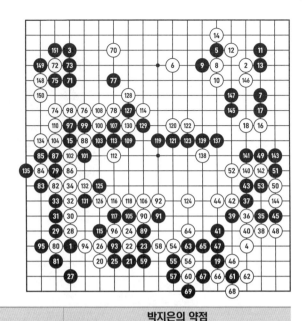

백 박지은(30분 사용)

흑 윤성혜(50분 사용) 덤 5집 반

- 제8회 쌍용여왕배 본선 8강
- 1996년 6월 16일 일요일
- 쌍용타워빌딩 13층
- 제한 시간 각 50분
- 151수 이하 줄임 흑1집 반 승
- 111=88
  133=127
  136=130

박지은의 바둑 분석	박지은의 약점
1. 포석(1~35) 　1) 실리를 내주었다. 　2) 포석에서 실리를 내주고 공격적이다. 집 균형이 　　무너지면 안 된다. 2. 중반전(36~151) 　1) 실패했다. 백이 6집 반 정도 불리했다. 　2) 우하귀 접전에서 잘됐다. 　3) 하변 접전에서 잘못됐다. 　4) 백60은 흑89로 막을 자리. 백이 2집 반 정도 우세 　　했다. 　5) 흑98로 관통당해서 어려워졌다.	3. 끝내기 　1) 끝내기에서 많이 추격했다. 　2) 접근전에서 수읽기는 좀 하는데 돌이 떨어지면 행 　　마가 잘 안 나온다. 　3) 계산이 안 되고 선후수관계를 따질 줄 모른다. 　4) 형세판단이 부정확하다. 　5) 능률에 대한 이해가 부족하다. 꼭 필요한 수인지 　　한번 더 생각해야 한다. 　6) 형세판단이 부정확하니 작전이 안 된다.

공부 방법

1. 한 문제를 한판의 승부처라고 생각하고 해결하는 데 공부량의 60%를 투자한다.
2. 초일류의 포석을 이해할 때까지 생각하면서 본다.
3. 기보를 볼 때 형세판단을 하면서 작전을 짜본다. 본인의 작전과 초일류의 작전을 비교해본다.
4. 작전은 형세판단 후 능률을 생각하면서 한다.

바둑 천재들의 베이스캠프

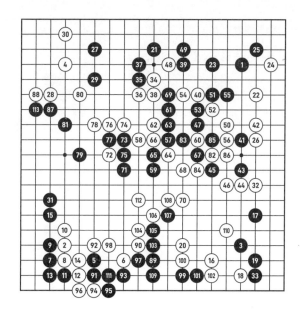

(백) 김혜민

(흑) 박지은 덤 5집 반

- 제8회 쌍용여왕배 16강
- 1996년 6월 16일 일요일
- 쌍용타워빌딩 13층
- 113수 끝 흑 불계승

박지은의 바둑 분석

1. 포석(1~33)
   1) 무난한 포석이었다.
2. 중반전(34~113)
   1) 흑이 15집 정도 우세했다.
   2) 흑67은 백64 한 점을 축으로 잡을 곳이다.
   3) 69로 흑이 5집 반 정도 우세했다.
   4) 73은 75로 쌍립 설 곳이다.

공부 방법

1. 맥 공부를 한다. 수근대사전에 공부량의 40%를 할애한다.
2. 사활 풀고 계산 공부를 한다. 공부량의 60%를 할애한다.
3. 능률에 대해서 깊이 생각한다.

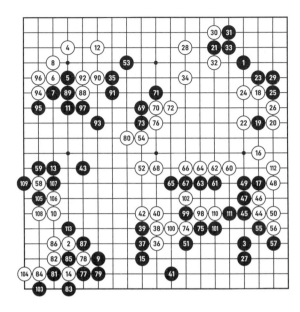

백 박정상

흑 박지은 덤 5집 반

- 한국기원 연구생 리그
- 1996년 7월 14일
- 1~113수 이하 줄임 흑 불계승

박지은의 약점	박지은의 강점
1. 무난한 포석이다.	1. 전체적으로 발전했다.
2. 대세점을 놓친다.	2. 계산력은 많이 부족하다.

공부 방법

1. 사활 풀고 독하게 계산 공부할 것. 전체 크기, 한 수 가치, 숨어 있는 집 계산(형세판단에 필요).
2. 초일류 기보를 보면서 포석을 연구한다.
3. 고정관념을 버려야 한다. 고정관념이 발전을 막는다.
4. 형세판단을 선수 잡을 때마다 해보고 능률을 생각하면서 작전구상을 한다.
5. 바둑의 본질은 집이다.

윤광선

백 차수권 3단

흑 윤광선 2점

- 지도 대국
- 1994년 6월 11일 토요일
- 일산 차수권 바둑 교실
- 163수 이하 줄임 결과 빅(和局)

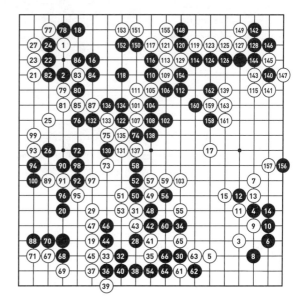

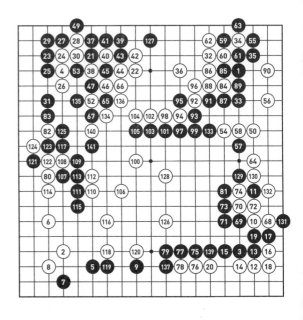

백 최철한

흑 윤광선 덤 5집 반

- 한국기원 연구생 리그
- 1995년 7월 16일 일요일
- 한국기원 4층 연구생실
- 141수 이하 줄임 백5집 반 승
- 48=40
  51=45
  138=52

윤광선의 약점

1. 흑49는 팻감 쓸 곳인데 패가 발생했을 때 처리 방법을 정확히 모른다.
2. 흑55로는 흑65로 바로 끊을 곳이다.
3. 흑65, 67로 흑이 우세.
4. 흑75는 백108로 큰 곳을 차지할 곳. 흑이 유리한 국면. 상변 백돌들이 중복됐다.
5. 두터움에 대한 깊은 생각이 필요하다.

공부 방법

1. 패 발생 시 바꿔치기에 대한 계산을 연구한다. 패댓가의 크기도 연구해야 한다.
2. 초일류 기보를 감상하면서 형세판단 후에 작전구상을 많이 해본다.
3. 사활 풀고 계산을 꼭 해본다. 공부량의 50%를 할애한다.

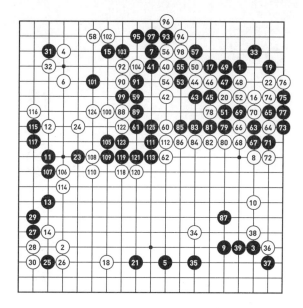

백 강창배

흑 윤광선 덤 5집 반

- 한국기원 연구생 리그
- 1995년 7월 17일 월요일
- 한국기원 4층 연구생실
- 125수 이하 줄임 흑 불계승

윤광선의 약점

1. 포석에 실패했다(1~42).
2. 좌하귀에서 백이 물러나서 흑이 1집 정도 이득을 봤다.
3. 백50으로 흑53에 늘었으면 흑이 불리한 형세다. 2집 반 정도.
4. 흑53, 55로 흑 역전. 흑이 5집 반 정도 우세하다.
5. 흑75는 백76으로 젖힐 곳이다. 8집 정도 손해 봤다.

공부 방법

1. 본인에게 맞는 난이도의 사활문제를 선택할 것. 1문제를 10분 안에 해결해야 한다.
2. 전체 크기, 한 수 가치, 숨어 있는 집(형세판단에 사용)을 계산해내야 한다.
3. 실전에서는 사활을 신경 쓰고 사활이 안 걸리면 손 뺀다.
4. 집이 적으면 두터움을 어떻게 집을 만들 것인가, 집이 많으면 상대의 두터움을 어떻게 지울 것인가를 고민해본다.
5. 돌의 능률을 생각하면서 작전구상을 깊이 해본다.
6. 바둑은 집이 많아야 이긴다. 바둑의 본질은 집이다.

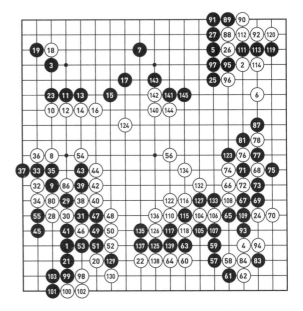

백 윤광선

흑 김청원 덤 5집 반

- 한국기원 연구생 리그
- 1995년 8월 5일 토요일
- 한국기원 4층
- 총보 145수 이하 줄임 백4집 반 승
- 79, 85=71
  82=68
  121, 131=115
  128=118

윤광선의 약점	윤광선의 강점
1. 좌상 변화에 약하다. 2. 우변에서 패가 발생했을 때 바꿔치기에 대한 패댓가 의 크기를 모른다.	1. 좌변에서 사삭 작전이 대성공했다.

공부 방법

1. 좌상귀 변화를 연구한다.
2. 패 발생 시 패댓가의 크기를 연구한다.
3. 사활 풀고 계산 공부한다. 하루 공부량의 50%를 할애한다.
4. 패 문제를 풀어보고 패댓가의 크기를 계산한다.
5. 문제 풀이는 초집중해서 10분 안에 해결한다.

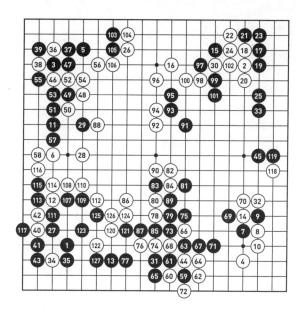

백 윤광선

흑 박영훈 덤 5집 반

- 한국기원 연구생 리그
- 1995년 8월 9일 수요일
- 한국기원 4층 연구생실
- 127수 이하 줄임 백3집 반 승
- 바둑 감상: 백번의 명국. 전체적으로 안정감이 돋보인다. 중앙경영이 좋았다.

윤광선의 약점

1. 정교한 수읽기에서 약하다.
2. 계산력은 좋아지고 있다.
3. '수읽기 + 계산 = 형세판단'을 많이 해봐야 한다.
4. 능률을 생각하면서 작전구상을 깊이 해봐야 한다.

공부 방법

1. 사활을 풀 때 수읽기를 치밀하게 해야 한다.
2. 계산도 같이 훈련한다.
3. 사활 풀이에 하루 공부량의 50%를 반드시 투자한다.

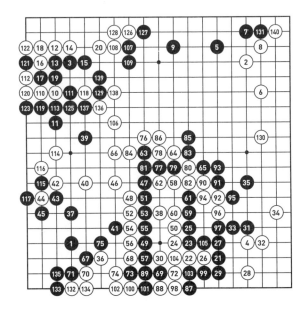

백 윤광선

흑 송태곤 덤 5집 반

- 한국기원 연구생 리그
- 1995년 8월 26일
- 한국기원 4층 연구생실
- 140수 이하 줄임 백4집 반 승
- 124=121

윤광선의 약점

1. 우하귀 변화. 백 성공.
2. 백52는 무조건 흑53으로 막을 자리.

공부 방법

1. 사활 풀면서 계산하는 데 하루 공부량의 45%를 투자한다.
2. 실전에서 사활을 신경 쓴다.
3. 사활이 해결되면 손 뺀다. 기자쟁선(棄子爭先).
4. 형세판단을 정확히 한다. 확정가만 세어본다. 두터움은 부분적으로 박스 형태로 계산한다.
   형세판단 후에 두터움을 집으로 환산해 본다. 능률을 생각하면서 작전구상을 한다.

바둑 천재들의 베이스캠프

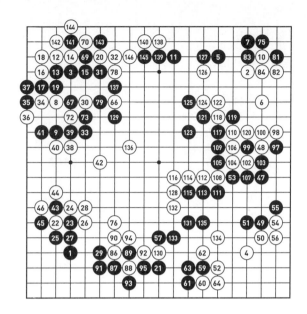

백 윤광선

흑 박영훈 덤 5집 반

- 한국기원 연구생 리그
- 1995년 9월 24일 일요일
- 146수 이하 줄임 백7집 반 승
- 58, 68, 74, 80, 96=22
  65, 71, 77, 85, 101=43

윤광선의 약점

1. 좌변 처리에서 손해 봤다. 백38로는 흑41로 호구칠 곳이다. 작전에 일관성이 없다.
2. 포석에 실패했다.
3. 백78로 흑67 한 점을 때려냈으면 확실히 우세했다. 백78이 악수로 손해를 봤다.
4. 우변 처리에서 백이 잘돼서 역전에 성공했다.

공부 방법

1. 본인 실전에 나온 귀 변화를 연구한다.
2. 사활을 풀면서 수읽기, 계산 훈련을 하는 데 하루 공부량의 60%를 할애한다.
3. 초일류 기보를 감상하면서 형세판단 후에 작전구상을 연구한다.

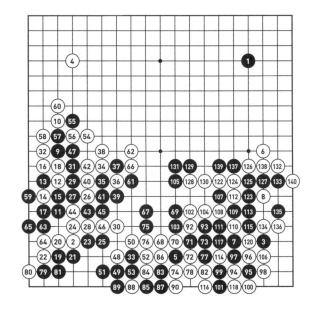

(백) 박정상

(흑) 윤광선 덤 5집 반

- 한국기원 연구생 리그
- 1995년 9월 24일 일요일
- 한국기원 4층 연구생실
- 총보 140수 끝 백 불계승
- 91=88
  119=114
  121=110
- 시종일관 전투바둑

윤광선의 약점

1. 수읽기에서 집중력이 요구된다.
2. 흑19로 3, 3에 들어왔을 때 변화에 약하다.
3. 접근전에서의 행마에 약하다.

공부 방법

1. 사활 풀고 계산하는 데 하루 공부량의 60%를 투자한다.
2. 접근전이 시작되면 집중한다.
3. 상대방 입장에서 깊이 생각한다.
4. 능률을 생각한다. 공격하면서 이득 보면 만족이다.

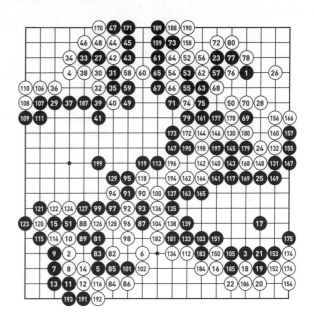

백 윤혁

흑 윤광선 덤 5집 반

- 한국기원 연구생 리그
- 1995년 10월 7일 토요일
- 한국기원 연구생실 4층
- 199수 끝 백 반 집 승
- 흑199 가일수로 인해 흑 반 집 패 아까운 바둑
- 125=120

윤광선의 약점

1. 부분 접전에서 수읽기의 부족함이 노출된다. 백118 때 흑119는 흑119 왼쪽으로 늘었으면 완전히 우세했을 것인데 흑119를 경솔하게 두어 큰 실착을 범했다. 순간적으로 25집 대손해를 봤다.
2. 백126으로 흑127 자리로 이었으면 백이 절대적으로 우세했을 것이다.
3. 접전에서 수읽기의 오류는 치명상을 입는다.
4. 한 판의 바둑을 보면 결국 부족한 사람이 진다. 기술적, 정신적인 부족함 둘 다 포함한다.
5. 기회가 있었으나 아쉽지만 부족해서 졌다.

공부 방법

1. 실전 대국할 때 상대의 노림수를 정확하게 알아내야 한다.
2. 손 뺄 것인가, 받을 것인가를 결정한 후 형세판단하여 수읽기를 시작한다.
3. 부족함을 채워 더 강해지는 수밖에 없다.
4. 난이도에 맞는 사활을 풀고 계산하는 데 공부량의 50%를 할애한다.

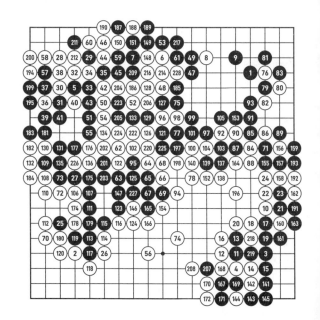

(백) 윤광선

(흑) 유석민 덤 5집 반

- 제4회 문화체육부장관배
- 1995년 11월 26일
- 서울 보라매공원
- 228수 끝 백8집 반 승
- 173=144
  210, 215=188
  213=187
  221=96
- 바둑 감상: 첫 제자의 첫 우승 기보.
  1992년 10월 23일에 단수를 배우고
  3년 1개월 3일 만에 전국대회에서 우
  승했다.

윤광선의 약점

1. 우하귀 변화에서 실리를 많이 내주었다. 두터움이 단점이 있어서 어떻게 활용할지 고민할 부분이다.
2. 좌상귀에서 실리를 챙겼으나 흑이 두텁다.
3. 끝내기에서 역전우승했다.

공부 방법

1. 본인 실전에 나온 귀 변화를 완벽하게 공부한다.
2. 사활 풀고 계산해본다. 하루 공부량의 50%를 할애한다.
3. 연구생 리그전은 본인 능력만큼 두고 부족함을 생각한다.
4. 자신 없으면 부족한 것이다.
5. 실전 대국할 때 두터움을 어떻게 활용할 것인가를 많이 생각한다.

백 윤광선

흑 이정희 덤 5집 반

- 제4회 문화체육부장관배 8강
- 1995년 11월 26일 일요일
- 보라매공원 생활체육센터
- 144수 끝 백 불계승

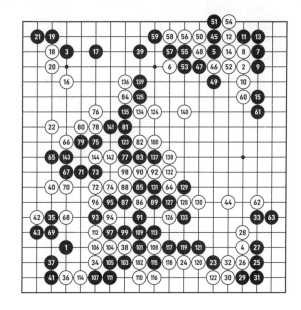

윤광선의 약점

1. 우상귀 변화에서 백의 손해로 불리하다. 백52로는 백60으로 밀 곳이었는데 수읽기가 부족했다.
2. 백 좌변 공방에서 방향 착오로 불리해졌다.
3. 정말 운이 좋았다.

공부 방법

1. 전체를 보는 공부를 한다.
2. 사활 풀어서 수읽기와 계산능력을 키우는 데 하루 공부량의 60%를 투자한다.

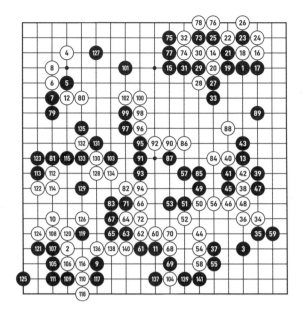

백 이중세

흑 윤광선 덤 5집 반

- 제4회 문화체육부장관배 4강
- 1995년 11월 26일 일요일
- 보라매공원
- 139수 이하 줄임 흑 불계승

윤광선의 약점	윤광선의 강점
1. 흑45는 백40이 왼쪽으로 늘어둘 곳. 두텁다. 2. 접근전에서 행마가 부자연스럽다. 3. 백46은 당연히 흑47 자리로 막을 곳. 형세역전.	1. 흑47 이후는 흑이 잘 두었다.

공부 방법

1. 접근전에서 행마에 신경 써야 한다. 상대 입장에서 꼭 생각한다. 역지사지.
2. 포석에서 본인의 장점을 발휘할 수 있는 판을 짠다. 두터움을 잘 이용하면 세력 모양 바둑으로, 상대의 두터움을 잘 지우거나 중복을 만들면 실리바둑으로. 사활은 포석부터 신경 쓴다. 곤마 생기면 뒤에 가서 공배를 많이 두게 된다. 능률도 진다.

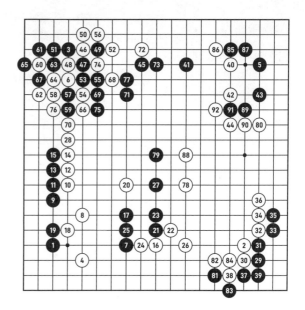

백 윤광선

흑 김효정 덤 5집 반

- 제4회 문화체육부장관배 16강
- 1995년 11월 26일 일요일
- 백 판정승(안관욱 3단, 유병호 7단 공동판정)

윤광선의 바둑 분석

1. 수읽기가 접근전에서 정확하지 못하다.
2. 계산능력을 보면 전체적인 형세판단은 조금 한다.
3. 형세판단은 조금 한다.
4. 능률은 가끔 생각한다.
5. 작전능력을 보면 형세판단이 부정확해서 실패할 확률이 높다.

공부 방법

1. 사활문제를 풀 때 실전의 승부처라고 생각한다.
   사활문제는 한번에 푸는 훈련이 필요하다. 풀고 계산해본다.

백 윤광선

흑 송태곤 덤 5집 반

- 한국기원 연구생 리그
- 1996년 1월 6일 토요일
- 한국기원 연구생실 4층
- 157수 이하 줄임 백 불계승
- 바둑 감상: 백이 잘 둔 바둑

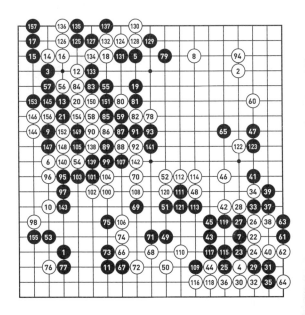

윤광선의 약점

1. 우하귀 변화에 대한 대책이 있어야 한다.
2. 행마에 신경 써야 한다.

공부 방법

1. 사활 풀고 계산하는 데 하루 공부량의 60%를 투자한다.
2. 형세판단을 자주 하고 능률을 생각하면서 작전구상을 한다.
3. 본인의 능력만큼만 두려고 노력한다.

바둑 천재들의 베이스캠프

백 윤광선

흑 박정상 덤 5집 반

- 한국기원 연구생 리그
- 1996년 2월 4일 일요일
- 한국기원 연구생실 4층
- 154수 이하 줄임 백 불계승
- 104=56
  106=99
  145,151=137
  148=142
- 바둑 감상: 치열한 난전(難戰)바둑.
  용궁 다녀왔다.

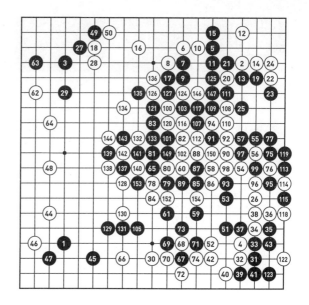

윤광선의 약점

1. 우상귀 변화에 약하다.
2. 백16은 백20으로 젖힐 곳이었다.
3. 백72는 흑73으로 키워서 버릴 곳이었다.
4. 우변 백 사활을 간과했다.

공부 방법

1. 사활 풀고 계산한다. 전체 크기, 한 수 가치, 숨어 있는 집(형세판단에 사용) 계산하기에
   하루 공부량의 60%를 투자한다. 수읽기와 계산은 바둑의 기본이므로 더 신경 쓴다.
2. 실전에서는 사활에 신경 쓰고 형세판단을 자주 해본다.
3. 형세판단 후에 돌의 능률을 생각하고 작전구상에 심혈을 기울인다.
4. 패가 발생했을 때 패댓가의 크기를 정확하게 알아야 한다.

홍맑은샘

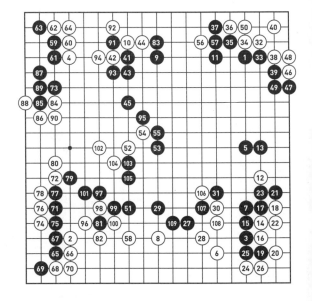

백 안달훈

흑 홍맑은샘 덤 5집 반

- 제3회 이붕배 갑조 결승
- 1990년 7월 29일
- 부산 금강유스호텔
- 109수 끝 흑 불계승
- 바둑 감상: 홍시범 감독님은 홍맑은샘이 태어나기 전인 1979년부터 바둑을 배워서 자식에게 바둑을 가르쳤다. 홍맑은샘은 아버지한테 단수부터 바둑을 배워서 전국대회 최강부에서 우승했다. 가장 감동적인 바둑이다.

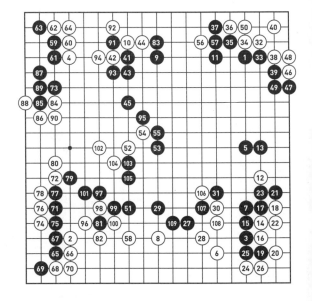

백 현미진

흑 홍맑은샘 덤 5집 반

- 한국기원 연구생 리그전
- 1992년 9월 25일
- 총보 141수 끝 흑 불계승

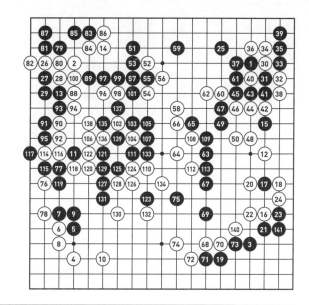

홍맑은샘의 바둑 분석

1. 포석(1~51)
   1) 흑이 실패했다.
   2) 우상귀 변화에서 많이 당했다.
2. 중반전(52~141)
   1) 사활이 해결될 때까지를 중반전으로 봤다.
   2) 상대 세력을 의식한다.
   3) 좌상귀 변화에 약하다.
   4) 형세판단이 안 돼서 무리한 공격을 한다.
   5) 시야가 좁다.
   6) 흑141 이후 백이 흑117 위로 먹여치면 백 승이었다.

공부 방법

1. 우상귀, 좌상귀 변화를 공부하는 데 공부량의 20%를 할애한다.
2. 사활을 풀고 계산해보는 데 공부량의 50%를 할애한다.
3. 실전 대국 때 형세판단을 계속해본다,
4. 초일류 기보 감상 때 형세판단을 자주 해 보고 작전구상을 비교해본다.
   하루 공부량의 30%를 투자한다.

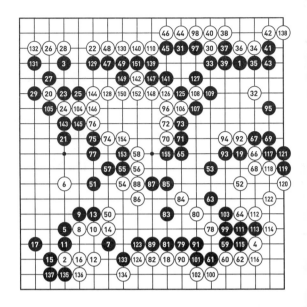

백 황정찬

흑 홍맑은샘 덤 5집 반

• 한국기원 연구생 리그전
• 1992년 10월 28일
• 총보 1~155수 끝 흑 불계승

홍맑은샘의 약점

1. 좌하귀 변화. 축 관계 포함.
2. 초반전에 방향 착오가 나온다. 상대를 공격하면서 집을 만드는 방법을 잘 모른다.
3. 좌상귀 변화.
4. 사활이 안 걸리면 무조건 손빼야 한다.
5. 형세판단이 안 되고 능률을 생각하는 작전구상이 부족하다.

공부 방법

1. 사활 풀고 계산할 것. 한 문제당 10분 안에 해결한다. 하루 공부량의 60%를 투자한다.
2. 수읽기와 계산이 되어야 바둑이 된다.
3. 형세판단을 자주 해본다.
4. 능률을 생각하는 작전구상에 시간을 많이 투자한다.

백 유재성

흑 홍맑은샘 덤 5집 반

- 한국기원 연구생 리그전
- 1992년 11월 30일
- 총보 1~133수 끝 흑 불계승
- 65=60
  129=110

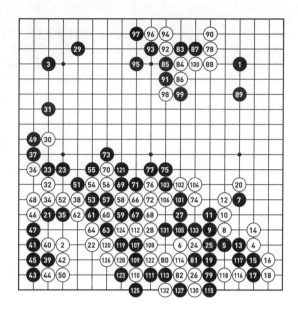

홍맑은샘의 약점

1. 우하귀 변화에 대한 대응법을 모른다.
2. 포석이 약하다.
3. 싸움을 무리하게 한다.
4. 좌변 전투에서 백 3점을 빵때림해서 순식간에 역전했다.

공부 방법

1. 초반전에 나온 귀 변화는 완벽하게 공부한다.
2. 돌의 능률을 깊이 생각한다.
3. 사활을 풀고 계산한다. 하루 공부량의 60%를 투자한다.
4. 바둑은 집이 많은 사람이 이기니까 계산이 중요하다.
   계산을 정확하게 하기 위해서 수읽기 훈련이 필수다.

백 이용찬

흑 홍맑은샘 덤 5집 반

- 한국기원 연구생 리그전
- 1992년 12월 23일
- 총보 1~101수 끝 흑 불계승
- 99=92

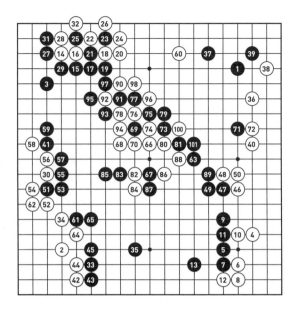

홍맑은샘의 약점

1. 초반전에 실리를 많이 허용한다.
2. 백68을 흑81로 한 간 뛰었으면 어려운 바둑이다.
3. 극단적인 세력바둑은 위험하다.

공부 방법

1. 귀 변화를 철저하게 공부하고 사활과 돌의 능률을 신경 쓴다.
2. 사활 풀고 계산하는 데 하루 공부량의 50%를 투자한다.
3. 형세판단을 한 후에 돌의 능률을 생각하면서 작전을 구상한다.

백 홍맑은샘

흑 박병규 덤 5집 반

- 한국기원 연구생 리그전
- 1993년 10월 17일
- 1~209수 이하 줄임 백3집 반 승
- 197=191
  199=189

홍맑은샘의 바둑 분석

1. 초반전(1~57)
    1) 백이 포석에 성공했다.
    2) 백26은 흑29로 한 번 더 밀 곳이었다. 흑29로 막히는 게 아니었다.
2. 중반전(51~100)
    1) 백 우세 형세를 확립했다.
    2) 흑95가 패착. 백96으로 좌상변이 백집이 되어서는 백 우세 형세가 확정되었다.

공부 방법

1. 우하귀 변화를 철저하게 연구한다. 변화 후 전체 상황과 조화를 이루는지 살펴본다.
   돌의 능률을 깊이 생각해볼 필요가 있다.
2. 우하귀를 쉽게 처리했다. 실리로 갈 것인지 고민해봐야 한다.
3. 사활 풀고 계산해보는 데 하루 공부량의 60%를 할애한다.
   한 문제를 10분 안에 풀고 계산까지 할 수 있는 문제를 선택하면 된다.

백 홍맑은샘

흑 안영길 덤 5집 반

• 한국기원 연구생 리그전
• 1993년 11월 21일
• 총보 1~128수 끝 백 불계승

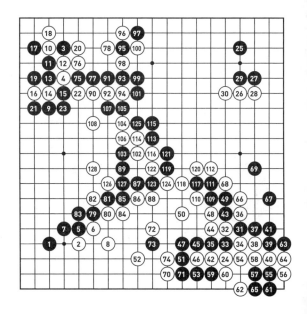

홍맑은샘의 약점

1. 좌하귀 변화에 약하다.
2. 좌상귀 변화에 약하다.
3. 우하귀 변화에서 손해가 컸다.
4. 흑65가 무리수로 백이 역전했다.
5. 백72가 결정타였다.

공부 방법

1. 본인의 실전에 나온 귀 변화는 완벽하게 공부한다.
2. 사활 풀고 계산하는 데 하루 공부량의 50%를 투자한다.
   전체 크기, 한 수 가치, 숨어 있는 집을 계산해내야 한다. 10분 안에 해결하려면 초집중해야 한다.
3. 돌의 능률을 생각하면서 작전을 구상한다.

바둑 천재들의 베이스캠프

백 조한승

흑 홍맑은샘

- 한국기원 연구생 리그전
- 1994년 1월 14일
- 덤 5집 반
- 1~219수 끝 흑4집 반 승

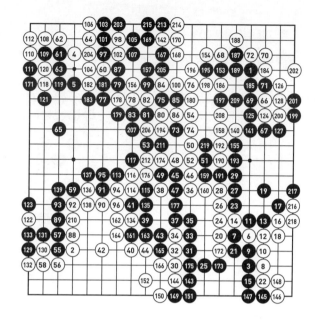

홍맑은샘의 약점

1. 우하귀 변화에 약하다.
2. 행마가 무겁다.
3. 흑105가 맥점으로 형세가 역전되었다.
4. 끝내기에 들어가서 계산을 정확하게 못 한다.

공부 방법

1. 우하귀 변화를 완벽하게 연구한다.
2. 사활 풀고 계산 공부에 집중한다. 공부량의 70%를 투자한다.

백 이희성(1시간 20분 사용)

흑 홍맑은샘(40분 사용) 덤 5집 반

- 한국기원 연구생 리그
- 1994년 3월 6일
- 소비 시간: 각 1시간 20분 30초 3개
- 1~171수 끝 흑 불계승
- 107=102

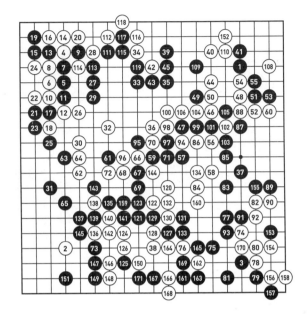

공부 방법

1. 좌상귀 변화를 철저하게 분석해본다.
2. 사활 풀고 계산한다. 하루 공부량의 60%를 할애한다.
3. 포석부터 사활에 신경 쓴다.
4. 초일류 기보를 감상하면서 형세판단을 자주 해보고 본인의 작전구상과 비교해본다.

백 한종진(48분 사용)

흑 홍맑은샘(48분 사용) 덤 5집 반

- 한국기원 연구생 리그전
- 1994년 5월 28일
- 각 1시간 20분
- 총보 1~127수 끝 흑 불계승
- 바둑 감상: 흑의 완승. 잘 둔 바둑이었다.

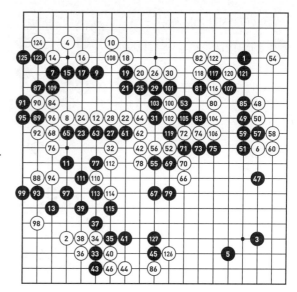

공부 방법

1. 본인의 난이도에 맞는 사활문제를 선택한다. 하나를 10분 안에 해결할 수 있는 문제면 된다.
2. 사활문제를 풀고 계산하는 데 하루 공부량의 60%를 투자한다.
3. 계산하는 방법: 전체 크기 계산 → 한 수 가치 계산 → 숨어 있는 집을 찾아냄(형세판단에 사용)

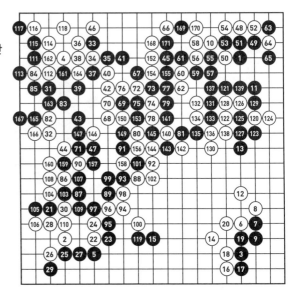

백 이현욱(1시간 29분 사용)

흑 홍맑은샘(1시간 10분 사용) 덤 5집 반

- 한국기원 연구생 리그전
- 1994년 8월 6일
- 각 1시간 30분 30초 3개
- 1~171수 끝 흑 불계승
- 148=140
- 151=145

홍맑은샘의 바둑 분석

1. 초반전(1~59)
   1) 흑이 포석에 실패했다.
   2) 흑29는 백30으로 늘 곳. 실리를 너무 밝혔다.
   3) 우상귀에서 실리로 손해가 컸다.
2. 중반전(60~171)
   1) 대역전승했다.
   2) 백144가 패착으로 백156으로 두었으면 백 우세를 유지할 수 있었다.

공부 방법

1. 사활 풀고 계산하기에 하루 공부량의 60%을 할애한다.
2. 본인의 실전에서 나온 귀 변화를 철저하게 분석한다.
3. 본인의 기풍을 고집하지 않아야 한다. 고수는 임기응변에 강하다.
4. 형세판단 후에 실리와 두터움을 비교해서 작전구상을 한다.

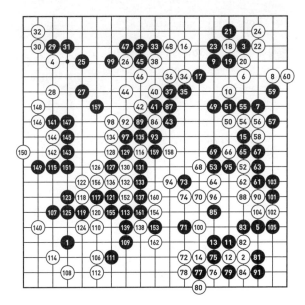

백 홍맑은샘

흑 이세돌 덤 5집 반

- 한국기원 연구생 리그전
- 1994년 9월 11일
- 한국기원 4층
- 각 1시간 30분
- 1~162수 이하 줄임 백2집 반 승

홍맑은샘의 약점

1. 우상귀 변화에 약하다.
2. 상변 접전에서 행마가 투박하다.
3. 백50은 흑99로 무조건 늘 곳. 절대점이다.
4. 형세판단이 부정확해서 작전구상에 착오가 있다.
5. 우변 흑 모양을 너무 의식했다.

공부 방법

1. 우상귀 변화를 철저하게 분석한다.
2. 절대점(사활관계)을 놓친다.
3. 형세판단을 계속해본다.
4. 사활 풀고 계산하는 데 하루 공부량의 50%를 할애한다.
5. 실전에서 사활이 걸리면 승부처이니 심사숙고한다.

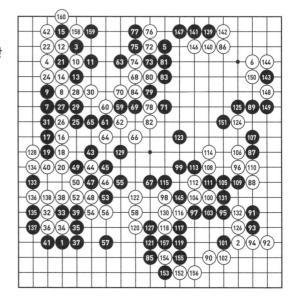

백 홍맑은샘(1시간 30분 사용)

흑 원성진(1시간 30분 사용) 덤 5집 반

- 연구생 리그전
- 1996년 1월 25일
- 각 1시간 30분 30초 3개
- 1~162수 이하 줄임 백3집 반 승
- 23=10
  51=44

홍맑은샘의 약점

1. 백14는 흑21로 이을 곳이었다.
2. 백16은 흑21로 이을 곳이었다.
3. 좌변 접전에서 백이 성공했다.
4. 끝내기에서 계산이 약해 손해를 본다.

공부 방법

1. 좌상귀 변화를 철저하게 연구한다.
2. 패가 발생했을 때 처리 방법을 연구한다.
   패 대가 크기에 관해 연구하고 한 수의 가치와 크기를 알아낸다.
3. 사활 풀고 계산한다. 하루 공부량의 50%를 할애하되 매일 해야 한다.

바둑 천재들의 베이스캠프

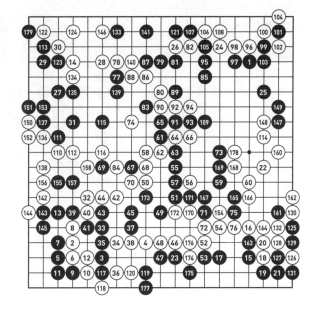

백 옥득진

흑 홍맑은샘 덤 5집 반

- 한국기원 연구생 리그전
- 1996이 12월 15일
- 1~179수 끝 흑 불계승
- 159=126

홍맑은샘의 약점

1. 주변 상황에 맞는 우하귀 변화에 약하다. 흑17은 백164로 붙여 실리를 선택할 곳이다.
2. 흑23이 작았다.
3. 사활에 신경 쓰고 실리에 민감해야 한다.
4. 바둑은 집이 많은 사람이 이긴다. 바둑의 본질은 집이다.

공부 방법

1. 귀 변화를 완벽하게 공부한다. '실리냐, 두터움이냐'의 선택에서 신중해야 한다.
2. 사활 풀고 계산하는 데 하루 공부량의 60%를 투자한다.
3. 상대의 의도를 파악하는 데 주력한다.
4. 형세판단 후에 돌의 능률을 생각하면서 작전구상을 한다.

백 홍장식(1시간 사용)

흑 홍맑은샘(1시간 15분 사용)

• 한국기원 연구생 리그
• 덤 5집 반 각 1시간 30분
• 1997년 3월 23일
• 1~159수 끝 흑 불계승

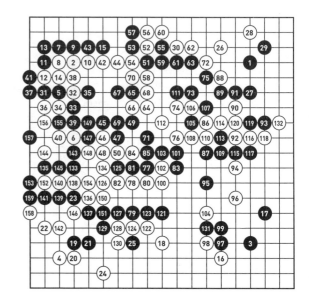

홍맑은샘의 약점

1. 행마가 무겁다.
2. 세밀한 수읽기가 부족하다.
3. 계산력이 약하다.
4. 형세판단에 오판이 있다.

공부 방법

1. 사활 풀고 계산을 꼭 해보는 데 하루 공부량의 50%를 할애한다.
2. 형세판단을 면밀히 해보고 두터움을 집으로 환산해서 작전을 짠다.

백 최철한

흑 홍맑은샘 덤 5집 반

• 한국기원 연구생 리그전
• 1997년 4월 6일
• 1~173수 끝 흑 불계승
• 110=98
  122, 128, 140=32
  125, 131=119
  135=107

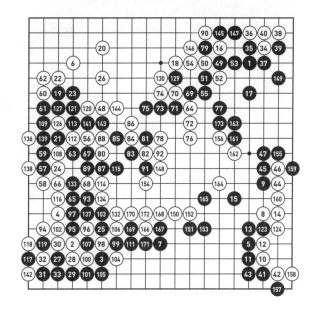

홍맑은샘의 약점

1. 흑41로는 좌변 흑을 안정시킬 곳이다.
2. 좌변 패싸움 과정에서 백138이 실착으로 흑139로 역전에 성공했다.
3. 패가 났을 때 바꿔치기에 대한 판단이 불확실하다.
4. 집념의 승리였다.

공부 방법

1. 실전 대국할 때 포석부터 사활에 신경 쓴다.
2. 사활 풀고 계산해보는 데 하루 공부량의 50%를 투자한다.
3. 패가 발생했을 때 바꿔치기에 대해 연구한다. 패 대가의 크기도 연구한다.
4. 팻감의 크기를 정확하게 알고 있어야 한다.

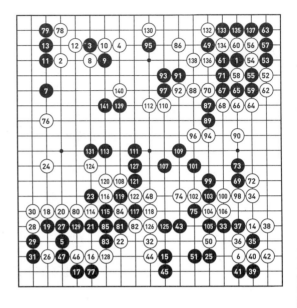

（백）한문덕

（흑）홍맑은샘 덤 5집

- 한국기원 연구생 리그
- 1997년 5월 25일
- 총보 1~141수 끝 흑 불계승
- 123=84

홍맑은샘의 약점

1. 좌상귀 변화에 약하다.
2. 선수를 뽑는 것이 중요하다. 기자쟁선(棄子爭先).
3. 느슨한 수가 자주 나온다.
4. 흑69는 백70으로 무조건 늘 곳이다.
5. 흑81은 흑85로 쌍점할 곳이다.

공부 방법

1. 좌상귀 양걸침 변화에 대해서 철저하게 연구한다. 돌의 능률과 전체 상황을 면밀히 살펴본다.
2. 좌하귀 변화를 분석한다.
3. 선수를 잡았을 때 형세판단을 해본다. 두터움을 집으로 환산한 후 작전구상을 한다.
4. 본인의 난이도에 맞는 사활을 풀고 계산한다. 하루 공부량의 50%를 할애하되 매일 해야 한다.
5. 수읽기, 계산, 형세판단, 능률, 작전구상에 자신이 있어야 한다.
   자신이 없으면 부족한 것이다. 부족하면 진다.

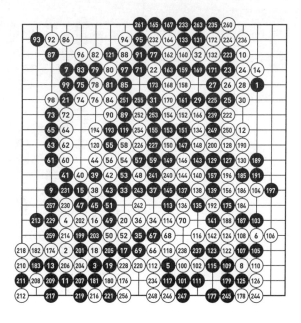

(백) 김정우 7단

(흑) 홍맑은샘 6단

• 제4회 천리안 온라인 바둑대회
• 1997년 11월 13일
• 한국기원
• 덤 5집 반
• 263수 끝 흑 반 집 승
• 46=39
  195=175
  198=192
  215=18
  258=216
  262=221
• 바둑 감상: 16세 때 한국기원 연구생
  을 나오고 처음 거둔 우승. 우여곡절
  이 많은 바둑이다.

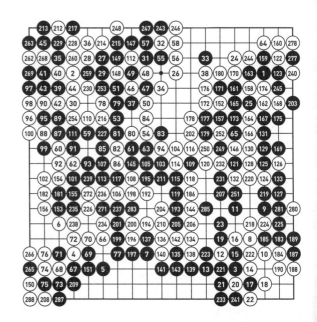

백 이창호 9단

흑 홍맑은샘 7단 선에 덤 5집 받음

- 2000 프로 아마대항전 1위전
- 2001년 4월 30일 하이텔 통신대국실
- 288수 끝 흑5집 승
- 52=47
  191=49
  242=17
  256=162
  257=158
  258, 264, 270, 276, 282=252
  255, 261, 267, 273, 279, 284=249
  274=268
  275=262
  286=265
- 바둑 감상: 2001년(당시 절대 무적) 세계 바둑 1인자 이창호 9단을 상대로 당당히 맞선 아마 1인자 홍맑은샘 7단의 자존심을 세운 역투보이다.

신진서

 신진서

 오유진

- 바둑 감상
  - 백14로는 백1로 다가가 우상귀를
    지키면서 중앙으로 같이 진출할 곳
    이다.
  - 계속해서 백25까지 무난히 진행한다.

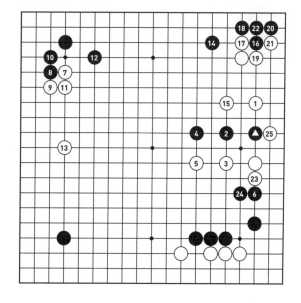

(백) 신진서

(흑) 오유진

• 바둑 감상
  - 백16으로는 백1, 3으로 우상귀를
    안정시킬 곳이다.
  - 계속해서 백5로 걸쳐서 좌변을 차
    지한다.

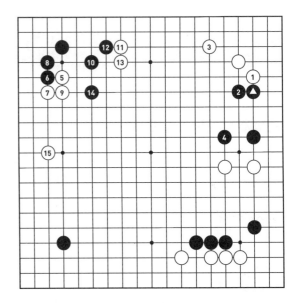

(백) 신진서

(흑) 오유진

• 바둑 감상
  - 백28로는 백1의 입구자가 견고한
    행마. 백3, 5로 모양을 견고하게 구
    축한다.

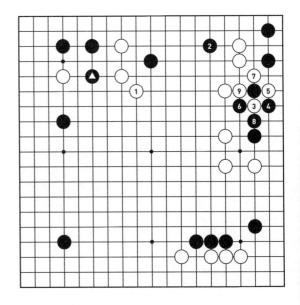

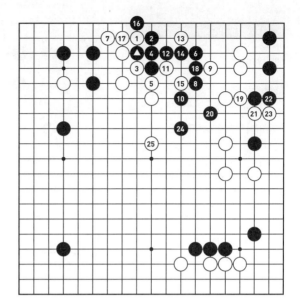

백 신진서

흑 오유진

• 바둑 감상
 - 백30으로는 백1, 3, 5로 둘 곳. 상변
   흑을 미생으로 만들어 중앙으로 내
   보낸다. 난전으로 서로 어려운 바둑
   이다.

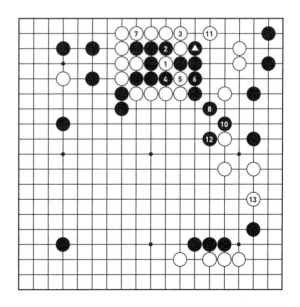

백 신진서

흑 오유진

• 바둑 감상
 - 백48로는 백1로 먼저 끼울 타이밍
   이다. 이하 백11로 연결하고, 우변은
   백13으로 안정하면서 견딜 곳이다.
 - 9=1

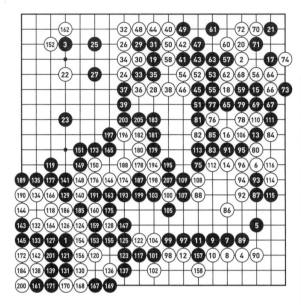

백 신진서

흑 오유진

- 제10회 대한생명배 결승전
- 2010년 7월 28일
- 임피리얼팰리스 호텔
- 각 10분 30초 3개 덤 6집 반
- 210수 끝 백 불계승
- 192=185 / 202=184
  204, 210=138 / 206=172
  208=142 / 209=200

신진서의 약점	신진서의 강점
1. 접근전에서 행마가 미흡하다.	1. 어려운 싱황을 참고 견디어낸다.
2. 사활을 정확하게 못 읽어 집으로 손해를 본다.	2. 기회가 올 때 집중력이 좋다.
3. 접근전에서 수읽기가 미흡해서 집으로 손해를 본다.	3. 대형 수상전에서 정확하다.
4. 전체 상황을 정확하게 파악하지 못한다.	

공부 방법

1. 초일류의 기보를 감상할 때 행마와 작전을 유심히 살핀다.
2. 사활을 정확하게 한번에 해결하고 계산한다.
3. 형세판단을 자주 해보고 두터움을 활용한 작전구상을 해본다.
4. 바둑은 시작부터 끝날 때까지 부족함이 적은 사람이 이긴다.
5. 사활 공부(60%): 수읽기, 계산 능력을 강화한다.
6. 기보 감상 공부(40%): 실전에서 형세판단 후 작전구상을 선수 잡을 때마다 해본다.

백 신진서

흑 박하민

• 바둑 감상
  - 백6으로는 백1, 3으로 좌상귀 백을
    안정시킨다.
  - 백5로 흑의 굳힘을 견제하고 우하
    귀 백7로 실리를 챙긴다.

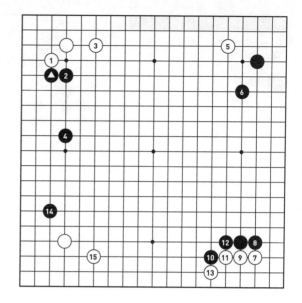

백 신진서

흑 박하민

• 바둑 감상
  - 백30으로는 백1로 밭 전 자를 가르
    고 나올 곳이다.
  - 백13으로 움직여 수습할 곳이다.

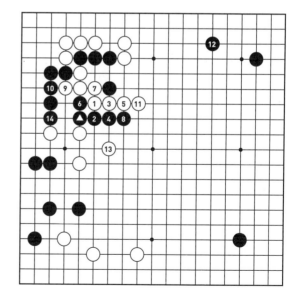

백 신진서

흑 박하민

- 바둑 감상
  - 백66으로는 백1로 붙여 중앙을 안
    정시킬 곳이다.

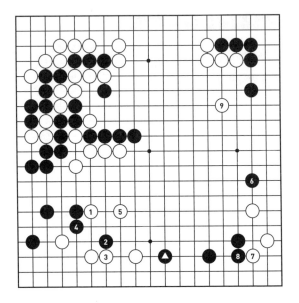

백 신진서

 흑 박하민

- 제10회 대한생명배
- 2010년 7월 28일
- 임피리얼팰리스호텔
- 덤 6집 반 각 10분 30초 3개
- 247수 끝 백1집 반 승
- 213=124
  245=239
  247=242

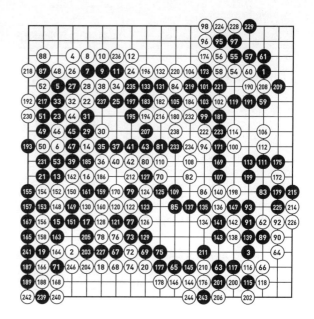

신진서의 바둑 분석

1. 포석(1~53)
    1) 백이 2집 반 정도 불리한 국면이었다.
    2) 실리 챙기고 타개하는 스타일로 판이 짜였다.
    3) 백30은 밭 전 자를 입 구 자로 둘 곳이다.
    4) 백36 단수가 무거웠다. 백38로 흑석점을 잡았으나 비능률적이다.
    5) 흑49로 흑51로 빈삼각했으면 백6집 정도 불리하다.
    6) 중앙 백5점이 미생인 게 부담스러운 장면이다
2. 중반전 (54~130)
    1) 백84는 실리를 챙기고 중앙 타개에 승부를 거는 수. 승부 감각이 좋다
    2) 백92는 93으로 젖힐 곳. 흑이 두터워졌다. 흑이 2집 반 정도 유리.
    3) 백98은 역끝내기 5집짜리로 작았다. 냉정하게 백후수 5집이다.
3. 끝내기(131~247)
    1) 백1집 반 승. 결승에 진출했다.
    2) 백144는 흑147 자리에 이을 곳이었다.
    3) 189가 패착. 백200으로 흑 한 점을 잡아서는 백 승이 확정적이었다.

신진서의 약점	신진서의 강점
1. 포석에서 밀린다. 초일류 기보를 감상하면서 연구해야 한다. 2. 접근전에서 미세한 수읽기와 돌의 능률, 가치를 깊이 생각해야 한다. 3. 끝내기에서 계산력이 부족하다.	1. 본인 스타일의 바둑을 둔다. 2. 수읽기, 계산, 능률이 향상되면 좋은 바둑이 나올 것 같다. 3. 프로의 세계는 반 집으로 승부를 다투니 계산력이 강해야 살아남는다.

공부 방법

1. 사활 풀고 수읽기와 계산력을 더 발전시켜야 한다(50%).
2. 대국할 때 돌의 능률, 가치, 활용에 대해서 깊은 생각을 해야 한다(50%).

백 최원진

흑 신진서

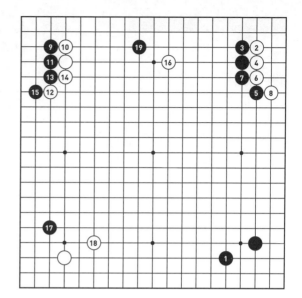

• 바둑 감상
 - 21세기 인공지능 바둑의 특징은 확실한 실리로 둔다.
 - 두터움을 신경 쓰지 않는다. 집 많은 사람이 이긴다는 것을 확실히 보여준다.
 - 인공지능 추천 수법: 흑1로 우하귀를 굳힌다. 이하 서로 3, 3을 파면서 실리를 챙긴다.

백 최원진

흑 신진서

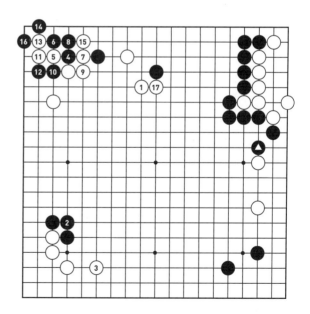

• 바둑 감상
 - 인공지능 추천 수법: 실전 흑33 때 손빼고 백1로 둘 곳. 이하 백17까지 상변 흑 모양을 지워서 둘 만하다.

백 최원진

흑 신진서

• 바둑 감상
  - 흑1로 끊을 타이밍. 백2 때 흑3, 5,
  7로 두텁게 막아둔다.
  - 흑이 전체적으로 두터운 형세이다.

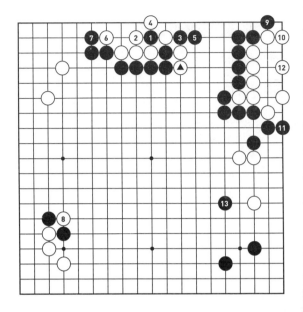

바둑 천재들의 베이스캠프

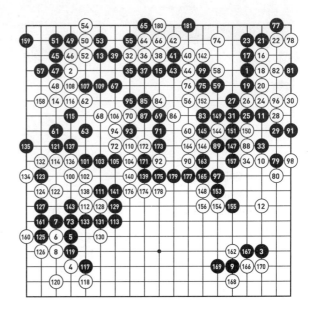

(백) 최원진

(흑) 신진서

• 제91회 전국 체전 어린이부 결승
• 2010년 10월 12일
• 덤 6집 반
• 각 20분 30초 3개
• 181수 끝 흑 불계승

신진서의 바둑 분석	신진서의 강점
1. 포석 　1) 상변 변화를 완벽하게 알지 못한다. 　2) 작전의 일관성이 없다(능률과 관계). 2. 중반전(사활이 해결될 때까지) 　1) 선수할 타이밍을 놓친다. 　2) 상변 전투에서는 실패했다. 상변 다 깨지고 양곤마. 　3) 접근전에서 행마, 수읽기의 오류가 있다. 　4) 큰 곳은 아는데 급한 곳(사활 관계)을 놓친다.	1. 불리하면 난전으로 이끈다. 2. 승부처에서 집중력이 발군이다.

공부 방법

1. 사활을 집중해서 풀고 계산해본다(50%).
2. 초일류의 기보를 보면서 행마를 유심히 본다(20%).
3. 형세판단 후 작전구상을 공부한다(30%).

백 신진서

흑 안병모

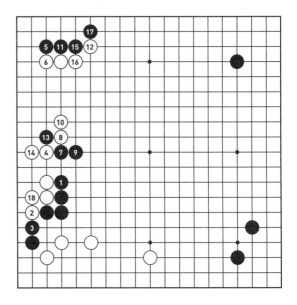

• 바둑 감상
 - 흑1로 밀었을 때 백2로 젖히고 백4
   로 둘 곳. 흑이 5로 3, 3을 파면 이
   하 백18까지 백 만족이다.
 - 백 입장에서는 좌변 흑 세력을 견제
   하는 작전이 중요하다.

신진서의 약점

1. 선수 교환할 타이밍을 놓친다.

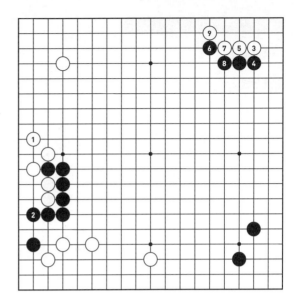

백 신진서

흑 안병모

- 바둑 감상
  - 백1로 호구칠 곳 흑2로 지킬 때 우상 귀 3, 3을 들어가서 실리를 취할 곳.

신진서의 약점

1. 귀 변화에 대한 숙지가 부족하다.
2. 큰 곳보다 급한 곳(사활이 관계되는 곳)을 신경 써야 한다.

공부 방법

1. 본인 실전에 나온 귀 변화를 확실히 공부할 것
2. 사활에 먼저 신경 써야 한다.
3. 본인에게 맞는 사활을 푼다. 1문제당 10분 정도에 풀고 계산할 수 있는 난이도의 문제.
   여기에 하루 공부량의 50%를 할애한다.

백 신진서

흑 안병모

• 바둑 감상
 - 흑41 때 백1로 좌변을 지킬 곳이었다.
 - 흑2, 4로 상변을 취할 때 백5, 7로 젖혀 있고 좌변 흑을 미생으로 만든다.
 - 백은 9, 11, 13으로 하변을 지켜서 만족했다.

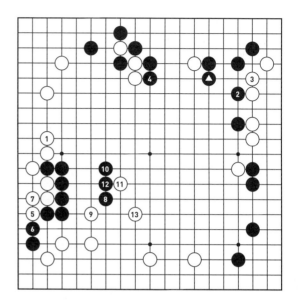

백 신진서

흑 안병모

• 바둑 감상
 - 흑2로 좌변을 보강하면 백3, 5로 중앙을 중시한다.
 - 흑14로 축으로 백 한 점을 잡으면 백15로 하변을 지킨다.

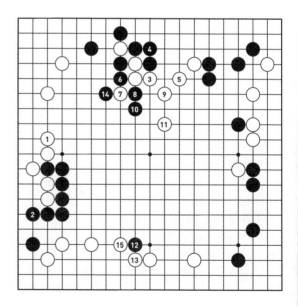

백 신진서

흑 안병모

• 바둑 감상
  - 백122로는 백1로 끊을 곳. 하변을
    잡았으면 유리한 바둑이었다.

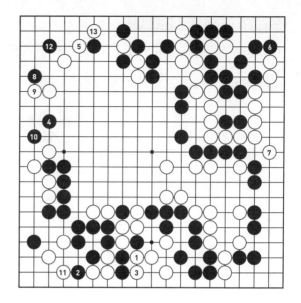

백 신진서

흑 안병모

• 바둑 감상
  - 승부처 설명: 흑 입장에서 흑141(○)
    이 패착으로 이후는 기회가 없었다.
    흑1로 좌변을 뛰어들어 승부로 갈
    곳. 바둑은 이기는 길로만 가야 한다.

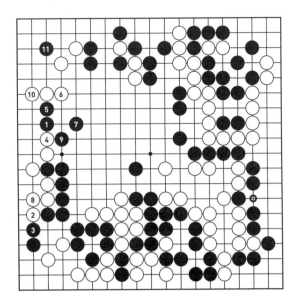

신진서의 약점

1. 형세판단이 부정확해서 작전구상에 오류가 있다.

공부 방법

1. 꾸준히 사활을 풀면서 계산 훈련을 해야 한다. 계산은 습관이 되어야 한다.
2. 바둑은 집 많은 사람이 이긴다.
3. 집이 많고 적음을 분별하려면 계산이 절대적으로 필요하다.

백 신진서(초등 랭킹 1위)

흑 안병모(초등 랭킹 2위) 덤 6집 반

- 제9회 조남철국수배 전국어린이바둑선
  수권대회
- 2010년 11월 7일
- 254수 끝 백 불계승
- 126=113 / 215=105 / 216=109
- 바둑 감상
  - 백이 상변을 끌고 나온 것이 무거웠다.
  - 백이 하변에서 난전으로 기회를 잡는
    다. 121로 따낸 수가 실착이었다.
  - 백도 기회를 포착하지 못하고 만다.
  - 147로 민 수가 모든 기회를 날린 수였다.
  - 이후 백의 마무리가 좋았다.

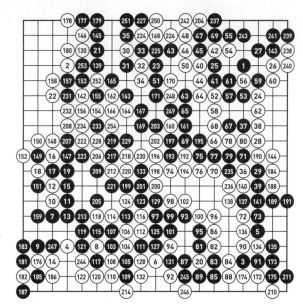

신진서의 바둑 분석

1. 포석
   1) 형세판단에 오류가 있어서 작전에 미스가 있다.
   2) 상변을 움직인 것은 무거웠다.
2. 중반전
1) 사활이 해결될 때까지를 중반전으로 봤다.

2) 세밀한 수읽기를 해야 한다.
3) 형세판단이 안 돼서 작전에 미스가 있다.
4) 능률에 대한 생각이 부족하다.
3. 끝내기
   1) 계산이 잘 안 된다.

공부 방법

1. 본인이 잘 두는 스타일로 포석을 짜는 데 공부량의 20%를 할애한다.
2. 초일류의 포석을 연구하는 데 공부량의 10%를 할애한다.
3. 사활 풀고 계산하는 데 공부량의 50%를 할애한다.
4. 형세판단을 자주 하는 데 공부량의 10%를 할애한다.
5. 능률을 생각하면서 작전을 짜보는 데 공부량의 10%를 할애한다.